中经金课数字经济类精品课程
高校新质型人才培养规划教材

数字金融

SHU ZI JIN RONG

主　编　邓　莹　李　英　余成含
副主编　陈　熹　黄　昊　田　斌
　　　　陈柔伊

中国经济出版社

图书在版编目（CIP）数据

数字金融 / 邓莹, 李英, 余成含主编. -- 北京：中国经济出版社, 2025.5. -- ISBN 978-7-5136-8155-1

Ⅰ. F83-39

中国国家版本馆CIP数据核字第2025PM1112号

选题策划	雷　生
责任编辑	彭　欣
责任印制	李　伟
封面设计	牧野春晖

出版发行	中国经济出版社
印　刷　者	北京科信印刷有限公司
经　销　者	各地新华书店
开　　　本	889 mm×1194 mm　1/16
印　　　张	12.25
字　　　数	328 千字
版　　　次	2025 年 5 月第 1 版
印　　　次	2025 年 5 月第 1 次
定　　　价	59.00 元

广告经营许可证　京西工商广字第 8179 号

中国经济出版社 网址 www.economyph.con　社址 北京市东城区安定门外大街 58 号　邮编 100011
本版图书如存在印装质量问题，请与本社销售中心联系调换（联系电话：010-57512564）

版权所有　盗版必究（举报电话：010-57512600）
国家版权局反盗版举报中心（举报电话：12390）　　服务热线：010-57512564

前言
PREFACE

在数字经济蓬勃发展的时代背景下，数字金融已成为推动金融创新、促进经济发展的重要力量。随着5G、云计算、大数据、区块链、人工智能等前沿技术的不断融合与应用，金融行业正经历着前所未有的深刻变革。这场数字化浪潮不仅重塑了金融业态，更改变了金融服务的方式、效率和范围，为经济社会发展注入了新的活力。

在此背景下，本书旨在为数字经济、金融科技等专业的师生，以及金融行业从业者提供一套系统、全面、深入的知识体系和实践指南。帮助读者把握数字金融的发展趋势，理解其内在逻辑，掌握相关技术和方法，以应对行业变革带来的机遇与挑战。

本书内容共分为9章，逐步深入数字金融的核心领域。第1章阐述了数字金融的概念、发展概况及其与传统金融的异同，为读者奠定了坚实的理论基础。第2章详细探讨了数字金融的交易对象及方式，包括数据要素、数字资产、数字货币及数字支付等，揭示了数字金融交易的核心要素与运作机制。第3章则聚焦数字金融基础设施，深入解析了数字金融基础设施的相关概念、建设类型等关键要素，同时探讨了数字身份与数字账户在数字金融中的重要作用。第4章以金融机构数字化转型为主题，阐述了金融机构数字化转型的概念、原则、内容及中国金融机构数字化转型的实践案例，展示了数字金融对金融机构产生的深远影响。第5章和第6章分别概述了数字金融业态及数字普惠金融，这两章共同揭示了数字金融在各行各业中的创新应用。第7章至第9章，分别探讨了数字金融风险防控、数字金融监管及金融数据处理等内容，为读者提供了全面的数字金融风险管理、监管及数据处理知识体系。

为了增强学习效果，本书在内容设计上还融入了知识框架、案例引导、课堂互动、德育微课堂等教学元素。知识框架有助于读者构建清晰的知识体系；案例引导使读者通过案例深化对知识

点的理解;课堂互动旨在激发学生的批判性思维和创新能力;德育微课堂则结合时事热点和社会责任,引导读者树立正确的价值观和职业观。此外,本书还设置了本章小结和课后思考题,鼓励读者主动探索、深化理解,将理论知识与实践操作紧密结合。

希望本书能够帮助读者掌握最新的数字金融理论与实践动态,提升专业素养和竞争力。同时,也希望本书能够为国内的数字金融研究和应用提供有益的参考,推动数字金融事业的发展。

本书由武汉工程科技学院邓莹、西安外事学院李英、重庆工商大学派斯学院余成含担任主编。尽管编者在编写过程中力求完善,但是书中难免有疏漏之处,恳请广大读者批评指正。

编　者
2024 年 12 月

目录 CONTENTS

第 1 章　数字金融概述　001
1.1　数字金融的概念　002
1.2　数字金融的发展概况　006
1.3　数字金融与传统金融的异同　013

第 2 章　数字金融的交易对象及方式　017
2.1　数据要素　018
2.2　数字资产　021
2.3　数字货币　024
2.4　数字支付　034

第 3 章　数字金融基础设施　042
3.1　数字金融基础设施的相关概念　043
3.2　数字身份　048
3.3　数字账户　060

第 4 章　金融机构数字化转型　067
4.1　金融机构数字化转型概述　069
4.2　中国金融机构数字化转型的实践　078

第 5 章　数字金融业态　090
5.1　银行类数字金融新业态　091
5.2　数字保险新业态　099
5.3　数字证券新业态　102

第6章 数字普惠金融　110

6.1 数字普惠金融概述　111
6.2 数字小额信贷　116
6.3 众筹　125
6.4 区块链供应链金融　131

第7章 数字金融风险防控　137

7.1 数字金融风险的概念　138
7.2 数字金融风险的主要类型　140
7.3 数字金融风险防控的基本方法　149

第8章 数字金融监管　156

8.1 数字金融监管概述　157
8.2 数字金融监管的重点内容与政策框架　161
8.3 监管科技与监管沙盒　169

第9章 金融数据处理　175

9.1 金融数据概述　176
9.2 金融数据的处理　179

参考文献　190

第 1 章 数字金融概述

学习目标

★ 掌握数字金融的基本概念。
★ 了解数字金融的发展概况及其产生的经济影响。
★ 掌握数字金融与传统金融的异同。

素养目标

★ 掌握数字金融的基本知识，激发对金融科技的兴趣和创新思维，能够在未来金融领域探索新技术应用。
★ 能够批判地分析数字金融发展的推动因素，并评估这些因素对数字金融未来发展的潜在影响。

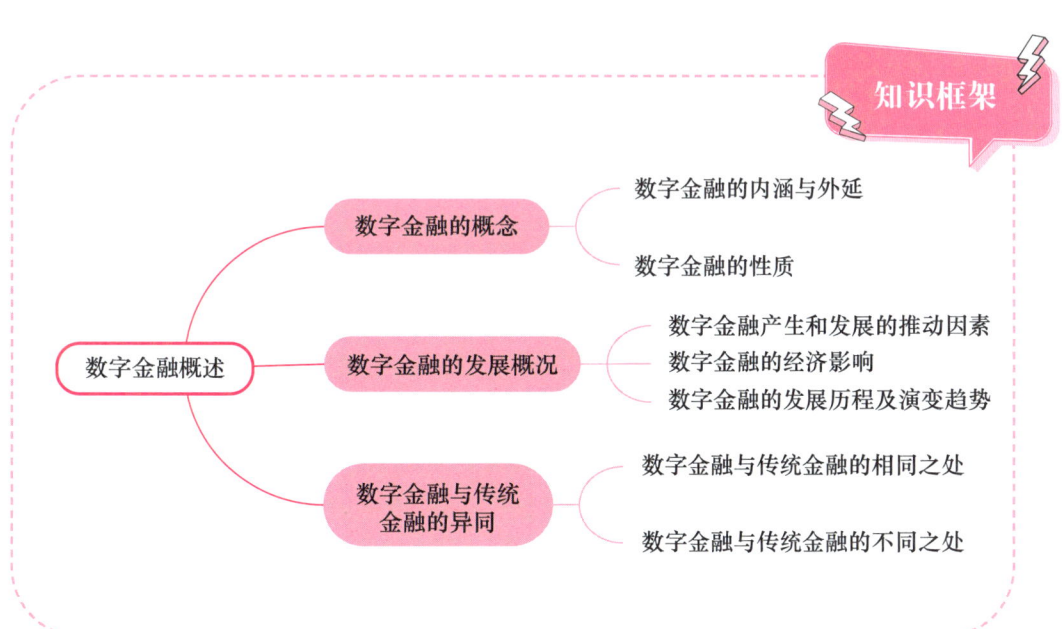

金融科技进入以人为本的数智时代[①]

打上耳标，藏区牦牛也可拥有电子保单；远程聊天识别微表情，最快可以30分钟完成信评决策并放款；AI技术智联车网，代驾5秒接单、5分钟到场，道路救援30分钟抵达现场守护平安……当前，信息技术与金融业务深度融合，不仅融入衣食住行、生产生活的方方面面，也促进了金融服务更加精细化、多元化。

聚焦"数智时代的金融科技"，2024年世界互联网大会乌镇峰会充分展示了金融科技在扩大金融服务覆盖面、丰富优质金融产品供给、释放数据要素价值、创新应用场景、壮大产业生态等方面的发展成果，也让人们深切地感受到，它发挥"以人为本，智能向善"的本色，以提升人民生活质量为目标，实现了金融服务的便捷性和普惠性。

在助力乡村振兴的过程中，金融在数据要素的加持下正显著提升农牧业的服务水平和抗风险能力。中国平安董事会秘书兼品牌总监盛瑞生在乌镇峰会金融科技论坛上指出，数字化、区块链等技术能更全面、高效地识别、判断风险，形成精准定价，及时处置，解决了过去全流程风控难以实现的问题。例如，通过给藏民的牦牛打上电子"耳标"，牧民可以在手机上清晰查看每头牛的轨迹，出险后的理赔检验也无须进行现场查勘，同时猪脸、牛脸识别技术也在保险行业得到广泛应用。

数字化还在重塑金融业的风险控制场景，包括风险减灾。中国灾害防御协会会长郑国光表示，随着大数据、AI技术、云计算的加快应用，我国灾害保险和风险减灾业快速发展。保险业通过新技术应用推动风险减量，如防灾减灾救灾、气候灾害评估等。依托大数据，保险公司不断提高灾害风险评估、理赔和风险能力建设，建立了巨灾风险模型，使理赔评估时间大幅缩短。

资料来源：金融科技进入以人为本的数智时代［EB/OL］．中国青年网，2024-11-26．（有改动）

1.1 数字金融的概念

1.1.1 数字金融的内涵与外延

1.1.1.1 数字金融的内涵

数字金融（Digital Finance）作为数字技术与金融的深度融合，本质上是一种基于数字技术的金融创新活动。尽管该术语在国内外实践中已被广泛使用，但至今尚未形成明确且统一的标准定义。除了"数字金融"外，"金融科技"和"互联网金融"等也常被用来描述此类金融创新活动。

数字金融并非新鲜事物，其历史可追溯至1989年10月英国米特兰银行创办的全球第一家直销银行First Direct。至今，数字金融的发展已超过30年。近年来，特别是在中国，数字金融作为一种新兴的金融创新取得了飞速发展。从2013年余额宝上线到互联网金融的快速崛起，再到移动支

[①] 金融科技进入以人为本的数智时代[EB/OL]．(2024-11-26)[2025-04-11]．https://news.youth.cn/gn/202411/t20241126_15673866.htm．

付的普及以及 DCEP（Digital Currency Electronic Payment，数字货币和电子支付工具）的试点落地，数字金融已成为中国数字经济的重要支柱，并在全球数字金融领域占据领先地位。2022年1月，中国人民银行发布的《金融科技发展规划（2022—2025年）》进一步明确了金融数字化转型的总体思路、发展目标、重点任务和实施保障，为全球数字金融的发展提供了中国方案。

结合数字金融的前沿发展与金融理论界的各类观点，数字金融的概念可简要表述为数字技术在金融领域的全面渗透和应用。这一概念包含以下三个方面：

1. 数字技术是数字金融的基础

数字技术（又称数字科技），是指将传统信息资源转换为计算机能够识别的数字形式的技术。这些技术包括用于生成、存储或处理数据的电子工具、系统、设备和资源。随着大数据、云计算、人工智能、区块链及第五代移动通信技术（5th-Generation Mobile Communication Technology，简称5G）的不断发展，数字技术本身也在不断演进，成为推动数字金融发展的核心动力。

2. 数字技术在金融领域的全局性应用

在数字经济时代，所有生产和生活要素都将实现数字化。在金融行业，一系列新的数字化工具正在深刻重塑金融业务的各个方面，推动金融范式的变革。这种变革不仅涉及以数字科技公司为先导的创新金融业态，也包括传统金融业的数字化改造。数字技术对金融的重塑是一个持续的过程，不仅取决于技术的先进性与可行性，更取决于行业对数字技术的需求和对先进数字技术的成本消化与吸收能力。

3. 数字金融是金融与科技结合的高级发展阶段

数字金融是金融创新与金融科技的发展方向。《数字金融蓝皮书：中国数字金融创新发展报告（2021）》指出，在金融数据和数字技术的双轮驱动下，金融业要素资源实现了网络化共享、集约化整合、精准化匹配，进入了金融与经济协同发展的新阶段。① 数字金融不仅推动了金融业的高质量发展，还促进了数字经济与实体经济的深度融合。

 扩展阅读

2024 数字科技十大前沿应用趋势

2024年1月24日，腾讯发布《2024数字科技前沿应用趋势》报告，预测了数字科技未来发展趋势和应用前景。

趋势一：高性能计算正经历"四算聚变"。量子计算、高性能计算集群、云计算和边缘计算融合成为新方向，量子芯片模块化和互联技术加速实用化，算力云服务日益普及，科学计算模拟需求激增，可持续计算和计算效能成为业界焦点，"量子效用"成为量子算力评价体系。

趋势二：多模态智能体加速推进通用人工智能（Artificial General Intelligence，AGI）进程。大模型向多模态发展，AI智能体有望成为下一代平台，端侧大模型加速部署，成为新交互入口。AI在数学、新药研发等领域展现出巨大潜力，"AI科学家"加速问世，价值对齐成为AI产品核心竞争力，AI治理引领未来更智慧、更安全。

趋势三：AI加速人形机器人进化。大模型提升机器人思考能力，云边结合平台强化训练效率，"灵巧手"等关键技术增强执行应用能力，人形机器人成为科技竞争新焦点。

趋势四：AI与基因计算融合，成为基因组学创新关键，加速育种4.0时代，助力个性化健康

---

① 董希淼.积极稳妥发展数字金融[N].经济日报,2021-07-09(5).

预测，促进分子药物设计创新。大模型破解复杂生物问题是当前热点。

趋势五：数字交互引擎集成前沿技术成为文化科技融合产物，从游戏扩展到工业、航空航天等领域，成为构建虚拟世界、实现虚实交互的关键。

趋势六：脑机接口（Brain Computer Interface，BCI）在AI和数字技术突破下加速发展，助力医疗领域获得突破，推动新一代人机交互变革，与AI结合促进类脑芯片创新，提升人机协作能力。

趋势七：沉浸式媒体技术推动媒体内容从2D平面升维到3D立体空间，全景视频、三维重建等3D媒体技术成为核心，催生3D在场体验。

趋势八：星地直连通信推动泛在网络覆盖。可回收火箭技术降低卫星发射成本，民用手机兼容星地网络，窄带直连在应急、野外等场景被广泛应用。

趋势九：电动垂直起降飞行器（Electric Vertical Take-off and Landing，eVTOL）驱动空中交通发展，被视为推动低空经济发展的核心引擎，满足绿色高效交通需求。

趋势十：多能流实时协同重塑虚拟电厂。数字化整合广域虚拟电厂成为现实，交通网、信息网、能源网互联协同，提升电网调控能力，推动新型电力系统转型。

资料来源：腾讯发布《2024数字科技前沿应用趋势》[EB/OL]．澎湃新闻，2024-01-26．（有改动）

1.1.1.2 数字金融的外延

数字金融作为金融科技发展的高级阶段，其外延与内涵紧密相连，呈现出广义与狭义之分。

1．数字金融的狭义外延

从狭义角度看，数字金融的外延主要聚焦数字技术与金融业务应用相结合所形成的各类金融业态。这些业态通过利用数字技术，如互联网、大数据、人工智能等，对传统金融业务进行改造和升级，从而提高金融服务的效率和质量。狭义数字金融的外延相对有限，主要关注数字技术如何被直接应用于金融业务领域，形成新的金融产品和服务模式。

2．数字金融的广义外延

广义的数字金融则涵盖了更为广泛的范畴，它不仅包括狭义数字金融的主要业态，还扩展到金融业的数字化变革所形成的金融新范式。这一新范式涉及以下多个方面：

（1）数字金融的底层技术。这是广义数字金融的基础，包括数字与数字信号处理技术、数据存储技术、数字通信技术、数字传输与计算技术，以及大数据、人工智能等新型信息技术。这些技术为数字金融的发展提供了强有力的支撑。

（2）数字金融的行为主体。这些主体包括从事数字技术与金融创新活动的科技公司与金融机构，以及负责数字金融监管与调控的机构。它们共同构成了数字金融生态系统的核心组成部分。

（3）金融业的数字化转型与重塑。这是广义数字金融的重要特征之一。随着数字技术的深入应用，金融业正在经历深刻的转型和重塑，包括业务流程的优化、服务模式的创新及组织架构的调整等。

（4）数字金融的主要业态。这涵盖了数字金融领域的各种金融模式、金融产品和金融服务。这些业态通过数字技术实现了金融服务的创新，满足了不同客户群体的多样化需求。

（5）基于不同数字金融主体功能的风险监管。随着数字金融的快速发展，风险监管成为重要议题。不同数字金融主体在功能上的差异导致了风险类型的多样性，因此需要建立有针对性的风险监管体系。

（6）数字金融条件下的金融宏观调控与政策协调。数字金融的发展对金融宏观调控和政策协调提出了新的挑战和要求。如何在数字金融条件下保持金融市场的稳定和健康发展，成为亟待解决的问题。

1.1.2 数字金融的性质

在深入探讨数字金融之前，首先需要把握其核心概念及性质，这主要包括三个方面：数字金融的本质属性、数字金融与传统金融的关系，以及两者共同存在的信息不对称问题。

1.1.2.1 数字金融的本质属性

数字金融尽管融入了先进的数字技术，但其本质依然属于金融范畴。科技在此仅仅作为实现金融活动的一种技术手段。需从以下几个方面理解数字金融的本质属性：

1. 信用关系的核心地位

无论数字金融的形式如何演变，其核心始终是信用关系。互联网、移动通信等技术虽然极大地改变了人们的沟通方式并提高了沟通效率，但经济活动中经济行为人之间的基本信任关系并未因此改变。

2. 货币信用工具的载体作用

数字金融依然以货币信用工具为载体，通过货币信用工具的交易在金融市场中发挥作用，实现货币资金使用权的转移。尽管在数字金融条件下，货币信用工具已转变为数字形式，但其依然必须接受国家金融制度和货币调控机制的监管和调控。

3. 商业银行信用创造机制的不变性

商业银行的信用创造机制作为现代金融的核心，不会因数字技术的介入而改变。这一机制是金融的基本制度安排，而非技术层面的内容，因此无法由信息技术手段本身自动衍生获得。

综上所述，数字金融在改变金融活动实现技术形式的同时，并未改变金融的本质内涵。因此，"金融"这一经济学概念的特殊规定性和相关范畴仍然适用于对数字金融的分析。

1.1.2.2 数字金融与传统金融的关系

数字金融在概念上有广义和狭义之分。广义上，无论是非金融机构的科技企业涉足的金融业务，还是金融机构通过新信息技术开展的业务，都属于数字金融的范畴。狭义上，数字金融特指科技企业依托云计算、大数据、电商平台和搜索引擎等互联网工具而产生的一种新兴金融模式。就数字金融与传统金融的关系而言，两者并非相互替代，而是相互补充、相互促进的。数字金融的发展有助于解决中小微企业融资难问题，促进民间融资的阳光化、规范化，更好地支持实体经济发展。而传统金融机构发展数字金融则是对数字金融的肯定和吸纳，有助于优化机构网点空间布局、降低经营成本、提高金融服务整体效益。

1.1.2.3 信息不对称问题

金融交易的前提是信用，而信用实现的必要前提是市场参与者拥有相对完备的信息。然而，

在现实中，金融机构往往比金融消费者拥有更多的信息，这导致金融消费者在产品创新、产品定价和风险控制等方面很难获得完备信息。尽管以互联网为代表的新信息技术成功地解决了信息不充分的问题，但信息不对称问题依然存在。在数字金融领域，这一问题同样需要得到切实解决。否则，科技对金融的无限制渗透可能会失控，而其强大的网络效应则可能带来不可预估的系统性风险隐患。

总而言之，数字金融的本质仍属金融，具有金融风险的隐蔽性、传染性、广泛性和突发性。数字金融与传统金融并非替代关系，而是相互补充、相互促进的。同时，两者都面临信息不对称及其带来的逆向选择、道德风险等问题。这些问题不会因为新兴技术的普及运用而自动消失，反而可能因互联网的网络效应而变形扩大。

1.2 数字金融的发展概况

1.2.1 数字金融产生和发展的推动因素

数字金融的产生和发展是一个复杂而多维的过程，其背后的推动因素主要包括供给因素、需求因素，以及金融体系与监管政策环境因素。

1.2.1.1 供给因素

技术进步是金融创新不可或缺的供给因素。自古以来，技术创新与金融发展就紧密相连，共同推动着人类社会的进步。随着时代的变迁，古老的泥板计数技术已演化为先进的数字工具，深刻影响着人类社会的各个方面。

进入 21 世纪，以信息网络技术为核心的第三次科技革命，更是颠覆性地改变了工业革命所形成的经济形态和增长模式。数字科技产业的迅速崛起，使得海量数据信息得以加速沉淀，数字化的知识和信息成为推动经济发展的关键生产要素。在此背景下，数字科技企业通过与传统金融体系的深入交互，逐渐从跨界渗透向纯数字服务提供商转变，以其强大的数字科技输出，从场景、用户、产品和运营 4 个维度为金融服务提供创新支持。

 扩展阅读

5000 年前的账本技术

英国 BBC 在 2017 年 6 月 12 日报道，德国考古学家尤利乌斯·约尔丹（Julius Jordan）于 1929 年发掘出了一块 5000 年前的黏土泥板，上面的楔形文字比在埃及和中美洲发现的文字样本还要早。黏土泥板来自（今伊拉克境内）苏美尔人古城乌鲁克（Umk），故称为乌鲁克泥板，如图 1-1 所示。

乌鲁克泥板事实上是一种账本，且可能是世界上最早的账本。泥板上那些奇怪的符号就是有关面包和啤酒的配给、税款的交付及其他金融交易的数字记录。

乌鲁克泥板上竟然还有现代金融的基础——复利的完整计算，以及标记契约订立的印玺。印玺表面清楚地标记了某人把一些商品献给神庙，如几罐蜂蜜、几只羊、几头牛，甚至是几天的工作。乌鲁克的会计人员可以在不打开印玺的情况下利用外面的标记判断印玺内部包含的符号，一些信封会完全被圆柱形的封条封住，缔约双方就不用害怕合约被插入或者删除符号。这实际上是最早的金融工具应用。神殿的神职人员用此种方法记录城市居民是否按时按量缴纳足够的商品、偿还欠债，这就类似现代的纸质合同，如果合同双方发生分歧是可以查阅的。

图 1-1　乌鲁克泥板

是的，最早的数字是关于交易的，金融与数字技术的发展是同步的。人类最早的数字符号是为了记录金融契约而发明的，泥板和楔形文字正是用来记录的工具。"最常见的符号用来代表面包、啤酒、绵羊和纺织品，它看起来不是一篇文章，更像数据库中的一份记录。的确，金融是关乎未来的承诺，如果没有可靠的记录，承诺是毫无意义的。"

资料来源：吴宇虹. 泥板上不朽的苏美尔文明［M］. 北京：北京大学出版社，2013；贾妍. 泥舟入海：埃利都史前"艺术"与苏美尔"文明"缘起初探［J］. 南方文物，2024（1）.

1.2.1.2　需求因素

数字金融的发展同样离不开需求因素的推动，主要包括互联网、移动通信的普及，以及电子商务的发展和普惠金融的推行。

1. 互联网、移动通信的普及

互联网和智能手机的广泛普及，极大地拉近了金融服务提供商与用户之间的距离，信息分享变得前所未有的广泛。这种变化不仅改变了用户的金融消费心理，使其更加偏好便捷、多样、随时随地的数字金融产品与服务，还促使移动互联用户对交易和金融服务的需求变得更加个性化，对体验的要求也更高。这些需求的变化直接推动了移动支付、网上银行等数字金融产品的问世。

2. 电子商务的发展

电子商务的蓬勃发展为数字金融提供了巨大的市场需求。德国权威数据分析公司 Statista 指出，全球电子商务市场继续由中国"领跑"，占据主导地位。专注电商发展趋势的 eCommerceDB（ECDB）数据显示，按 B2C（Business to Customer，企业对消费者）电子商务销售额计算，2023 年中国在线零售总额接近 2.2 万亿美元（约合人民币 15.94 万亿元），美国以 0.981 万亿美元（约合人民币 7.11 万亿元）的销售额位居第二，第三名英国为 0.157 万亿美元（约合人民币 1.14 万亿元）。电子商务的快速发展派生出对数字金融服务的强大需求，从简单的货物贸易支付到为企业发展提供贷款，再到

支持企业转型升级的全方位便捷金融服务。

3. 普惠金融的推行

普惠金融旨在以可负担的成本为所有有金融服务需求的社会阶层和群体提供适当、有效的金融服务。在发展中国家和新兴市场，借助数字技术发展普惠金融具有重要意义，这些地区往往面临传统金融机构网点覆盖率低、专业人员匮乏、作业成本高、信用信息采集难等问题。互联网及移动支付技术的普及，使得偏远地区和贫困人群也能成为金融业务的真实用户，为数字普惠金融的推行提供了巨大的业务拓展空间。

1.2.1.3 金融体系与监管政策环境因素

除了供需驱动的因素外，金融体系与监管政策环境也是推动数字金融发展的重要因素。

1. 金融体系的变化

2008年国际金融危机后，全球金融格局发生了显著变化。银行风险偏好大幅降低，减少了放贷活动，导致大量金融服务需求无法得到满足。这为数字金融创新产品提供了市场进入机会，如网络借贷等。

2. 宏观经济条件与监管合规

长期的低利率环境和全球金融合规程度要求的提高，给金融机构带来了成本压力。运营与合规成本的上升促使金融机构积极寻求降低成本的方法。数字科技通过提供廉价的支付清算解决方案和采用新技术，有效帮助金融机构降低了成本。

3. 政策支持与监管创新

为促进数字金融的发展，各国政府纷纷在政策上给予鼓励和提供支持，并推出创新中心和加速器等项目。金融监管当局也采取了包容和支持的态度，如采用沙盒计划、项目创新等监管方式，为数字金融的发展提供了有利条件。

综上所述，在技术进步、需求及金融体系与监管政策环境因素的共同作用下，大数据、人工智能、区块链等技术与金融相结合，催生并加速了数字金融的产生和发展。未来，随着数字经济与实体经济、虚拟空间与现实空间的高度融合，数字金融将在应对人类社会未来不可预测的风险中发挥重要作用。

1.2.2 数字金融的经济影响

数字金融作为一种新兴的金融形态，将对金融服务的提供方式产生深远影响，不仅会颠覆传统金融行业的发展格局，还将推动形成高效率、广覆盖的全新金融模式，进而实现金融服务的全面升级。然而，数字金融的快速发展在带来新机遇的同时，也伴随着潜在的风险和监管挑战。

1.2.2.1 数字金融对金融服务业的主要影响

数字金融对金融服务业的影响是多方面的，主要体现在以下几个方面：

1. 去中心化与提升金融体系效率

数字金融通过分布式去中心化平台、大数据、云计算等新型数字技术，有效克服了中心化交易结构的固有缺陷，显著减少了信息不对称现象。这些技术不仅赋能传统金融行业，为金融产品注入新的活力，还带动了金融业务的革新，提升了金融体系的透明度和效率。通过减少信息不对称现象，数字金融降低了交易成本，增强了金融体系的韧性。

2. 降低金融服务成本，提高服务效率

数字金融摆脱了对实体网点的依赖，使得物理基础设施不再是提供金融服务的先决条件。借助互联网、智能手机、云计算、人工智能和分布式账本技术，数字金融实现了金融服务的虚拟化，极大地降低了服务成本。同时，数字金融与电子商务、共享经济和大数据分析的融合，进一步实现了规模经济，创造了新的附加值，提高了金融服务的整体效率。

3. 促进普惠金融的发展与经济增长

传统模式下，普惠金融发展缓慢，主要受制于高昂的银行服务成本，然而数字技术的创新应用打破了这一瓶颈。通过移动通信、无线网络等数字技术，数字金融将金融服务延伸至乡村、少数民族地区等偏远地区，为中小微企业和低收入人群提供了便捷、高效的金融服务。这不仅显著提升了金融服务的可获得性，还有效扩大了金融服务的覆盖面，促进了普惠金融的发展，进而推动了经济增长。

4. 实现金融服务个性化

数字金融利用大数据技术对客户进行深入分析，促进了个性化金融服务的实现。通过定制化服务，金融业能够更便捷地满足客户的个性化需求。同时，新型信息技术创造的"智能合同"还有助于防范道德风险，提升金融服务的整体质量。

5. 提升金融体系竞争力与韧性

数字金融的兴起吸引了众多科技企业进入金融领域，打破了传统金融的固有格局。科技企业的加入不仅提高了金融服务业的竞争力，还刺激了商业银行等传统金融机构借助新兴科技改造传统业务，探索新一代金融服务模式。这些创新模式基于价格实时发现、资源精准匹配、产品按需提供、服务随时响应和风险智能经营等原则，提供了高价值综合金融服务，进一步提升了金融体系的竞争力和韧性。

1.2.2.2 数字金融服务的经济影响

数字金融通过引入多元化的有效竞争机制，对金融服务的提供产生了深远影响。一方面，它显著减少了信息不对称，提高了金融服务的效率；另一方面，也带来了一系列新的挑战，特别是在消费者隐私保护与信息安全、支付结算及金融体系的稳定性等方面。

1. 消费者隐私保护与信息安全

大数据作为数字金融的核心要素，在提升金融服务质量的同时，也引发了关于消费者隐私保护与信息安全的广泛讨论。数字金融应用往往涉及大量个人数据的收集、处理和使用，这不仅是监管部门关注的焦点，也是消费者普遍关心的问题。用户信息在数字金融应用程序的使用过程中存在丢失或被盗的风险，移动设备的安全性也可能因支付程序而受损。此外，尽管许多国家对个人信息的保护有严格规定，但在线信息的流动性使得监管难度加大。网络犯罪活动的日益猖獗，更是对数据安全构成了严峻挑战。因此，如何在保障数据安全的前提下，实现数字金融的健康发展，成为亟待解决的问题。

2. 支付结算

传统支付结算方式主要依赖银行体系和现金交易，而数字金融则通过移动支付、电子钱包、第三方支付平台等创新手段，极大地提高了支付效率和便捷性。这些数字支付工具不仅降低了交易成本，还促进了金融服务的普惠性，使得更多人能够享受到便捷的金融服务。

然而，数字支付结算也带来了一系列新的挑战。首先，支付安全成为关键问题，网络攻击、诈骗等风险不容忽视。其次，支付结算的监管难度增加，由于数字支付涉及多个参与方和复杂的交易

链条，监管当局需要用更加精细化的监管手段来确保金融稳定。最后，数字支付还可能对货币流通和货币政策产生影响，如电子货币的发行和流通可能改变货币供应量的结构和动态，进而影响货币政策的传导机制。

3. 金融体系的稳定性

数字科技公司可能部分或全部取代传统金融机构的中介职能。例如，客户现在可以通过数字金融平台或第三方支付渠道办理存贷等业务，这在一定程度上威胁了关键金融服务的提供。一旦相关金融服务中断或提供这些服务的被监管机构遭遇脱媒①，就会对实体经济产生严重的负面影响。

传统金融体系以中心化模式为基础，货币发行、支付结算、信贷提供等均由中央银行统一管理。然而，数字金融的基础架构是去中心化网络，这对当前集中式、中心化的监管框架构成了极大挑战。例如，监管当局难以从网络借贷公司等新型金融中介中获得充足信息，无法有效约束其资产负债活动。这不仅影响了对金融稳定的维护，也增加了监管难度。

在货币政策方面，数字金融也带来了一系列挑战。一方面，第三方支付、网络借贷等数字金融业务降低了金融资产之间的转换成本和时间成本，提高了价格型货币政策工具的有效性。另一方面，部分数字金融业务具备了一定的货币创造功能，这导致传统货币的层次边界变得模糊，进而降低了以广义货币供应量为目标的货币政策的有效性。此外，数字金融还增加了金融市场流动性需求的不确定性，可能导致市场波动性加剧，增加了中央银行公开市场操作的难度和成本。同时，随着互联网支付等电子化货币规模的快速扩张，流通中的现金数量减少，使得货币乘数、流通速度及需求函数的估算面临更多不确定性，降低了传统货币政策中介目标的有效性。

1.2.3 数字金融的发展历程及演变趋势

1.2.3.1 全球数字金融发展概况

1. 数字金融的发展阶段

在新兴数字技术和创新商业模式的双重推动下，数字金融的演进历程可以划分为以下三个阶段。

（1）数字金融1.0阶段（1980—1989年）。此阶段的核心特征是金融服务的数字化程度显著提升。金融行业通过广泛应用信息技术的软硬件，实现了办公与业务的电子化、自动化，有效降低了营运成本，并显著提升了服务效率。1989年10月，英国米特兰银行创立的First Direct直销银行，作为全球首家直销银行的成功案例，标志着数字金融时代的正式开启。此后，欧美其他金融业发达国家纷纷效仿，直销银行模式逐渐普及。

（2）数字金融2.0阶段（1990—2010年）。在这一阶段，科技与金融的融合进一步加深，以互联网金融为典型代表。其间涌现出众多标志性事件，如1990年移动支付的诞生、1992年美国第一家互联网经纪商Etrade的成立、1995年全球首家互联网银行Secwrity First Network Bank（SFNB）的创立，以及1998年在线支付工具贝宝（PayPal）在美国的诞生等。此外，电子货币与货币基金的对接、保险公司网络直销、第三方"搜索+比价"平台的出现，以及2003年互联网股权众筹的问世，都标志着数字金融正逐步引起全球关注。在中国，2004年支付宝的上线和2005年第一家网络贷款平台（P2P）Zopa的推出，也标志着非金融机构的互联网科技与电子商务企业开始成为数字金

---

① "脱媒"一般是指在进行交易时跳过所有中间人而直接在供需双方间进行。"金融脱媒"又称"金融非中介化"，是指在金融管制的情况下，资金供给绕开商业银行体系，直接输送给需求方和融资者，完成资金的体外循环。

融发展的主力军。这一阶段,传统金融机构通过搭建在线业务平台,利用互联网或移动终端渠道,实现了金融业务的全面互联互通,本质上是对传统金融渠道的深刻变革。

(3)数字金融3.0阶段(2011年至今)。进入此阶段,互联网已不再是推动数字金融发展的最主要动力,而是作为基础继续存在。以大数据、云计算、人工智能、区块链为代表的新数字技术,成为推动数字金融发展的新兴动力。这些新技术在互联网的基础上与金融全面融合,深刻改变了传统金融的信息采集、风险定价模型、投资决策过程及信用中介角色,全面提升了传统金融的效率。其间标志性事件包括2015年美国纳斯达克证券交易所发布的全球首个区块链平台Ling、2016年英国巴克莱银行完成的首个基于区块链技术的交易、2019年脸书(Facebook)发布的稳定币(Libra)白皮书,以及2020年中国人民银行数字货币在国内部分城市的内部测试等。

2. 监管科技的兴起

监管科技是指利用大数据、云计算等新信息技术,对数字金融企业与金融机构进行合规性监管,以满足监管要求。当前,"适度监管、鼓励创新"的监管理念已成为全球共识,更多国家开始采取监管沙盒机制、设立专门监管机构、完善相关立法等措施,以适应数字金融的迅猛发展。

数字金融的快速发展使金融风险的表现形式发生了显著变化,监管部门必须采取更加有效、便捷的技术手段来应对瞬息万变的金融市场业务和风险形势。同时,各国政府开始认识到数字金融创新的价值,并意识到提升银行系统效率对推动经济全面发展的重要性。因此,政府机构和金融管理机构积极支持数字金融企业的发展,并加快完善新技术冲击下的监管规定。

金融稳定委员会(FSB)于2020年10月发布的报告显示,接受调研的样本国家已制定监管科技、创新或数据战略。例如,英国、澳大利亚、新加坡、马来西亚和泰国早在2016年就推出了针对数字金融的监管沙盒机制。此外,欧洲证券及市场管理局(ESMA)也提出了创建欧盟证券市场数据中心和实施新型数字监管策略的战略定位。随着金融业数字化转型及数字金融业态的日益丰富,我国也密集出台了一系列以风险防控为核心的监管政策,并推出了以监管沙盒引领差异化监管的新型监管方式。2019年和2022年,中国人民银行分别印发了《金融科技发展规划(2019—2021年)》和《金融科技发展规划(2022—2025年)》,为金融科技的发展确定了目标和方向。当前,中国监管科技不断完善,金融科技应用试点不断展开,中国版"监管沙盒"逐渐成形,数据保护也进一步制度化、规范化。监管科技在交易行为监控、合规数据报送、客户身份识别、金融压力测试等多个场景已得到初步应用。

1.2.3.2 中国数字金融发展概况

从广义金融与科技相结合的角度,中国数字金融的发展历程可划分为以下三个阶段:

1. 政府主导科技与金融结合试点阶段

1993年,中国科技金融促进会的成立标志着中国政府开始探索科技与金融的结合。2001年,科学技术部、人民银行等部门确定了16个地区作为首批促进科技与金融结合的试点地区。这一时期的互联网及数字技术的出现为金融业务的升级提供了可能,传统金融机构开始构建信息系统,这成为中国数字金融发展的原始起点。2004年,支付业务的兴起标志着数字金融从后台支撑开始走向前台,为金融服务提供了更便捷、更高效的渠道。这一阶段,政策主导、产业基金扶持技术发展是主要特征,为数字金融的后续发展奠定了坚实基础。

2. 技术驱动金融模式创新阶段

2007年,拍拍贷的成立标志着数字金融开始真正深入金融核心业务,并结合互联网特征衍生

出一系列风险评估的新模式。此后，支付宝、点融网等新模式的出现，逐渐衍生出网络借贷、股权众筹等新金融服务，传统金融机构也纷纷展开互联网化战略布局。2013年前后，网络借贷成为创业和投资的新风口，吸引了大量资本涌入。然而，随着e租宝案①等风险事件的爆发，多家网络借贷平台倒闭，人民银行、证监会、银监会等部门开始介入互联网金融行业的监管，加强了对金融风险的防控。这一阶段，人工智能、大数据、区块链等前沿技术逐渐渗透至金融行业，驱动了金融服务模式的不断创新，为数字金融的进一步发展提供了强大动力。

3. 数字金融规模化创新升级阶段

自2016年以来，以大数据、云计算、区块链、人工智能等为代表的数字金融逐渐成为金融行业的热门话题。这一时期，数字金融成为投资热点，互联网银行、供应链金融、智能投顾、互联网保险等数十种新金融业态不断涌现，金融业与科技产业资源要素的融合进一步加深。这一阶段，数字金融回归金融与科技本身，基于战略新兴技术的融合创新推动新金融向合规化、高效化、个性化方向发展。从体量规模上看，中国已经成为全球数字金融领域的绝对主导者。其中，中国的电子支付规模远远领先于其他国家，占全球总体规模的近一半；在互联网金融领域，中国2017年的市场规模已占据全球市场规模的75%。此外，包括蚂蚁金服、腾讯、平安集团等在内的诸多企业，已经将人工智能深入应用到产品、服务等各个领域中，推动了金融与科技的深度融合与创新发展。

课堂互动

将学生分为若干小组，每组代表数字金融发展的一个不同历史时期。每组需要准备一段简短的表演或演讲，展示其所代表时期数字金融的特点、重要事件或影响。

1.2.3.3 数字金融的演变趋势

随着金融与科技的不断融合，全球数字金融正展现出一系列鲜明的演变趋势，这些趋势不仅重塑了金融行业的格局，也深刻影响了金融服务的提供方式和监管框架。

1. 前沿数字技术引领创新

当前，数字金融领域的技术应用正在经历从支撑性手段向引领性创新的深刻转变。未来几年，前沿数字技术的应用将实现重要突破，尤其是人工智能和区块链技术，将进一步推动金融服务的颠覆性创新与重塑。

具体而言，人工智能通过与大数据技术的结合应用，已经在营销、风控、支付、投顾、投研、客服等多个金融应用场景中发挥了重要作用。传统金融行业中许多简单、重复性的工作如客服，正逐步被人工智能取代，从而极大地提高了金融服务的效率和质量。

同时，区块链技术因其公开、不可篡改和去中心化的技术属性，在金融领域具有先天的应用优势。它主要解决的是非信任网络中的记账问题，为金融交易提供了更加安全、透明的环境。未来，随着技术的不断成熟和应用的拓展，区块链技术将在金融领域获得更广泛的应用。

2. 行业格局从竞争竞合到融合共赢

在数字金融发展的初期阶段，先进的数字科技公司凭借技术、平台、流量等优势，从网络支付

---

① e租宝案是指2014年7月，"钰诚系"下属的金易融（北京）网络科技有限公司运营的网络平台打着"网络金融"的旗号上线运营，"钰诚系"相关犯罪嫌疑人丁宁、张敏以高额利息为诱饵，虚构融资租赁项目，持续采用借新还旧、自我担保等方式大量非法吸收公众资金的案件。

领域切入，逐步向网络融资、资产管理等金融领域渗透，迅速积累了大量客户群体，对传统金融机构形成了巨大冲击。然而，近年来，随着金融机构加快数字化转型步伐，以及科技公司在创新、技术、数据等方面的赋能，整个金融行业正在呈现出融合共赢的发展趋势。

很多金融机构积极打造"开放银行"，与合作伙伴共建场景生态，通过多平台接入、全场景营销等方式，拓展新的获客渠道，寻找新的发展引擎。这不仅有助于金融机构提升服务质量和效率，也促进了金融与实体经济的深度融合发展。同时，在强监管背景下，新兴数字金融公司也需要明确业务领域，依法合规经营，通过提供数字科技服务，在新的金融生态下夯实自身的发展基础。

3. 监管科技进一步发展

随着数字金融的广泛应用和快速发展，传统金融模式下的监管范式已无法满足数字金融新业态的监管需求。因此，以降低合规成本、有效防范金融风险为目标的监管科技正在成为数字金融的重要组成部分。

金融监管机构利用监管科技，能够更加精准、快捷和高效地完成合规性审核工作，减少人力支出；同时，通过对金融市场变化的实时把控和监管政策与风险防范的动态匹配调整，实现对金融市场的有效监管。另外，金融从业机构也能够无缝对接监管政策，及时自查和核查经营行为，完成风险的主动识别与控制工作，从而降低合规成本、增强合规能力。

可以预见的是，未来几年，监管科技依托监管机构的管理需求和从业机构的合规需求将进入快速发展阶段。监管沙盒机制等创新监管方式将得以更加广泛地建立和应用，为数字金融的健康发展提供有力保障。

课堂互动

学生以个人或小组为单位进行头脑风暴，畅想数字金融的未来景象。学生将畅想的内容整理成短文或PPT，进行展示和分享。全班展开讨论，评选出最具创意和前瞻性的畅想内容。

1.3　数字金融与传统金融的异同

1.3.1　数字金融与传统金融的相同之处

1. 构成要素的一致性

数字金融与传统金融在构成要素上具有一致性。无论是数字金融还是传统金融，其核心目标都是实现货币的有效流通与增值。这一共同目标体现了金融活动的基本特性。随着市场经济的不断演进，金融体系从最初的货币体系逐步扩展至包含外汇、有价证券及多种金融衍生品在内的庞大系统。尽管数字金融在技术应用与运营模式上有所创新，但其核心构成要素，如制度、货币、市场及金融工具等，并未发生本质变化。因此，从构成要素的角度来看，数字金融与传统金融在结构上具有高度的相似性，只是数字金融在成本控制与效率提升方面进行了优化。

2. 关键功能的同质性

在关键功能方面，数字金融与传统金融也表现出高度的同质性。金融活动的核心在于资本与资源的有效配置与交换，这对经济发展具有决定性影响。从功能视角来看，金融在经济发展中发挥着

三大核心作用：一是优化市场资源配置；二是通过宏观手段调节经济；三是提升经济活动效率。这些功能在数字金融与传统金融中均得到了充分体现。数字金融并未改变金融的基本功能框架，而是通过技术手段提升了这些功能的实现效率与精确度。因此，从功能角度来看，数字金融与传统金融在关键功能上呈现出高度的同质性。

3. 市场化发展方向的契合性

在市场化发展方向上，数字金融与传统金融也表现出显著的契合性。在市场经济活动中，各主体均以追求更高收益为首要目标，因此优胜劣汰成为市场机制的内在属性。在这一属性的驱动下，金融基本功能架构的合理性得到了显著提升。数字金融与传统金融在推动金融产业市场化发展方面均发挥着重要作用。它们通过优化金融资源配置、提升经济活动效率，以及实施宏观经济调节等手段，共同促进了金融市场的健康发展。因此，从市场化发展方向的角度来看，数字金融与传统金融具有高度的契合性。

1.3.2 数字金融与传统金融的不同之处

1. 经济背景不同

传统金融的起源可追溯至第一次工业革命时期，并在第二次工业革命期间逐步构建起完整的体系。这一时期的金融行业发展，主要得益于电气化的社会生产力提升及通信技术的革新。然而，受物理空间与时间的限制，传统金融难以实现全球金融市场的无缝连接。与之相反，数字金融则兴起于信息技术迅猛发展的当代，它巧妙融合了传统金融与互联网、人工智能等信息技术的发展成果，对传统金融中的信息采集、征信评估、资源配置等环节进行了深度重塑，从而催生出全新的金融业态，极大地拓宽了金融服务的边界。

2. 金融活动主体变迁

在传统金融体系中，企业、商业银行等是金融活动的主要参与者，其中商业银行作为金融中介发挥着连接投融资双方的重要作用。而在数字金融体系中，金融产业的去中介化趋势越发明显。投融资双方能够借助网络平台直接实现资金的转移，无须依赖商业银行等中介机构，从而大幅提升了金融活动的便捷性与效率。

3. 金融工具应用差异

传统金融的信息化主要依赖计算机硬件设备或互联网企业提供的服务，以实现金融业务的电子化。然而，这些互联网企业并不具备金融职能，它们仅是服务的提供者。传统金融活动中广泛应用的工具多为具备特定功能的系统，而数字金融则主要依托互联网、大数据分析、人工智能等尖端信息技术。这些技术不仅显著提升了金融活动的效率，还降低了非金融行业企业使用金融工具的专业门槛。同时，数字金融工具还能够为企业完成需要专业化处理的任务提供有力支持，进一步降低了金融风险的发生概率。

4. 金融模式差异

传统的金融模式主要划分为两类：一类是以商业银行为主体的间接模式；另一类是以市场为主体的直接模式。在这两种模式中，银行均扮演着金融中介的角色，负责资金的转移与调配。然而，在数字金融中，除了这两种传统模式外，还涌现出了一种全新的模式。该模式充分利用了互联网点对点连接的特性，在闲置资金持有者与资金需求者之间建立了直接的联系，并通过线上操作实现资金的转移。这种新模式不仅大幅提升了金融活动的效率，还进一步推动了金融市场的创新发展，为金融市场注入了新的活力。

工行青年以卓越服务向世界展示中国风采

在大运会的舞台上，中国工商银行金融服务团队的青年以饱满的热情和专业的态度，向世界展示了中国青年的风采。他们不仅是大运村里接待各国参赛代表团的金融服务专员，更是风雨中坚守在流动银行车上，做好一站式金融服务的青春使者。他们用实际行动诠释了"青春在奋斗中绽放"的深刻内涵。

一、大运村金融"全能达人"陈维静

每天2万~3万步，每天工作15~16小时，连续20天依旧能量满满……这就是工行大运村金融服务"全能达人"陈维静在炎炎烈日下真实的工作写照。

"没问题，可以解决。"这是陈维静的口头语，面对任何突发情况，她总能保持乐观心态，给予大家鼓励和支持。她是大运村金融服务运营主管、票务咨询员、欢迎中心保障应急员，更是能够协调大运村内所有金融服务点位、随时在线的"全能达人"。

早在7月初，她就提前进入大运村，为金融服务各网点完成渠道建设，协助专业人员调试机具，做好营业物资准备；提前协调宿舍清洁，做好物资领用和床品分发、饭票采购等工作，确保入村后的全体工行金融服务人员没有后顾之忧。

"在这个特殊时期，大家首要的任务就是齐心协力办好大运会。在大运村，我们每个人都代表着中国人、代表着工行的形象，为了更好地守土有责、守土尽责，工商银行对我们的家庭、生活、身心各方面都做了周全的安排并给予贴心的关怀，我们一定要用卓越的服务让各国来宾感受到中国人民的热情好客，感受到工行人的效率与风采！"在她的带领下，大运村欢迎中心工行金融服务网点全员齐心协力、服务有序，得到了各国参赛代表团的高度肯定。

二、大运村金融业务骨干徐金晶

徐金晶，大运村工商银行驻点金融服务团队运营主管。作为青年业务骨干，她坚信只有进行了激情奋斗的青春、只有进行了顽强拼搏的青春、只有作出了卓越奉献的青春，才会留下充实、温暖、持久、无悔的回忆。为此，她与同样参加大运交通安保的警察丈夫约定，要用激昂奋斗的旋律点亮青春理想，在各自的工作岗位上贡献青春力量。

无论是在大运工行欢迎中心网点，还是在流动银行车上，总是能看到她忙碌的身影。工作中，她秉承工行"您身边的银行"的服务理念，发挥业务能力强、外语娴熟、亲和友善沟通的优势，用心用情对待每一名来访者。

三、大运村各国运动员最喜爱的"圣诞小屋"值守专员胡孝龄

在大运村商业中心集市最中间，有一座红色屋顶墙壁是透明玻璃的ICBC house，就像一座圣诞小屋，上面写着大大的"currency exchange"。这是大运村商业中心金融自助服务区，所有经过这里的客人每天都能看见工行的金融服务专员胡孝龄。她亲切甜美的笑容成为工行"圣诞屋"的标志，她每次都精神饱满、笑容可掬地迎接每一位前来办业务的客户。办理外汇业务时，她不仅能快速协助客户处理，同时还能用流利的英语向他们介绍成都的旅游景点，分享成都美食。短短几分钟，客户就会被她精彩的介绍内容深深地吸引。

① 青春在奋斗中绽放，工行大运村金融服务专员的那些事儿[EB/OL].（2023-08-08）[2025-04-11]. http://sc.people.com.cn/n2/2023/0808/c345167-40524151.html.

她每次在大运村内行走，就会有曾经在商业中心与她交流的中外运动员热情地跟她打招呼。有好几位比赛结束后离蓉归国的外籍运动员，在离开大运村前特意来到"圣诞屋"跟胡孝龄道别——互换小徽章、礼物，依依不舍地合影留念。

"短短数日，我认识了很多来自世界各地的朋友。在大运会这个沟通世界、增进友谊的舞台，代表工行做好金融服务，向来自世界各地的青年人展示中国文化、蓉城魅力、青春工行，我真的特别自豪。"胡孝龄说，"成都成就梦想，青春就要为梦想拼搏。"

以青春之我，创建青春之中国。这是大运工行青年用自己的行动对"筑梦大运，工行同行"所做出的最好诠释。

本章小结

本章主要阐述了数字金融的基本概念及其发展概况和趋势。数字金融作为数字技术在金融领域的全面渗透和应用，正深刻改变着金融行业的生态和格局。数字金融的内涵在于数字技术的不断创新和应用，推动了金融业务的数字化、智能化和高效化，其外延则涵盖了金融业态的创新、金融服务的升级及金融监管的变革等多个方面。在数字金融的发展过程中，供给因素、需求因素、金融体系与监管政策环境等因素共同推动了其快速发展。同时，数字金融对金融服务业产生了深远影响，提高了金融体系效率，降低了金融服务成本，促进了金融包容性增长。最后，通过对数字金融与传统金融在构成要素、服务模式、经济背景、金融工具运用等方面的对比分析，揭示了两者间的相互补充与促进关系。

课后思考题

1. 数字金融的内涵是什么？
2. 数字金融与传统金融有何异同？
3. 数字金融的发展对金融体系有哪些影响？
4. 中国在全球数字金融领域中的地位如何？
5. 如何理解数字金融中的信息不对称问题？

微课资源

微课视频

第 2 章 数字金融的交易对象及方式

学习目标

★ 掌握数据要素的概念、特征及性质。
★ 了解数字资产的概念,以及交易与流通的机制。
★ 掌握数字货币的基本概念及其主要类型。
★ 了解数字支付的定义、类型和技术基础。

素养目标

★ 通过了解数字金融的交易对象及方式,培养金融科技创新思维,形成对金融科技创新的敏锐洞察力。
★ 通过了解数字货币在推动金融包容性方面的作用,能够认识到金融服务普及对社会经济发展的重要性。

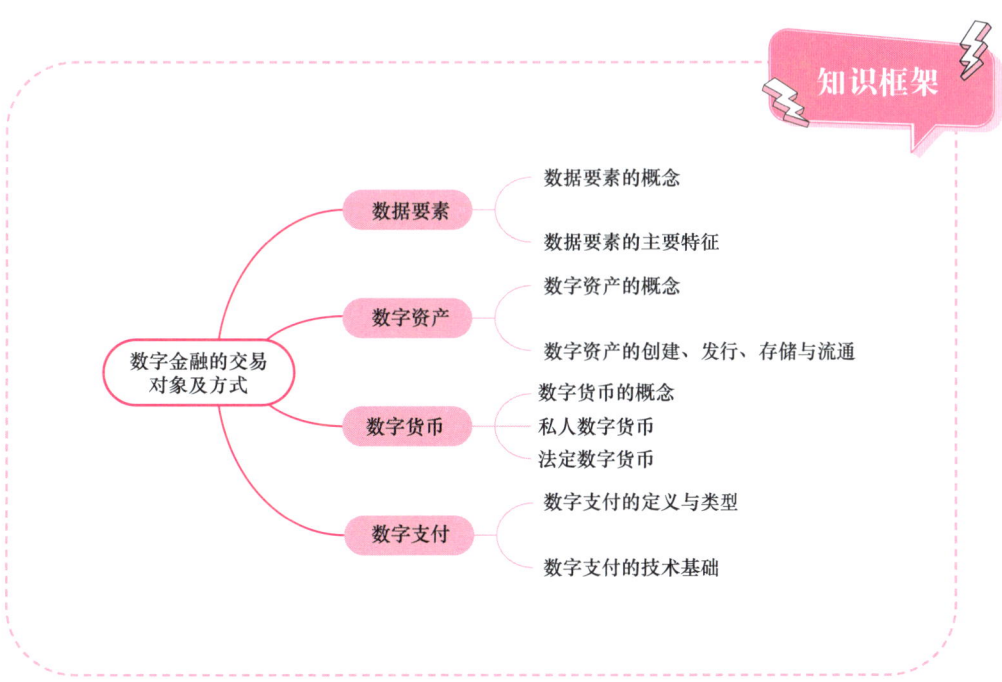

利用数据脱贫

2024年是我国打赢脱贫攻坚战后5年过渡期的第4年，截至目前，我国巩固拓展脱贫攻坚成果取得积极成效。进入过渡期以来，各地对脱贫不稳定户、边缘易致贫户和突发严重困难户开展了动态监测，及时给予帮扶，稳定消除返贫致贫风险。

贵州省充分利用乡村振兴大数据云平台，建立防返贫监测系统，2024年还将年人均纯收入在8000元以下的农户列入监测范围。家住晴隆县易地扶贫搬迁点的王茜，因为家人患病，近期花费了近33000元。她的信息很快就被上传到防返贫监测系统，辖区工作人员第一时间登门了解情况，并通过安排公益性岗位等方式增加她的家庭收入。目前，贵州省这套防返贫监测系统已累计汇聚预警线索超过225万条，帮助超过62万人摆脱返贫风险。

山西省吉县，苹果专业村占到了当地行政村总数的80%以上。为了做强苹果产业，当地以科技赋能苹果园，通过大数据、云计算进行智能灌溉、精准施肥，同时运用矮化密植栽培技术实现了苹果产量和产值的提升，这项技术已经被运用于全县5000亩苹果地。

截至目前，全国累计安排中央财政资金300亿元建设220个优势特色产业集群，安排中央财政资金140亿元建设1709个农业产业强镇，培育乡村特色产业专业村镇4068个，打造了一批产业融合发展平台。在乡村产业的带动下，脱贫地区和其他地区的发展差距、脱贫人口和全国农村居民的收入差距都在缩小。

在守底线方面，充分发挥了大数据预测预警作用，拓宽"一键报贫"等线上申报渠道，全面提升监测效能，减轻基层反复排查负担。针对监测对象不同的返贫致贫风险，精准落实开发式、兜底性等帮扶措施，做到了早发现、早干预，稳定消除风险。

资料来源："硬核"数据见证我国巩固拓展脱贫攻坚战成果"成绩单"[EB/OL]．央视网，2024-10-18．（有改动）

2.1 数据要素

数据要素不仅是数字信息的物质载体，更是理解现代数字经济运行逻辑的关键所在。作为一个复杂且多维度的概念，数据要素有着多种类型与丰富的特征，并非所有数字或数据均可被视作数据要素，而是仅当部分数据满足特定的要素条件时，才能称为数据要素。

2.1.1 数据要素的概念

数据要素是一个动态发展的概念，这里的"要素"是指生产要素。在经济学领域，生产要素（又称生产投入）是生产商品和提供服务所不可或缺的各类资源。从历史演变的视角看，生产要素的范畴经历了从土地、劳动力到资本，再到管理、技术的拓展。进入数字经济时代，数据凭借其独特的价值，已成为推动经济发展的核心生产要素。具体而言，作为生产要素的数据，不同于传统意义上的数据。它是一组能够指导生产经济物品的指令，虽然不直接参与生产过程，但能在生产过程中发挥关键作用，如创造新知识、预测未来趋势，进而提升经济产出。因此，数据并非天然就是生产要素，只有当其参与到生产加工流程中，并为商品的最终产出作出实质性贡献时，才能被视为满足生产要素条件的数据。

自 20 世纪 80 年代数字革命兴起以来，随着云计算、大数据、物联网、人工智能等技术的不断创新与成熟应用，信息经济已逐步转型为数字经济。数字化技术的飞速发展不仅推动了物理世界与数字世界的深度融合，还显著提高了数据挖掘的速度，拓宽了数据挖掘的广度和深度。在此背景下，数据的价值日益凸显，成为企业创新价值的核心驱动力。随着移动互联网和物联网的蓬勃发展，数据量呈现爆发式增长，数据的流动也深刻影响着 IT 基础架构的变革。边缘设备的广泛数据处理能力，以及大规模计算能力的普及，进一步催生了大数据概念的兴起。数据逐渐从资源转变为企业的核心竞争力，成为数字经济时代最为关键的生产要素之一。

在全球范围内，各国政府纷纷出台政策措施，推动数字经济的发展。阿里研究院发布的《2018 全球数字经济发展指数》报告显示，数字经济的发展水平与地区或国家的人均 GDP 高度相关。在中国，自党的十八大以来，国家高度重视数字经济的发展，将其上升为国家战略。在政策推动下，中国的数字经济取得了显著成就，数字经济总体规模持续增长，对经济增长的贡献率不断提高。

总之，随着数字经济的广泛深入发展，数据已逐渐成为新的生产要素、基础性资源、战略性资源和重要生产力。在世界各国，数据的重要性已达成广泛共识。在中国，加快培育数字要素市场已成为国家市场建设的重要目标之一。未来，随着国家政策的持续推动和体制机制的不断完善，数据要素将在生产流通过程中发挥更加重要的作用，为数字经济的发展注入新的活力。

2.1.2 数据要素的主要特征

在探讨数据要素时，人们不可避免地要对其特征、价值和配置机制进行深入思考。与传统生产要素相比，数据要素展现出一系列新的特征，这些特征主要包括虚拟性、稀缺性、产权模糊性和非排他性。

1. 虚拟性

数据要素的首要特征是虚拟性。数据的形态广泛多样，从简单的符号、文字到复杂的表结构数据库，再到数字化的图像、声音等，均属于数据的范畴。这些数据的存在形态既有数字化的，也有非数字化的（如文字记录），但随着信息通信技术（Information and Communications Technology, ICT）的飞速发展，越来越多的数据被数字化，并在底层以二进制语言的 0 与 1 表示。数据作为人类对认知对象的一种计量和记录，是可识别的、抽象的符号，其基本特征表现为虚拟性或非物理性。数据是人类思维活动的体现或计算机算法语言的数字映射，本身并不具备物理属性，而是借助书籍、计算机、数据中心等物理载体以抽象的数字符号形式存在，这与土地、劳动力等具有明确物理形态的生产要素存在本质区别。虽然表现为货币资金的资本也具有一定的虚拟性，但其背后总是对应着与其价值相应的物质资本。相比之下，数据要素的虚拟性更为广泛，不仅物理世界的事物可以被数字化、虚拟化，主观世界的事物也可以如此。因此，数据要素未必对应着物理世界的有价之物，而往往是抽象化的纯虚拟数字。例如，腾讯游戏中的 Q 币及互联网内容提供商提供的流媒体、空间服务等，均为抽象化的数字商品，并无真实物品与之对应。

此外，数据与技术也存在显著差异。技术同样是人类脑力思维的成果，但它是基于科学原理解决实际问题，与物理世界有着密不可分的关系，无法脱离物理世界而独立存在或发挥作用。而数据纯

粹是对物理世界的描述，每个人对同一个物理对象可能产生相同或不同的数据。因此，单纯的数据并无实际意义，也无法申请知识产权。从宏观角度看，无限的数据可以构成与物理世界并行的数字世界，这个世界既可以是映射物理世界的孪生数字世界，也可以是突破物理世界限制的虚拟数字世界。

2. 稀缺性

数据要素的另一个重要特征是稀缺性。作为资源的数据，只有需要付出对价时才能被视为数据要素。数据与数据要素的关键区别在于是否具有稀缺性。数据要素的生产往往需要高昂的成本投入，但其复制成本却几乎为零。要将经济生活中的情况记录下来并格式化为数据，需要大量的软硬件投入和人工成本，因此数据生产的成本很高。然而，一旦数据生产出来，无论是纸质材料记载的数据还是计算机存储的数据，都极易被复制。这种复制的低成本性使得大量数据可以被迅速传播和无限供给，这也导致了许多数据缺乏产权独立性，无法满足稀缺性要求，从而无法构成数据要素。

经济学中的稀缺性是指在获得人们所需要的资源方面存在的局限性。因为稀缺性的存在，人们在使用经济物品时会不断做出选择，所以只有当数据满足稀缺性条件时，才能被视为社会财富的一部分，并作为生产要素参与经济活动。这意味着，一种资源只有经过人类劳动并满足稀缺性条件时，才能成为生产要素。未经人类劳动增值的资源并非生产要素，因为人们对这类资源的获取无须付出代价。例如，沙漠里的沙在未经搬运和加工前并非生产要素，但当其被搬运到城市建筑工地并充当建筑材料时，就因经过了人类劳动的价值增值从而成了生产要素。如果数据都是免费的，虽然可能会在短期内提高资源配置的效率，但长期来看，可信的交易机制难以建立，反而会对经济产生不良影响。因此，只有专有的、经过劳动增值并需要付出对价的数据才符合生产要素的条件。

3. 产权模糊性

数据因其虚拟性而使产权难以被清晰界定，而数据的产权界定是数据要素被有效配置的基础。理论上，由于数据本身具有虚拟性，所以无法像对待土地等生产要素一样通过物理存在来确定所有权。与此相关的是，数据由谁拥有、由谁控制、由谁使用都难以被界定。在实践中，特别是对所有权不清晰的个人数据，权属界定更是一个难题。数据容易在未经合理授权的情况下被收集、存储、复制、传播、汇集和加工，并且数据在汇集和加工过程中会产生新数据，这使得数据的所有权很难被界定清楚，也很难被有效保护。例如，互联网平台记录的用户点击、浏览和购物历史等是非常有价值的数据，这些数据虽然描述了用户的特征和行为，但并不像用户个人身份信息那样直接由用户对外提供，因此很难说这些数据归用户所有。同时，互联网平台虽然记录和存储了这些数据，但这些数据与用户的隐私和利益息息相关，因此也很难任由互联网平台在用户不知情的情况下使用和处置。

由于数据产权确定困难，所以进入要素市场进行流通交易将面临诸多障碍。从权属的角度看，数据有多种类型，很多数据属于公共产品或准公共产品。其中，公共产品数据可以由任何人自由使用、改造和分享，如政府发布的经济统计数据和天气预报数据。而一些数据则是俱乐部产品，属于准公共产品，如收费媒体信息终端的数据信息可供多人共享。只有作为公共产品或准公共产品的数据才可以共享，私人部门（企业、个人）的私人产品数据除非当事人自愿，否则一般不可以共享。

4. 非排他性

数据要素的使用往往不具备传统要素的排他性特征，即一个使用者对某一数据的使用并不会影响其他使用者对该数据的使用。同一组数据可以同时被多家企业或个人使用，且新增的使用者不会降低其他现有数据使用者的效用。例如，一部操作指导视频可以同时供众多需要者使用。由于这种非排他性特征，所以任何数量的企业、个人或机器学习算法都可以同时使用同一组数据而不会减少其他人可用的数据量。这就决定了数据具有边际成本递减效应，即同一个数据使用的人越多，其边际成本就越低。每生产一个单位的产品，其生产成本逐步降低，特别是当数据额外供给的边际成本为零时，便成为数据与其他生产要素之间的主要差异。例如，软件行业在研发阶段需要一次性投入大量的研发成本，但此后每生产一份软件产品只不过是对研发结果的简单拷贝。因此，数据要素的虚拟性、非排他性及可复制性共同决定了数字经济的边际成本递减规律。

此外，数据要素还具有价值不确定性和外部性等经济特征。数据要素的价值确定面临诸多困难，包括数据的大数据特性、场景依赖性及缺乏客观计量标准等。同时，数据在生产和使用过程中会产生外部性。数据的开发和利用不仅对拥有数据的人有价值，还会对公众、社会和其他商业机构产生价值。然而，数据要素也可能产生负外部性，如泄露个体隐私信息或集体机密、侵犯他人权利或集体利益、减少其他群体的选择权，以及带来潜在的社会和经济风险等。

2.2 数字资产

数据要素作为数字金融交易结构的底层支撑，在实际应用中具体表现为数字资产。

2.2.1 数字资产的概念

2.2.1.1 数字资产的定义、特性及涵盖范围

数字资产是以数字形式呈现的资产。这一概念有广义与狭义之分，两者在定义、特性及涵盖范围方面均有所不同。

1. 狭义的数字资产

狭义的数字资产主要指的是传统金融资产的数字形态。随着信息技术的飞速发展，传统金融资产如股票、债券、票据等有价证券逐渐实现了数字化，形成了狭义的数字资产。这些数字资产与其代表的金融资产（金融工具）在本质上具有相同的特性。其收益性、流动性、偿还性和风险性是衡量狭义数字资产价值的重要指标。

（1）收益性。数字资产能够为持有人带来定期或不定期的收益，这是其作为金融资产的基本属性。通过数字资产的投资，投资者可以获得股息、利息、资本增值等多种形式的收益。

（2）流动性。数字资产具备买卖和交易的能力，能够被迅速转换为货币，且在转换过程中不会遭受明显损失。这种流动性使得数字资产成为一种高效的资金配置工具，投资者可以根据市场变化及时调整投资组合。

（3）偿还性。对于债务类数字资产（如债券），发行者或债务人须按期归还本金和利息。这一特性保障了投资者的本金安全，并为其提供了稳定的收益来源。

（4）风险性。持有数字资产期间，投资者可能面临信用违约或利率波动所带来的损失风险。因此，在进行数字资产投资时，投资者需要充分了解市场动态和风险因素，以做出明智的决策。

① 徐蕴、杨祖艳．数据使用的负外部性及数据要素监管[N]．金融时报，2021-03-29．

金融资产作为价值形态存在的经济资产，其外延广泛，包括股权、债务工具、金融衍生产品、货币存款、保险养老金等多种形式。狭义数字资产作为金融资产的数字形态，同样继承了这些金融工具的多样性和复杂性。它们不仅具有传统金融资产的特性，还通过数字化手段实现了更高效、更便捷的交易和风险管理。

2. 广义的数字资产

广义的数字资产则不完全符合传统会计准则中"资产"的定义。根据国际通用的资产定义，资产是能够为所有者带来经济利益的价值存量。然而，广义的数字资产更多地被视为数据要素的一个子集，它来源于数据但又不等同于数据。广义的数字资产实质上代表行为人所拥有或控制的数字权益，是一种可以为其带来经济利益的数字余额。构成广义数字资产的三要素包括权益证明、加密和流通。

（1）权益证明。数字资产是以数字形式存在的权益凭证，代表一种内在价值或权利。这种权益证明可以是数字化的股票、债券、知识产权等，也可以是基于区块链技术的智能合约等新型权益形式。

（2）加密。利用密码学保障数字资产的真实性、防篡改性和隐私保护。加密技术使得数字资产在传输和存储过程中免受恶意攻击和被篡改，保障了投资者的权益安全。

（3）流通。数字资产可在金融专用网络或区块链网络内流通、验证和交易兑换。这种流通性使得数字资产成为一种全球性的价值载体，促进了跨国贸易和资本流动。

2.2.1.2 数字资产的分类

作为数字金融交易结构的底层支撑，数字资产以其独特的属性和价值，成为新时代经济活动的重要组成部分。根据数字资产的不同特性和应用场景，可以将其大致分为以下3类：

1. 金融资产的数字形式

这类数字资产是狭义数字资产的具体体现，主要包括股票、债券、票据等有价证券的数字化表示。这类数字资产在保留传统金融资产特性的基础上，通过数字化手段实现了更高效、更便捷的交易和风险管理。它们接受金融市场的严格监管，具有明确的权属证明和收益性、流动性、偿还性及风险性等特点。金融资产的数字化不仅提高了金融市场的透明度和效率，还为投资者提供了更多的投资选择和风险管理工具。

2. 加密数字资产

这类数字资产以分布式网络、区块链技术等加密技术为基础，依托社区共识或联盟共识发行与流通。它们具有去中心化、不可篡改、交易可追溯等显著特点，为数字资产的安全性和可信度提供了有力保障。加密数字资产的形式多样，包括但不限于私募股权众筹、债权凭证、知识产权映射等，为数字经济领域的创新和发展提供了新的动力。

3. 数字货币

作为数字资产的一种特殊形式，数字货币以其独特的支付和结算功能备受关注。数字货币包括非法定数字货币（如比特币等）和法定数字货币（如中央银行数字货币）两大类。

（1）非法定数字货币又称虚拟货币。欧洲银行管理局（EBA）将虚拟货币定义为：价值的数字化表示，不由中央银行或货币管理当局发行，也不与法币挂钩，但由于为公众所接受，因此可作为支付手段，也可以电子形式转移、存储或交易。

（2）法定数字货币则由中央银行发行并受到法律保障，具有与法定货币相同的法律地位和支付能力，故又称中央银行数字货币（Central Bank Digicatal Currency，CBDC）。目前，法定数字货币（包括中国的CBDC在内）大多还处于研发试验阶段。

2.2.2 数字资产的创建、发行、存储与流通

在经济学领域，金融资产与负债作为一对孪生概念，其产生与存在总是相互对应的，一项资产的生成必然伴随着等额负债的形成。基于此，资产的创建通常遵循以下原则：资产的供给方（即融资方）通过创造负债来提供金融资产，而资产的需求方（即投资人）则通过构建债权来获取这些资产。在数字经济时代，数字资产通过资产数字化的方式产生。

1. 资产数字化

资产数字化是指将传统资产转化为数字形式的过程。这一过程中，资产的权利被转换为区块链上的数字代币，因此也被称为代币化。代币（Token）又称通证或令牌，是资产的数字抽象表示。理论上，任何形式的资产包括财产权益、债务、商品、艺术品和货币等，均可实现数字化和代币化。

代币化过程与20世纪70年代的资产证券化有相似之处，但其发展相较于资产证券化更为先进。资产证券化是将住房抵押贷款、汽车贷款等打包成资产支持证券（Asset-Backed Securities，ABS）并出售给投资者，而代币化则是将资产的使用权货币化，并在区块链平台上进行传输和交易。代币通常分为功能型代币（Utility Token，UT）和证券型代币（Security Token，ST）两类，其中证券型代币因其金融属性更为显著而备受关注。

代币化的优势主要体现在以下几个方面：

（1）增加流动性。使发行人能够获取更多资金，同时投资者也能更自由地选择投资对象。

（2）分解产权。使不易交易的资产得以数字化并被分割成多个部分，供广大投资者持有。

（3）便捷交易。区块链技术支持快速、低成本的交易，且无须中介费。

（4）提高透明度。所有交易一旦完成便不可逆转或被篡改，确保交易的真实性。

（5）保障安全隐私。区块链的匿名性有助于保护投资者的隐私。

2. 数字资产发行

数字资产发行即证券型代币发行（Security Token Offering，STO），是将区块链技术与受监管的证券市场相结合的一种新型融资方式。STO通常涉及在区块链环境下以受监管证券的形式发行数字代币，旨在提高资产流动性和拓宽融资渠道。

STO的主要步骤如下：

（1）资产选择。选择具有市场潜力的资产进行代币化，这些资产通常包括公司权益、债务、实物资产和大宗商品等。

（2）确权。确定数字资产的权属，即明确所有者的权利。在区块链上，这一过程通过私钥和地址等密码学原理实现，无须第三方权威机构认证。

（3）估值。对数字资产进行合理估值，考虑其收益和风险两个方面。目前尚未形成成熟的数据资产估值方法，因此选择合格的第三方机构进行估值和托管等服务至关重要。

（4）发行。根据融资需求、目标投资群体等因素设计发行方案，并选择发行平台和监管适用标准。

3. 数字资产存储

数字资产创建后需要妥善存储，常见的存储方式包括钱包和交易所。

（1）钱包。钱包是管理公钥和私钥的工具，分为冷钱包和热钱包两类。冷钱包不联网，安全性高，但操作不便；热钱包联网，操作便捷，但安全性相对较低。

（2）交易所。交易所是一种在线钱包形式，提供数字资产的交易和管理服务。然而，交易所存在中心化结构的安全隐患，且提取资产时可能需要支付手续费。

无论选择哪种存储方式，用户都应该关注资产安全问题，强化自身风险防范意识。

4. 数字资产交易与流通

合规创建的数字资产可以在网上进行交易和流通。资产的自由流通是数据资产化的必要条件，也是发现其真正价值和形成公允价格的重要途径。数字资产交易可以在区块链交易体系或中心化数字资产交易所进行。

区块链网络上的交易无须第三方机构确认，具有高效、便捷的特点。而交易所作为连接数字资产一级和二级市场的桥梁，为投资者提供购买和出售数字资产的便利。此外，交易所还拥有智能数据分析系统，为用户提供多种交易策略和成果分析，进一步促进数字资产的交易流通和价格波动。

课堂互动

教师准备一系列有关数字资产的描述（如"我是一种可以在区块链上流通的加密货币，我的数量是有限的，人们常通过挖矿来获取我"），学生根据相关描述猜测是哪种数字资产。

2.3 数字货币

2.3.1 数字货币的概念

2.3.1.1 数字货币的内涵

数字货币是指基于数字计算技术，通过特定的加密算法实现安全交易，并能够代表一定价值的数字化资产。数字货币的种类繁多，其确切数量难以精确统计，且随着市场的不断变化，每天都有新的数字货币涌现，同时也有部分数字货币逐渐消失。

数字货币通常可分为两类：一类是基于区块链技术的加密货币，如比特币、以太坊等，它们不依赖特定的中央银行或金融机构发行，而是通过去中心化的网络共识机制确保交易的安全性和可靠性，故也称为私人数字货币；另一类是由中央银行发行的法定数字货币，如中国的数字人民币、瑞典的电子克朗等，它们虽然以数字形式存在，但仍然具有法定货币的地位和属性。

2.3.1.2 数字货币的特征

1. 去中心化与分布式账本

数字货币通常依赖去中心化的网络架构，这意味着它们不依赖单一的控制中心或中介机构。相反，交易数据通过分布式账本（如区块链）进行记录和验证，确保数据的完整性和不可篡改性。这种特性增强了系统的安全性和透明度，降低了传统金融体系中可能存在的单点故障风险。

2. 匿名性与隐私保护

虽然不同数字货币在隐私保护方面存在差异，但许多数字货币在设计之初就考虑到了用户的匿名性需求。通过使用复杂的加密算法和假名机制，用户可以在不透露真实身份的情况下进行交易，从而保护个人隐私。然而，这也引发了关于监管、反洗钱和打击恐怖融资等方面的讨论。

3. 可编程性与智能合约

数字货币的底层技术（如区块链）支持编写智能合约，这些合约是自动执行的、控制或文档化法律事件和行动的计算机程序。通过智能合约，数字货币可以实现复杂的金融交易逻辑，如条件支付、自动清算和跨链资产转移等，极大地拓展了金融服务的范围并提高了服务效率。

4. 全球可达性与即时支付

数字货币打破了地理界限，用户可以在全球范围内实现即时支付和转账，无须经过烦琐的跨境支付流程。这不仅降低了交易成本，还加快了资金流动速度，促进了国际贸易和全球经济的融合。

5. 稀缺性与价值存储

许多数字货币，特别是加密货币（如比特币）采用了固定供应量或有限的增发机制，以确保其稀缺性。这种特性使得数字货币成为一种潜在的价值存储手段，类似黄金等传统资产。然而，这也导致了数字货币价格的极端波动性和市场投机行为。

6. 安全性与加密技术

数字货币的安全性建立在先进的加密算法和密码学原理之上，这些技术确保了交易的完整性和真实性，防止了数据被篡改和欺诈行为。此外，通过多签名、冷钱包等安全措施，用户可以进一步提高资金的安全性。

7. 监管挑战与合规性

由于数字货币的跨境性、匿名性和去中心化特性，它们给现有的金融监管体系带来了前所未有的挑战。各国政府正在逐步建立针对数字货币的监管框架，以确保其被合法合规使用，同时防止洗钱、恐怖融资等非法活动。

2.3.2 私人数字货币

2.3.2.1 私人数字货币的基本概念

私人数字货币是由私人个体或公司主导，并主要依赖密码技术创建、发行和流通的一种货币形式。这种货币以节点网络和数字加密算法为基础，同时需要区块链技术确保交易记录的准确性和不可篡改性。现有的私人数字货币类型，如比特币和以太坊就是这一领域的典型代表。因此，可以将私人数字货币理解为一种由非主权国家主导、主要依赖数字加密算法技术（同时需要区块链技术对交易进行验证）并以字符串形式存储在电子设备中的货币。

从经济学的视角出发，私人数字货币并不具备成为真正货币所必需的条件。一是私人数字货币挑战了国家货币理论。国家货币理论将货币定义为由国家发行的、作为法定清偿和记账手段的信用货币，这一理论的核心在于国家拥有货币发行的权力。然而，私人数字货币是由私人主体或公司发行的，这明显不符合国家货币主权的要求。因此，从这一角度看，私人数字货币难以被视为真正的货币。二是私人数字货币的价值缺乏稳定性。以比特币为代表的私人数字货币，在实际应用中表现出了总量限定、价格波动剧烈、交易耗时较长等特点。这些特点使得私人数字货币更像是一种高度投机的资产类别，而非便捷的支付手段。由于其价值极不稳定，私人数字货币无法充当商品的一般等价物，这进一步削弱了其作为真正货币的地位。

2.3.2.2 比特币

1. 比特币的概念

比特币是一种革命性的电子加密货币，它以去中心化的特性在全球范围内实现了非普遍的可支付性。简单来说，比特币是一种数字货币，它不像日常使用的纸币或硬币那样具有物理形态，而是完全依赖网络进行交易和记录。比特币的关键特性如下：

（1）比特币是一串无法伪造的数字签名链条。想象一下，买家在网上购买了一件商品，并决定使用比特币支付。在这个过程中，比特币的转出方（即买家）会生成一段独特的、难以被伪造的字符串，这就是比特币的数字签名。这个签名就像买家在纸质合同上签字一样，证明了交易的发起和信息的完整性。通过验证这个签名，收款方（即商家）可以确信交易是由买家发起的，并且交易信息在传输过程中没有被篡改。这种验证过程依赖数字摘要技术，它能够将交易信息压缩成固定长度的字符序列，从而方便快速地进行验证。

（2）比特币的账户拥有独特的地址标识。在比特币网络中，每个人都有一个或多个独特的比特币地址，这些地址就像人们在银行开立的账户一样，用于接收和发送比特币。每个地址都是一串以"1"开头的字符序列（如"1JSUzrzMk7f6iymfVkaqLBJDBZXBopyfZK"），它们就像人们的网络身份证一样，用于在比特币网络中进行身份验证和资金流转。

（3）比特币系统的核心规则。比特币的设计理念是去中心化，这意味着它不受任何单一的中心机构（如政府或金融机构）的监管。在比特币网络中，每一笔交易都是由用户自行完成的，无须经过中心机构的审核。这种去中心化的记账方式使得比特币能够避免高额的手续费、烦琐的流程及受监管等问题。

想象一下，人们加入了一个由许多志愿者组成的社区组织，这个组织负责记录社区内所有的交易和活动。由于组织内没有中心机构管理这些记录，因此每个人都可以参与记录和验证交易。这样，即使某个人或某个部分出现了问题，整个组织的记录仍然能够保持完整和准确。比特币网络就是这样一个去中心化的社区组织，它邀请了大量用户参与记账和验证过程，从而确保了系统的安全性和可靠性。为了保证这些账本保持一致，比特币的机制中采用了工作量证明等共识算法，邀请了大量用户（即"矿工"）一起抄账本和查账。这些"矿工"通过解决复杂的数学难题来争夺记账权，并获得相应的比特币奖励。这种机制确保了比特币网络的去中心化和安全性。

2. 比特币的组成

比特币由3个核心部分——区块头、区块体及梅克尔根（可简化为一种身份识别机制）组成一个数据块，如图2-1所示。每个区块头通过梅克尔根与区块内的多个交易事务建立关联，区块内主要包含了交易事务数据和区块的摘要信息。每个区块之间通过区块头中的哈希值实现串联，形成一个连续且不可被篡改的区块链。

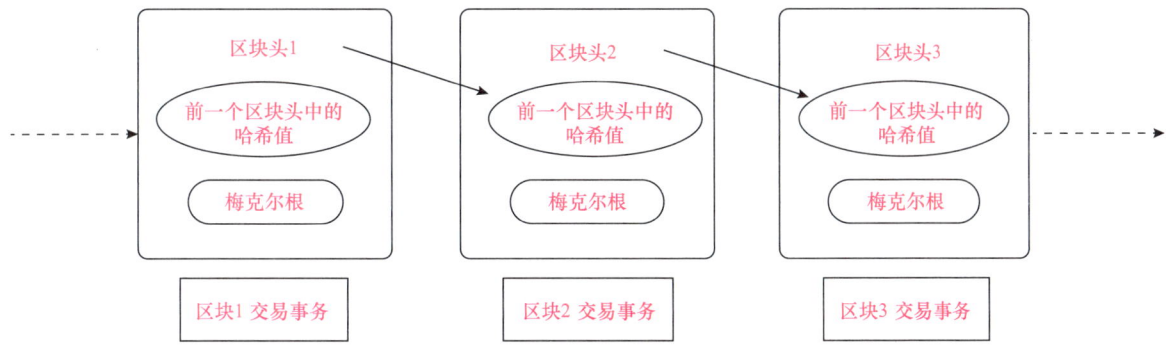

图 2-1　比特币中区块链数据的组成及关系

哈希函数（Hash Function）又称为散列函数，是一种将任意长度的输入（如字符串、整数等）通过特定的算法转换为固定长度的输出（即哈希值）的函数。这种转换过程具有以下3个关键特性：

（1）确定性。对于相同的输入，哈希函数总是产生相同的输出。这意味着，只要输入的数据不发生变化，其哈希值就是唯一的且可重现的。

（2）高效性。哈希函数的计算过程应当尽可能快速，以便在实际应用中能够快速生成哈希值。这对于提高数据检索和处理的效率至关重要。

（3）均匀分布性。理想情况下，哈希函数生成的哈希值应当在输出空间中均匀分布，以减少哈希冲突的可能性。哈希冲突是指不同输入产生相同哈希值的现象，它会影响哈希表的性能和安全性。

哈希值是哈希函数的输出结果，为一个固定长度的二进制串或整数。它代表了输入数据的唯一标识（在忽略哈希冲突的情况下）。哈希值具有以下3个重要特性：

（1）唯一性（相对）。在理想情况下，不同的输入应该产生不同的哈希值。然而，由于哈希函数的输出空间是有限的，而输入空间可能是无限的，因此哈希冲突在实际应用中难以被完全避免。但好的哈希函数会尽量降低这种冲突的概率。

（2）不可逆性。哈希函数通常被设计为单向函数，即从输入到哈希值的转换是容易的，但从哈希值反推输入则是极其困难的（甚至是不可能的）。这一特性使得哈希值在密码学和安全领域具有广泛的应用，如数字签名和消息认证码等。

（3）固定长度。无论输入数据的长度如何变化，哈希函数都是输出固定长度的哈希值。这一特性使得哈希值在存储和传输时更加高效和方便。

梅克尔树又称哈希树，是一种重要的树形数据结构，被广泛应用于分布式系统和区块链技术中。它由一个根节点、一组中间节点和一组叶节点组成，通常呈现二叉树的形式，但也可以被推广到多叉树的情形：①叶节点。位于梅克尔树的最底层，每个叶节点均包含存储的数据或其哈希值。在区块链中，这些数据通常是区块体内的交易记录。②中间节点。每个中间节点都是其两个子节点内容的哈希值。这一特性确保了从叶节点到根节点的任何数据变动都会通过哈希值的传递被反映到上层节点，直至树根。③根节点，也称为梅克尔根。它是梅克尔树的顶端节点，由其两个子节点内容的哈希值组成。在区块链中，梅克尔根被存储在区块头中，作为区块内所有交易数据的唯一标识符。

在梅克尔树中,任何叶节点数据的变动都会通过哈希值的传递影响其父节点,直至根节点。这种特性使得梅克尔树成为快速比较大量数据、快速定位修改、实现零知识证明等的有效工具。由于梅克尔树的根节点(即梅克尔根)是由所有叶节点数据的哈希值逐级计算得出的,因此在分布式系统中,当两个数据集的梅克尔根相同时,不同节点之间无须传输整个数据集,仅通过比较梅克尔根即可快速验证数据的一致性。

3. 比特币的发行

比特币的发行不由某个中心机构控制,而是通过一种被称为"挖矿"的过程实现。"挖矿"是指利用计算机算力解决复杂的数学问题,为比特币网络添加新的区块,并获得比特币奖励的过程。"挖矿"的核心在于解决一种被称为"哈希难题"的数学问题,即"矿工"对区块头中的数据进行哈希运算时,要找到一个满足特定条件的哈希值,这个条件通常要求哈希值的前若干位为0。由于哈希运算的随机性和不可逆性,"矿工"需要不断尝试不同的随机数(Nonce),直到找到一个满足条件的哈希值。只有找到满足条件的哈希值,"矿工"才可以将该区块添加到区块链上,并获得比特币奖励。

整个"挖矿"过程都基于一种被称为工作量证明(Proof of Work,PoW)的共识算法,这种算法要求"矿工"通过消耗大量的计算资源和电力来争夺记账权。这种机制确保了比特币网络的安全性和去中心化特性。

在比特币的早期阶段,每个区块的奖励为50个比特币。为了控制比特币的发行速度,比特币网络设定了一种自动调节机制——每隔21万个区块(大约每4年),区块奖励就会减半:2012年比特币首次减半,奖励变为25枚;2016年第二次减半,奖励变为12.5枚;2020年第三次减半,奖励变为6.25枚;2024年第四次减半,奖励减至3.125枚。预计到2140年左右,随着最后一枚比特币的挖出,比特币的发行将彻底结束。届时,比特币的总数量将达到其设定的上限——2100万枚。

 扩展阅读

创世区块

北京时间2009年1月4日凌晨02:15:05,中本聪(Satoshi Nakamoto)制作了比特币世界的第一个区块——创世区块(Genesis Block),新版本的比特币系统将它设定为0号区块,而旧版本的比特币系统则设定它的序号为1。比特币的概念由此产生。

2008年11月1日,中本聪发表了一篇名为《比特币:一种点对点式的电子现金系统》的文章。尽管回应他的人寥寥无几,但中本聪热情不减。2009年1月3日,在位于芬兰赫尔辛基的一个小型服务器上,中本聪挖出了比特币的第一个区块——创世区块,并获得了50个比特币的奖励。当天下午6:15分,创世区块被计入公开账簿。

几天之后,比特币的第一笔转账完成。2009年1月12日,中本聪将10枚比特币转给了早期区块链开发者哈尔·芬尼(Hal Finney)。自2009年比特币区块链诞生以来,比特币区块链上已生成超过67万个区块。

资料来源:笔者根据相关材料整理编写。

4. 比特币的交易

比特币交易就是在区块链账本上"记账",它通常由比特币客户端协助完成。例如,王某想通过A账号转账给易某的B账号3枚比特币,交易流程如图2-2所示。

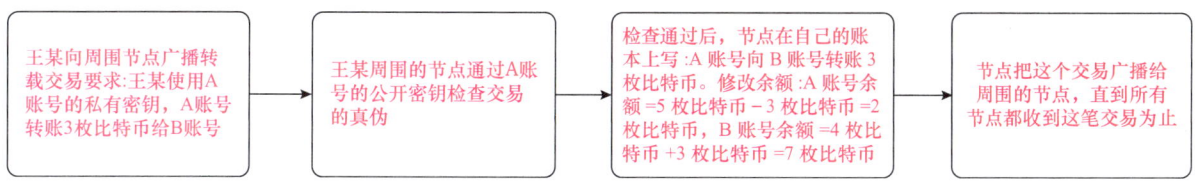

图 2-2　比特币交易流程

交易是指一个用户利用比特币向另一个用户进行支付的行为。在比特币系统中，交易并非简单的货币转移，而是一个经过精心设计的、包含签名的数据结构。这一数据结构包含比特币交易参与者价值转移的相关信息，并作为公开记录被镌刻在比特币区块链上。当用户发起比特币支付时，其钱包客户端会生成一个交易数据结构，并将其广播至整个网络。一旦比特币交易被广播至网络，网络中的比特币节点就承担起中继和重新广播交易的任务。这些节点会对交易的有效性进行初步检查，若交易合法且有效，节点就会将其纳入正在挖掘的区块中。通常情况下，交易会在10~20分钟内被包含在一个区块内，并与其他交易一同被添加到区块链上。此时，接收者便能在其钱包中查看到交易金额。

比特币交易的安全性得益于数字签名技术的运用。在交易过程中，付款方需使用自己的私钥对交易签名，以此证明其对比特币的所有权并认可该笔交易。同时，比特币中包含接收方的公钥，这确保了只有拥有相应私钥的接收方才能解锁并花费这笔比特币。值得注意的是，交易过程无须收款方参与，收款方甚至可以处于离线状态或根本不存在。

比特币交易的输入（即花费）与输出（即收入）构成了交易的核心要素。每笔交易都必须确保输入的总价值大于或等于输出的总价值，超出部分则作为交易手续费被记录并奖励给记账者。手续费不仅为矿工提供了挖矿的激励，还有助于防止微额交易对比特币网络发起的"粉尘"攻击。比特币交易的输入与输出如图2-3所示。

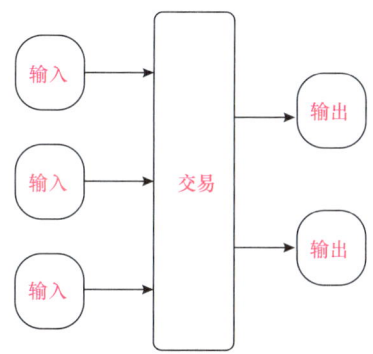

图 2-3　比特币交易的输入与输出

比特币交易一旦被记录到区块链上，就具有不可逆性，这意味着每一笔交易都无法被撤销或回转。商家因此无须担心诈骗式的拒付行为。虽然用户可以通过请求对方进行反向交易来获得退款，但这需要对方的配合。交易的确认数随着新区块的产生而增加，当确认数达到6时，交易通常被认为是比较安全的。

比特币采用了一种被称为"未花费的交易输出"（Unspent Transaction Output，UTXO）的模型来记录用户的比特币余额。每个UTXO都代表着一定数量的比特币，且一旦被创造出来便不可分割。用户通过控制私钥来花费这些UTXO。用户的比特币余额实际上是其钱包中所有可用UTXO的总和。由于UTXO的不可分割性，大部分比特币交易都会产生找零情况。

5. 比特币的流通

比特币具有极高的流通性，能够在全球范围内进行自由买卖。无论身处何地，只要拥有一台接入互联网的计算机或一部智能手机，用户就可以挖掘、购买、出售或收取比特币。这种无国界的交易特性，使得比特币成为一种全球性的支付工具。通过数字交易所、比特币提款机、服务商和个人等多种渠道，用户可以轻松地将比特币兑换为当地现金，或以现金购买比特币。

获取比特币的方式多种多样，主要包括以下 4 种途径：

（1）通过"挖矿"获得比特币，即利用计算机算力参与比特币网络的运算，从而获得新产生的比特币。

（2）用钱购买"矿工"挖到的比特币，这是最直接且常见的获取方式。

（3）通过开设网店并接受比特币作为支付方式，从而获取比特币收入。

（4）登录数字货币交易所进行比特币交易，通过买卖差价获取利润。

这些多元化的获取方式（见图 2-4）为比特币的普及与应用奠定了坚实的基础。

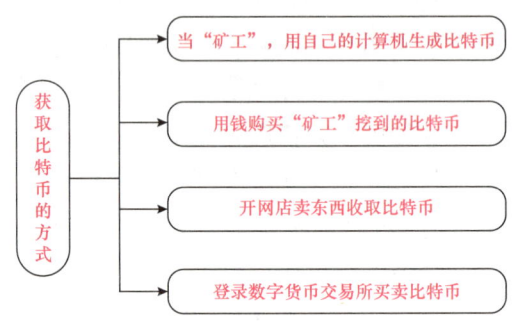

图 2-4　获取比特币的方式

相比传统的采用借记卡或信用卡购物，比特币付款更加便捷。用户无须拥有商家账户，即可接收比特币付款。只需在计算机或智能手机上的钱包应用程序中，输入收款人的比特币地址和付款金额，按发送键即可完成付款。为了进一步提升付款便捷性，很多钱包应用还支持通过二维码扫描或 NFC 技术触碰两部手机来获取收款人地址，从而简化了交易流程。

比特币的流通过程依靠密码学方法保障安全。每一次的比特币交易都会经过特殊算法处理，并经过全体矿工的验证后，被记录到区块链上。这种分布式账本的特性，使得比特币交易具有极高的安全性和不可篡改性。同时，比特币交易还可以附带具有一定灵活性的脚本代码（智能合约），以实现可编程的自动化货币流通，进一步提升交易的便捷性和安全性。

新浪财经显示，截至 2024 年 8 月，当前流通中的比特币数量约为 19750000 个。从世界范围看，比特币已经得到了若干国家、企业、公司和组织机构的认可与使用。这种广泛的接受度，不仅体现了比特币作为一种新兴支付工具的价值和潜力，也为其未来的发展奠定了坚实的基础。

2.3.3　法定数字货币

2.3.3.1　法定数字货币的基本概念

法定数字货币，又称中央银行数字货币（CBDC），是指由中央银行发行的以数字形式存在的货币。CBDC 不仅具备货币的计价单位、交易媒介、延期支付及价值储藏等基本功能，还能以数字形式自由流通。

（1）计价单位。CBDC 由政府信用背书，具有法律保证的公信力，可以作为记账单位被用于商品、劳务、资产与负债的标价。

（2）交易媒介。CBDC 可直接充当交易媒介，在代表现金的场合，如同流通中的纸币；在代表存款或升息货币的场合，可转换为现金，充当间接交易媒介。

（3）延期支付。CBDC 作为中央银行负债发行的数字价值形式，能够在商品的赊购赊销、资金借贷、财政收支、工资发放、租金收取等经济交易活动中发挥延期支付功能。

（4）价值储藏。CBDC 不受时间影响，能维持一定的购买力，具有价值储藏功能，且与法定货币等价并可产生利息。

综上所述，法定数字货币与比特币等虚拟货币截然不同，它是由一国或地区中央银行发行的，有政府信用支撑的，被用于交易、支付和结算的新型法定货币。

2.3.3.2 法定数字货币的基本类型

根据设计功能的不同，国际清算银行将 CBDC 分为通用型与批发型两大类型。

1. 通用型 CBDC

通用型 CBDC 又称现金 CBDC 或零售型 CBDC，主要针对零售交易，面向非银行公众发行，供社会大众和所有公司使用。通用型 CBDC 是现金的补充，可以替代纸币履行价值尺度、支付手段、价值储藏等职能，旨在降低传统纸币发行、流通的成本，提升经济交易活动的便利性和透明度，确保高效、稳健的支付系统和对货币体系的信心。它不与现有货币竞争，而是与现有货币和支付方式共同发展。中国人民银行研发的 CBDC 即为通用型 CBDC，归属现金类支付凭证（M0）范畴。

2. 批发型 CBDC

批发型 CBDC 又称基于账户的 CBDC 或定向 CBDC，仅限用于特定银行间的结算服务。在这个模型中，账户和交易均在银行的授权下进行，银行负责账户到账户的交易。批发型 CBDC 可显著提高支付效率与弹性，并降低与现有支付系统相关的成本和复杂性。

在传统的支付与结算系统中（见图 2-5），发起支付的金融机构（OFI）向接收货币的金融机构（RFI）转移货币资产时，需先向中央银行提交支付申请，再由中央银行处理与结算，最后发送给 RFI。

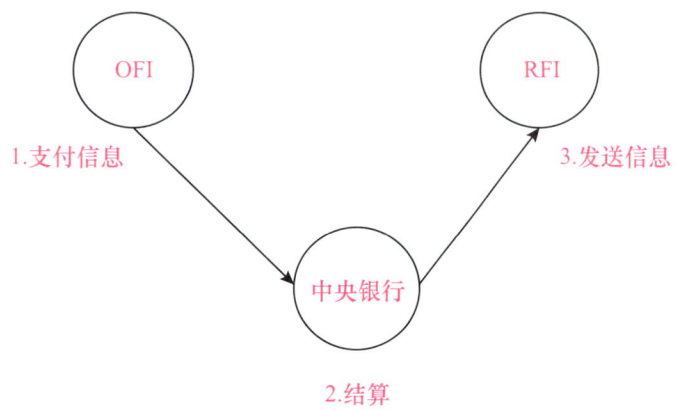

图 2-5　现有货币的支付与结算体系（V 形结构）

资料来源：IBM（国际商业机器公司）和国际货币金融机构官方论坛（OMFIF）发布的报告。

而在批发型 CBDC 的支付与结算体系中，中央银行会建立实时总结算（Real Time Gross Settlement，RTGS）系统，以便使用 DLT 与支付平台进行对接。批发型 CBDC 有两种支付与结算体系：Y 形结构和 T 形结构，如图 2-6 所示。在两种结构中，支付申请均无须中央银行的批准或"签名"，但中央银行会接收支付信息。

在 Y 形结构中，中央银行检测到违法或无效交易时，将通知 OFI 和 RFI 介入，并可使交易无效；而在 T 形支付与结算体系中，中央银行作为背书节点，支付不可逆转。

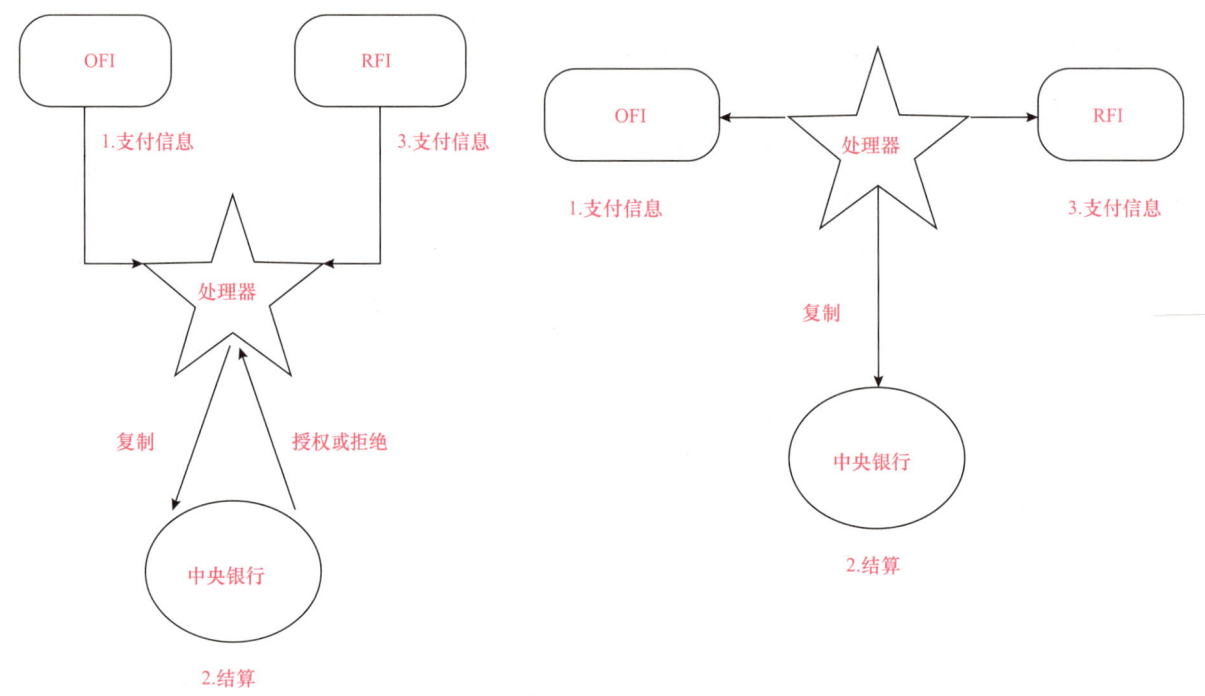

图 2-6　CBDC 的支付与结算体系（左图为 Y 形结构，右图为 T 形结构）

资料来源：IBM（国际商业机器公司）和国际货币金融机构官方论坛（OMFIF）发布的报告。

2.3.3.3　法定数字货币的基本特征

法定数字货币作为数字化的法币，以本位币的新形态出现，具有中心化、可信性、加密性、稳定性等特征。

1. 中心化

不同于非法定数字货币的去中心化特征，法定数字货币是一种典型的中心化货币。中央银行对数字货币的发行、流通和交易拥有唯一的排他性管辖权。法定数字货币的发行数量由发行主体决定，交易受到中心化机构的监管。

2. 可信性

法定数字货币是一种基于信任的信用货币，中央银行以其代表的国家信用发行数字货币。与传统的信用货币（纸币及信用卡等电子货币）并无本质差别，它无须征得货币发行与流通系统的用户共识，仅凭借自身的特定法律地位与国家信用背书发行。法定数字货币具备信用创造与收缩的功能，通过中央银行的增发或收缩影响全社会的货币供应量，进而对经济产生影响。

3. 加密性

法定数字货币同非法定数字货币一样，也是一串计算机网络上的字符串，需要使用加密技术。加密技术是法定数字货币实现技术安全和可信的关键要素，数字货币的发行、流通交易、兑换各环节均需加密技术作为保证。

4. 稳定性

法定数字货币以国家信用为价值支撑，其发行总量由中央银行控制，与经济交易的实际货币需求量保持一致。中央银行通过引入法定数字货币，锚定低目标通胀水平，并通过立法加强和保证其自身的独立性，避免财政赤字货币化，从而保持数字货币的价值稳定。

2.3.3.4　法定数字货币面临的挑战

1. 隐私保护与安全问题

法定数字货币在流通使用过程中，会不可避免地收集到大量用户资料和交易信息，这些信息对于用户隐私和财产安全的保护至关重要。而且，数字货币支付系统具有追踪记录交易信息的能力，这在一定程度上增加了用户隐私泄露的风险。因此，如何在法律允许的范围内合理使用这些信息，防止信息泄露和非法使用，成为中央银行面临的一大挑战。同时，法定数字货币对支付系统的安全性和技术要求也更为严格，中央银行需要不断提升技术水平，以确保支付系统的稳定运行和用户的资金安全。

2. 运维成本问题

无论是离线还是在线的数字货币系统，都需要通过庞大的数据库来存储交易数据和其他相关信息。随着数字货币的普及程度日益提高，数据库的运行和维护成本也逐步上升。这不仅包括硬件设备的购置和维护费用，还包括数据库管理人员的薪酬和培训费用等。因此，如何有效控制运维成本，确保数字货币系统的可持续运行，是中央银行需要解决的重要问题。

3. 中央银行效率改进与金融风险问题

根据国际清算银行的研究，发行法定数字货币对于中央银行而言，其功能效应的改进并不明确。一方面，数字货币的发行可能会提高金融交易的效率和便捷性；另一方面，也可能对现行的由中央银行主导的商业银行体制构成挑战。此外，数字货币的普及还可能加剧金融风险，如洗钱、恐怖融资等非法活动风险的增加。因此，中央银行在发行法定数字货币时，需要谨慎权衡其利弊，确保数字货币的发行不会对金融稳定造成负面影响。

课堂互动

将学生分为若干小组，每组代表一个数字货币交易所。首先，教师提供一系列数字货币（如比特币、以太坊等）的当前价格和历史走势图。其次，学生需要根据市场情况（可以是教师设定的模拟市场，也可以是近期真实的市场数据），决定买入或卖出哪种数字货币，并在小组内讨论决策理由。最后，教师根据各组的表现（如盈利情况、风险控制等）进行点评。

2.4 数字支付

2.4.1 数字支付的定义与类型

2.4.1.1 数字支付的定义

数字支付（Digital Payment）又称电子支付，是指利用数字支付工具实现资金或数字货币在不同账户间的转移。相较于传统的现金支付，数字支付具有无形性的特点。它摒弃了现金、信用卡、借记卡及支票等实体支付工具，转而依赖数字支付系统，该系统通常被嵌入移动或非移动电子通信设备中。用户仅需通过终端设备，如智能手机或计算机，便能轻松完成向交易对手（涵盖商家、个人及机构）的转账汇款、在线账单支付，以及使用手机钱包进行购物支付等操作。从广义层面看，数字支付涵盖了银行转账、移动货币及各类支付卡（信用卡、借记卡和预付卡）的使用。而狭义的数字支付，则聚焦普惠金融领域，具体涉及通过数字钱包、移动货币等新型支付方式实现的消费支付、转账汇款、个人支付及其他各类支付交易。

在数字支付服务的提供方面，移动网络运营商（Mobile Network Operator，MNO）和数字支付服务提供商（Digital Payment Service Providers，DPSP）扮演着至关重要的角色。

首先，MNO作为无线通信服务的提供者，通过移动通信网络为小微企业和中低端个人用户提供丰富的数字支付服务，包括数字钱包、支付网关（Payment Gateway）^①、KYC（Know Your Customer，了解你的客户）、KYB（Know Your Business，了解你的客户的业务）及新银行（Neo Bank）等。这些服务的推出，极大地便利了用户的支付操作，提升了支付效率。

其次，数字支付服务提供商（DPSP），又称第三方支付机构，其起源可追溯至互联网电子商务企业。作为非银行数字科技公司，DPSP在数字支付领域发挥着举足轻重的作用。例如，美国的亚马逊、中国的支付宝等均为典型的DPSP代表。值得注意的是，第三方支付机构的服务范围已不仅限于电商平台，众多纯粹的互联网企业，如谷歌、腾讯等也纷纷涉足其中，为小微商户和个人用户提供便捷的小额转账和在线支付服务。

在数字支付过程中，DPSP利用数字支付工具，无须实物货币即可完成支付交易。它们通过数字化转账的方式清算或结算余额，实现资金从付款人到收款人的数字转移。为确保合法合规，DPSP需向政府监管部门申请支付业务许可证，并与银行机构签订合约，以便为钱款收、付两端提供支付账户便利。在此基础上，DPSP通过处理付款人的资金或代表付款人在其他金融机构所持有的交易账户发起支付命令，高效地完成数字支付过程。

2.4.1.2 数字支付的类型

1. 数字钱包

数字钱包又称作电子钱包，是个人或企业在电子交易环境中使用的软件、电子设备或在线服务。这一术语是一个总称，涵盖移动钱包等多种类型。数字钱包可以被安装在用户的移动设备（如

---

① 支付网关指银行金融网络系统和Internet网络之间的接口，是由银行操作，将Internet上传输的数据转换为金融机构内部数据的一组服务器设备，也可由第三方负责处理商家支付信息和顾客的支付指令。

智能手机、智能手表)、笔记本电脑或台式计算机上,而移动钱包特指那些专为移动设备设计的数字钱包。在全球范围内,数字钱包已成为人们日常生活中不可或缺的一部分。除了人们熟知的支付宝、微信钱包外,还有苹果支付、谷歌支付、三星支付等。这些数字钱包支持多种货币,并可在全球多个地区使用,为用户提供了极大的便利。

数字钱包的功能十分强大,它能够存储用户在各种网站上针对不同支付方式的支付信息,包括银行卡、礼品券、会员资格、驾驶证,甚至身份证等所有项目。这些信息主要以手机应用程序的形式携带,也可以在其他形式(如桌面计算机)上存储。由于其移动性和灵活性,移动应用程序已成为最流行的数字钱包形式。与传统的实体钱包相比,数字钱包不仅使用方便,而且更加安全。数字钱包是实体钱包的数字化版本,它以安全紧凑的形式存储用户的所有支付信息,因此几乎每一张存放在实体钱包中的贵重卡片(如驾照、社保卡、医保卡、会员卡、酒店钥匙卡、公共汽车或火车票)都可以被存放在手机钱包中。

使用数字钱包的过程非常简单。用户只需在手机或其他物理设备上下载由银行或可信第三方创建的特定应用程序,并输入支付信息即可。在安装应用程序并输入支付信息时,数字钱包通过链接个人识别格式(如数字密码、密钥、二维码、指纹或面部识别)来存储这些数据,确保用户信息的安全性。数字钱包主要通过二维码或近场支付(NFC)技术来实现资金的转移。在二维码支付场合,用户只需用手机扫描商家的二维码即可完成支付。而在近场支付场合,当用户向商家付款时,NFC技术会使用为用户创建的个人识别格式将支付信息传送到商家的销售点终端(Point of Sales,POS)。用户只需在商店的NFC阅读器上挥动或持有支持NFC的移动设备,即可触发信息传输,完成支付过程。

根据功能和使用范围的不同,数字钱包可以分为封闭式钱包、半封闭钱包和开放式钱包3种类型。

(1)封闭式钱包。封闭式钱包是由特定的服务提供商为其客户提供的平台钱包服务。这种钱包的特点在于其封闭性,即它主要适用于特定的客户群,并不允许客户提取或赎回现金。商家常利用封闭式钱包来发展客户忠诚度,通过购物现金返还等激励措施吸引和留住客户。钱包用户可以使用存储在钱包中的资金与钱包发行人进行交易,如取消购买、退货或退款产生的资金余额也会自动存储在钱包中。例如,亚马逊支付(Amazon Pay)便是一个典型的封闭式钱包,它允许用户在亚马逊平台上购物支付,享受便捷的购物体验。

(2)半封闭钱包。半封闭钱包相较于封闭式钱包具有更大的灵活性,它允许用户在列出的商家和地点进行交易。虽然这类钱包的覆盖范围相对有限,但无论是线上还是线下的购买都可以通过钱包进行。商户需要与钱包发行人签订协议或合同,才能接受来自移动钱包的付款。半封闭钱包用户不仅可以在同一钱包网络中购物和转账,还可以将一定数额的钱包余额转入银行账户。这种钱包在印度等发展中国家非常流行,它简化了网上购物的流程,同时提供了高水平的安全支付保障。

(3)开放式钱包。开放式钱包是由银行或与银行合作的机构发行的。与封闭式钱包和半封闭钱包相比,开放式钱包的功能更为全面。除了可以从银行和自动取款机(Asynchronous Transfer Mode,ATM)提取资金和转账外,开放式钱包还提供半封闭钱包允许的所有交易类型。这意味着开放式钱包用户可以在更广泛的商家和场景下使用钱包进行支付,享受更加便捷的金融服务。开放式钱包的普及不仅提升了支付效率,还促进了金融服务的创新和发展。

2. 移动支付

移动支付（Mobile Payment，MP）是指用户使用移动终端（主要包括智能手机、平板电脑等便携式电子设备），通过接入通信网络或使用近距离通信技术来完成信息交互，从而实现资金从支付方向受让方转移的支付行为。由于移动支付主要依赖手机这一工具，因此也被称为手机支付。移动支付通过移动终端进行刷卡、发送支付指令等方式来完成支付，从而满足用户对于支付便捷性的需求。相较传统的支付方式，移动支付具有更高的灵活性和便捷性，用户可以随时随地通过移动设备完成支付。

移动支付根据支付方式和场景的不同，可以分为近场支付和远程支付两种类型。近场支付主要指通过手机扫码的方式进行支付，而远程支付则是通过发送支付指令或转账指令等方式来完成支付。

移动支付业务主要是由移动运营商、金融机构，以及移动应用服务提供商（Application Service Provider，ASP）等共同构建的数据增值业务，这一业务主要运行在移动运营系统上。在移动支付系统中，每个用户都会建立一个与用户手机号码相关联的账户，这样用户就可以通过手机进行支付交易及身份认证。移动支付的系统流程如图2-7所示。在这一流程中，第三方MP平台处于关键枢纽位置，它通过与移动运营商、银行金融机构建立合约关系，构建起完善的移动支付生态系统。

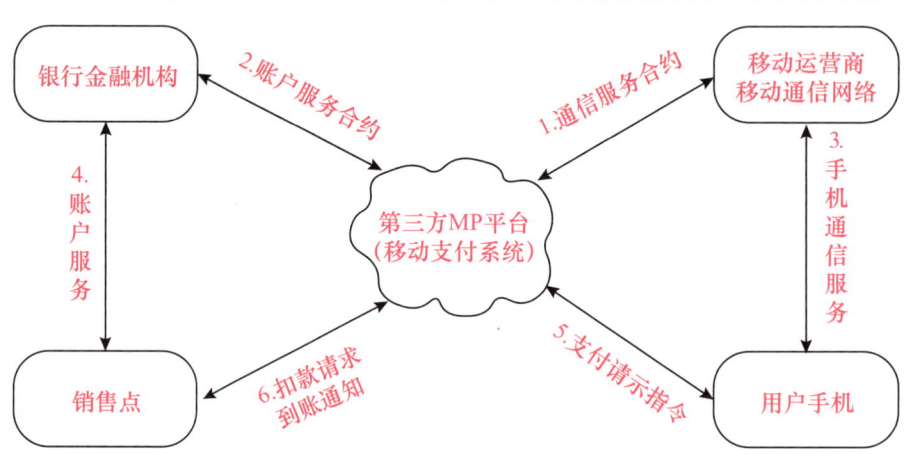

图2-7 移动支付的系统流程

值得注意的是，在支付过程中，即使用户的手机没有信号或网络，仍然可以依靠App本身的算法生成二维码（但需要提前注册MP平台账户）完成支付过程。然而，商家的扫码设备则必须联网、在线才能完成后续的扣款和验证操作。

3. 移动货币

移动货币（Mobile Money）是一种利用移动电话进行金融交易的方式，其中价值以虚拟形式（电子货币）存储在与SIM（Subscriber Identity Module）卡相关联的账户中。这种交易模式基于移动通信网络，无须通过传统的支付平台接入，从而实现了金融服务的便捷性和普及性。凭借全球范围内日益发达的移动通信网络，移动货币成功地将金融服务的范围扩展至传统银行业难以覆盖的人群。

移动电话作为现代社会最普及的通信工具，其全球普及率持续攀升。截至2023年底，全球移动电话普及率已达到107部/百人，意味着全球范围内每个人至少拥有一部移动电话①。早在2012

---

① 中华人民共和国工业和信息化部.2023年通信业统计公报解读 通信业全年保持稳中有进发展态势[EB/OL].（2024-01-24）[2025-04-11]. https://www.miit.gov.cn/jgsj/yxi/xxfb/art/2024/art_f3bd39a7f3b54db2a4881968d09c5794.html.

年，全球移动电话用户数量就已超过 60 亿，发展中国家和地区由于人口基数庞大及其后发优势，在全球手机用户中的占比远超北美洲和欧洲。这一庞大的用户基础为移动货币服务的推广夯实了坚实的基础，使得那些原本受限于传统银行和支付机制的人群有机会接触到金融服务。

通过创新的编程技术，移动货币在金融基础设施相对落后的发展中经济体中，显著提高了金融交易的触达性、透明度、效率和安全性。它不仅能够覆盖更广泛的用户群体，还能在多个社会经济领域发挥重要作用，如促进小额信贷、提高支付效率、降低交易成本等。

此外，移动货币与移动银行在服务对象和交易类型上存在显著差异。移动银行主要服务已经拥有银行账户的用户，支持包括转账、支付、查询余额在内的多种交易类型，而移动货币则专注为那些没有银行账户的人群提供服务，其交易类型主要限于个人对个人（Peer to Peer，P2P）的支付，两者的区别见表 2-1。这种差异使得移动货币成为推动金融包容性、帮助社会底层人群进入正规金融体系的关键工具。

表 2-1　移动货币和移动银行的区别

项目	移动货币	移动银行
主导机构	移动运营商	银行
账户类型	与 SIM 卡相连的虚拟账户	传统银行账户
用户类型	手机用户	银行用户
适合国家或地区	金融基础设施落后，银行覆盖率低	银行覆盖率高，竞争充分

移动货币应用程序通常是嵌入 SIM 卡或通过移动网络可用的微型软件。用户可以通过手机向其他人发送价值。要将这种数字价值转换为现金，用户只需访问移动货币服务的零售代理，该代理会验证用户的身份并完成交易。通过这种方式，资金可以短信形式远距离转移，如手机用户 A 通过代理人仅需使用手机短信（SMS）就可以实现向另一个手机用户 B 的转账；用户 B 收到手机短信后，再据此向代理人兑现（见图 2-8）。

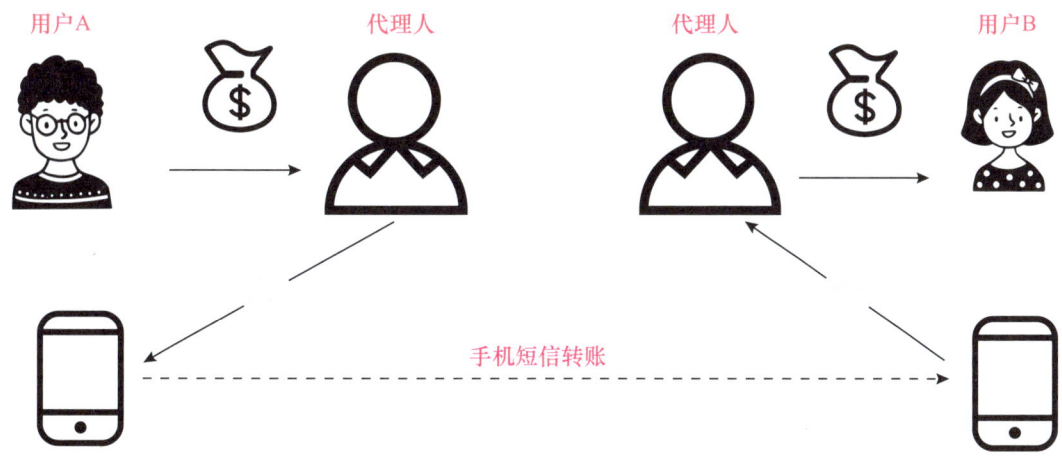

图 2-8　移动货币服务的点对点资金转移

移动货币支持以下交易类型：

（1）个人对个人（P2P），如向家庭成员（国内或国际）转账汇款，这是移动货币服务中最常见的交易类型。

（2）消费者对企业（C2B），如支付水电费等日常费用。

（3）企业对企业（B2B），如企业间的结算供应成本。

（4）政府对消费者（G2P），如社会福利金的发放。

2.4.2 数字支付的技术基础

2.4.2.1 密码学技术

密码学技术是数字支付中最基本也是最重要的技术之一。它通过加密算法确保交易数据的安全性和隐私性，为数字支付提供了坚实的安全保障。

1. 对称加密算法

对称加密算法是一种使用相同密钥进行加密和解密操作的技术。这种算法简单易实现，因此在数字支付系统中得到了广泛应用。然而，其安全性受到密钥管理的影响，一旦密钥泄露，整个系统的安全性就会受到严重威胁。因此，在实际应用中，需要采取严格的密钥管理措施，确保密钥的安全存储和传输。

2. 非对称加密算法

与对称加密算法不同，非对称加密算法使用不同的密钥进行加密和解密操作。其中，公钥被用于加密信息，私钥被用于解密信息。这种算法的安全性较高，因为它不需要密钥管理，且公钥和私钥的分离使得攻击者难以同时获取两者。在数字支付中，非对称加密算法常被用于数字签名和密钥交换等场景，确保交易的真实性和完整性。

3. 数字签名与哈希函数

数字签名是密码学技术的重要组成部分，被用于验证交易的真实性和完整性。通过私钥对交易数据进行签名，接收方可以使用发送方的公钥验证签名的有效性。这种机制确保了交易数据在传输过程中不被篡改或伪造。同时，哈希函数也扮演着重要角色，它将任意长度的输入数据转换为固定长度的输出数据（哈希值），在数字支付中被用于生成交易的唯一标识和验证交易数据的完整性。

2.4.2.2 区块链技术

区块链技术是一种分布式数据库技术，其核心特征是通过时间戳将数据区块按时间顺序以链式结构串联，形成不可篡改的链式数据结构，并利用密码学方式保证不可篡改和不可伪造。在数字支付中，区块链技术主要被用于实现交易的记录和验证，为数字支付系统提供了全新的解决方案。

1. 共识机制

共识机制是区块链技术的核心，被用于确保多个节点在分布式账本上达成一致。在数字支付系统中，共识机制可以确保交易的快速确认和账本的同步更新。常见的共识机制包括工作量证明（Proof of Work，PoW）和权益证明（Proof of Staked，PoS）。工作量证明通过计算难题来验证交易的有效性，权益证明则根据节点的持币数量和时间来分配验证权。这两种机制各有优缺点，但在实际应用中均取得了显著成效。

2. 智能合约

智能合约是区块链技术的另一项重要创新。它是一种自动执行的合约条款，当满足特定条件时，合约会自动执行相应的操作。在数字支付中，智能合约可以被用于实现自动化的支付流程和条件触发的支付操作。例如，当某个条件（如时间、金额等）满足时，智能合约可以自动将资金从一方转移到另一方，无须人工干预。这种机制大大提高了支付的灵活性和效率。

2.4.2.3 分布式账本技术

分布式账本技术是一种将交易记录存储在多个节点上的技术。它确保了交易数据的不可篡改和可追溯性，为数字支付系统提供了更高的安全性和可靠性。

1. 账本同步算法

在分布式账本技术中，各个节点上的账本需要保持同步，以确保交易的一致性和可靠性。数字支付系统采用高效的账本同步算法来实现这一目标。这些算法通过不断比较和更新各个节点上的账本数据，确保它们始终保持一致。这种机制大大提高了系统的性能和稳定性。

2. 节点管理

数字支付的分布式账本由多个节点组成，这些节点需要进行有效的管理，以确保系统的安全性和稳定性。节点管理包括节点的加入、退出、故障处理等方面。在实际应用中，需要采取一系列技术手段来实现节点的有效管理。例如，通过身份验证和授权机制，确保只有合法的节点才能加入系统；通过定期检查和更新节点状态，及时发现和处理故障节点等。这些措施共同构成了数字支付系统稳健运行的基础。

以法治力量为"一老一小"撑起"幸福伞"

2024年以来，湖北荆门钟祥市烟草专卖局针对农村居家老人、小孩较多的情况，将法治宣传触角进一步延伸，以法治力量为"一老一小"撑起"幸福伞"，积极助力乡村振兴。

一、服务暖"夕阳"

"上次有个人看我店铺在装修，就问我要不要办烟草证，50块钱工本费就可以快速办证，幸亏我留了个心眼儿，差点儿上当受骗了。"

"还不是有人给我打电话说能赚大钱，需要租借我的银行卡，还好以前听派出所民警讲解过这方面的案子，要不然……"

近日，在钟祥烟草冷水管理所开展的"普法进乡村"活动中，特别邀请老年村民分享了自己的亲身经历，引得大家笑声不断。

针对村民遇到的问题，钟祥烟草进行了有针对性的普法宣传，同时制定了关口前移、上门服务、提前介入等帮扶政策，为老年零售户提供预约办、优先办、上门办证、送证上门等服务，组织"红壤忠烟"党员先锋队在走访市场时对村组老年人进行普法宣传，特别是针对一些新出现的诈骗手段，如AI视频诈骗等，及时进行提醒。

"烟草办证不收费，核实清楚再应对；如今诈骗套路深，AI换脸别当真；冒充亲友别大意，

密码账号管仔细……"钟祥烟草工作人员还带着新编写的防骗顺口溜进村入户，帮助老年人提高警惕，避免上当受骗。

二、暖心育"幼苗"

2024年以来，拍"烟卡"游戏盛行，令人担忧的是，它不仅让孩子过早认识了卷烟品牌，还可能因此产生对卷烟的猎奇心理。为引起更多农村家长的关注和监督，钟祥烟草利用国庆节在外人员返乡的契机，在村委会、零售户店内开展形式多样的普法课堂宣讲，引导家长、孩子共同认识"烟卡"游戏的危害，保护未成年人的健康成长。

钟祥烟草还联合市公安局、市场监管局大力开展专项清理整治行动，对校园周边定期开展排查和清理"回头看"，对便利店、文具店、网吧等重点场所及无证经营、"拆包售支"等问题开展全面排查整治。同时，积极创新普法手段，不再局限于传统的普法宣传方式，拍摄普法短视频，帮助家庭、学校、社会认识卷烟、电子烟、"烟卡"的危害，提高警惕、合力监督，共同为保护未成年人的健康成长贡献力量。

三、温情护"港湾"

为了更好地服务"一老一小"，2024年以来，钟祥烟草在农网终端提质升级的基础上，持续打造"一店多能"综合便民服务体。这里不仅成了钟祥烟草"拉家常"式普法的阵地，也成为附近乡亲日常闲聊、寻求帮助的"墙根儿"。

"烟草小刘不是说过了吗，这些中奖的链接都不要随便点。"

"店里的医药箱里有电子血压计，我们来买东西的时候可以顺便测一测。"

"孩子想要的东西现在直接在网上买了就能寄到，不像以前，他爸妈在外地到处寻，买好了再寄过来。"

曾经不起眼的乡村小店，如今已变成集商品零售、普法宣传、水电缴费、血压测量、快递收寄于一体的综合便民服务体。它们更像是一个"港湾"，不仅点亮了留守老人和孩子的"心灯"，也架起了田园生活和便捷生活的桥梁，让村民感受到了乡村振兴的硕果。

钟祥烟草将不断创新方式方法，全面提升普法深入化、服务精细化水平，继续锚定托稳"一老一小"服务目标，办实事、解难题，以实打实的暖心举措助力乡村振兴。

资料来源：以法治力量为"一老一小"撑起"幸福伞"[EB/OL].腾讯网，2024-11-27.（有改动）

 **本章小结**

本章主要介绍了数字金融的交易对象及方式，首先阐述了数据要素作为数字金融交易结构的底层支撑，并具体表现为数字资产。数字资产的定义有狭义和广义之分。在数字资产的创建、发行、存储与流通方面，详细描述了资产数字化的过程及其优势，并介绍了数字资产常见的存储方式（如钱包和交易所）及交易与流通的机制。其次，重点讨论了数字货币这一特殊形式的数字资产，包括非法定数字货币（如比特币）和法定数字货币[如中央银行数字货币（CBDC）]。通过对两类数字货币的比较，揭示了它们在去中心化、匿名性、可编程性等方面的特点。最后，探讨了数字支付的定义、类型和技术基础，这些技术为数字支付系统提供了安全、高效的解决方案。

课后思考题

1. 数字资产相比传统金融资产有哪些优势和特点?
2. 加密数字资产是如何通过区块链技术提高交易透明度和安全性的?
3. 比特币系统的去中心化设计理念对金融市场有哪些潜在影响?
4. 数字支付相比传统支付方式有哪些创新之处?
5. 移动货币在推动金融包容性方面发挥了哪些作用?

微课资源

微课视频

第 3 章 数字金融基础设施

 学习目标

★ 掌握数字金融基础设施的相关概念与建设类型。
★ 了解数字货币基础设施与数字资产交易所的运作机制。
★ 掌握数字身份与数字身份管理的相关概念。
★ 掌握数字账户的相关概念和应用类型。

 素养目标

★ 通过学习数字金融基础设施的建设与发展,培养金融科技创新思维。
★ 提升在金融交易中的安全意识,学会保护个人信息安全和资金安全。

知识框架

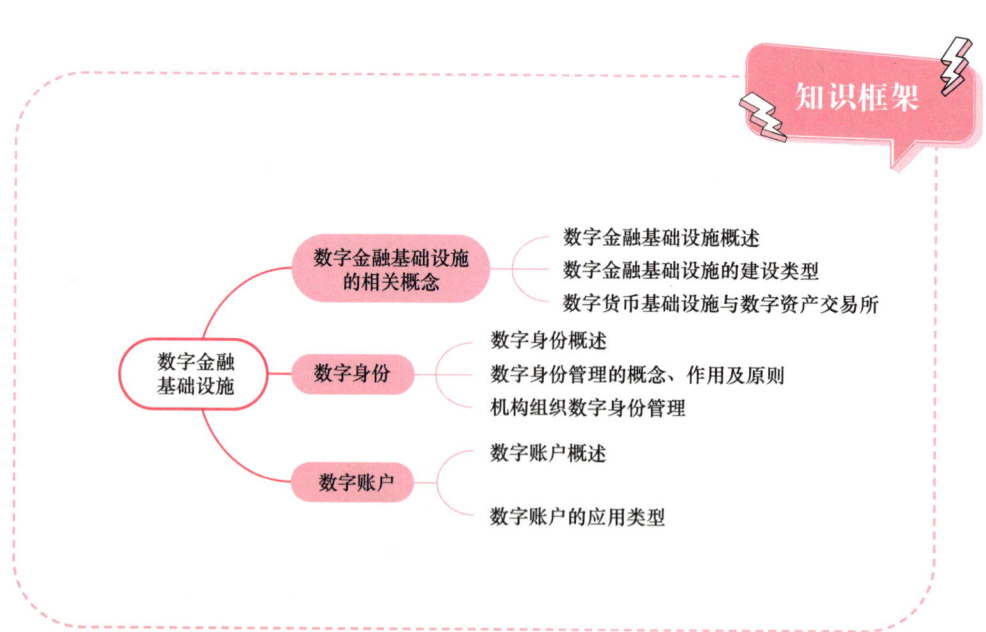

案例引导

身份的定义与忒修斯之船的启示

在日常生活中，身份是一个频繁被使用的概念。人们时常需要向他人介绍自己，无论是通过递送名片，还是展示身份证件，身份都扮演着重要的角色。然而，尽管身份在日常交往中被频繁提及和使用，但是很多人对于身份的内涵及其定义却未必有清晰的认识。

为了深入探讨身份的定义，我们可以借鉴一个哲学上的经典悖论——忒修斯之船（The Ship of Theseus），又称忒修斯悖论。这一悖论源于形而上学领域内关于同一性的讨论。公元1世纪时，希腊作家普鲁塔克提出了一个引人深思的问题：忒修斯与雅典的年轻人在从克里特岛归来时所搭乘的一艘30桨船被雅典人留作纪念碑。随着时间的流逝，船上的木材逐渐腐朽，雅典人便更换了新的木头。最终，这艘船的每根木头都被更换了。这时，问题便产生了：这艘船是否仍然是原本的那艘忒修斯之船？如果是，它已经没有最初的任何一根木头了；如果不是，那么它究竟是从什么时候开始不再是的呢？

忒修斯之船为人们提供了一个研究身份本质的有趣视角：如果将人体比作忒修斯之船，那么会发现人体的细胞也在不断地新陈代谢；那么，当所有的细胞都更新了一遍之后，我们是否仍然是原来的自己？进一步地，如果我们的思想、性格等内在特质也发生了变化，那么我们又该如何定义自己呢？

由此可见，身份的定义并非一件简单的事情，它涉及个体在不同时间、不同情境下的同一性问题，以及个体与自身变化之间的关系。在数字金融领域，身份的定义同样至关重要。随着技术的发展，数字身份逐渐成为人们进行金融交易、信息交换等活动的基础。因此，如何准确、有效地定义和管理数字身份，成为数字金融基础设施建设中亟待解决的问题之一。

资料来源：笔者根据相关资料整理编写。

3.1 数字金融基础设施的相关概念

3.1.1 数字金融基础设施概述

1. 数字金融基础设施的定义与功能

数字金融基础设施是对传统金融基础设施的延伸、拓展和变革，是一个开放且面向未来的金融基础设施体系。它不仅为数字资产的顺利流转提供了基础性条件，还与数字金融的交易对象——数字资产，交易主体——资金盈余者与短缺者，金融中介机构——银行与非银行金融机构，共同构成了数字金融的核心体系。数字金融基础设施的基本功能是帮助实现数字资产的交付、买卖、清算与结算。金融市场基础设施是经济金融运行的基础，良好的金融市场基础设施能够加速社会资金周转，减少交易摩擦，提升资本配置效率，维护金融稳定并促进经济增长。在数字经济时代，发展安全有效率的数字金融基础设施对于现代经济体来说至关重要。

2. 数字底座的打造

数字金融是新兴数字技术与金融深度融合的产物，其发展需要依托人工智能、云计算、区块链

等新型信息基础设施。金融业的本质是信息产业，信息技术处理是金融数据的基本手段和工具，金融行业的监管有赖于信息技术的发展。基于新一代信息技术的金融创新催生了数字金融，产生了金融领域的各种新业态和新模式，而这些新业态的实现依赖基于互联网、移动通信的信息技术基础设施。

以支付与市场基础设施委员会（CPMI）和国际证监会组织（IOSCO）联合发布的《金融市场基础设施原则》为标志，构建新的适应金融新业态的信息技术基础设施，已受到世界不同发展水平国家的高度重视和支持。在中国，以人工智能、云计算、区块链等为代表的新型信息技术基础设施已被国家发展改革委列入新型基础设施（"新基建"）范围。2019年9月，中央全面深化改革委员会第十次会议审议通过《统筹监管金融基础设施工作方案》，提出金融基础设施（Financial Market Infrastructure，FMI）是国家战略，既涉及金融安全，又有利于识别、追踪和量化金融风险。由于中央对手方（CCP）的存在，信息基础设施还可以降低交易对手信用风险及多种市场冲击，提高金融体系的运行效率。

大力发展以新兴信息技术为核心的新基建，不仅有利于有效应对突发事件的意外冲击，还将为数字金融发展提供坚实的"数字底座"。

3. 普惠金融与金融业数字化转型的需求

随着数字化进程的加速推进，金融业核心基础设施供给不足的矛盾日益突出。无论从国际还是国内看，核心基础设施供给不足已经成为制约数字金融发展和金融业数字化转型的突出矛盾。

一方面，数字普惠金融的发展亟须加强信息基础设施建设。从中国农村数字普惠金融对数字基础设施的要求来看，虽然农村普惠金融受到中国政府的高度重视，发展水平世界领先，但与城市相比，农村数字基础设施建设明显滞后，农村居民个人数字终端设备覆盖率低，信息服务质量低。目前，多数农村居民尚未被国家征信体系覆盖，未能受益于金融基础设施服务。

另一方面，面对数字化转型的紧迫压力，传统金融机构的IT系统亟须具备大容量、高并发、实时风控的能力，并满足数字化环境下拓展业务的新需求，同时满足金融机构对可持续性、稳定性、安全性运行的严格要求。这就需要全面升级传统IT架构，打造从芯片、服务器、操作系统、数据库到技术中台的新型IT系统，构建云架构。

4. 数字金融生态发展的需要

数字金融的发展是开放式的，在其发展过程中必然要求打破传统金融以单个机构或单个业务条线为基础逻辑构建起来的，与其他单位数据信息互不相通的"孤岛式"封闭体系。数字金融的发展需要不断检视自身，推动进化与迭代。

以数字科技中的人工智能应用为例，数据、算法加上平台本身就构成一个滚动的"飞轮"——数据衍生了算法，算法给平台赋能，平台能够吸引更多用户，进而产生更多数据。在这一过程中，数据的积累、算法的演进与能力的共享很难完全由某一主体独立完成。随着移动互联网的普及、物联网和身联网技术的日益成熟，数据增长和技术演进的速度越来越快，网络节点之间只有更加充分地协同、合作，才能使"飞轮"转得更快，实现能力的跃升。

在实践中，金融基础设施在新技术的推动下正由单中心向多中心发展，并在此过程中重构市场生态和信用机制。基于区块链技术的"去中心化"网络架构已成为一种发展趋势。在完全中心化与完全去中心化之间存在着多种选择，而分布式是这些选择的共同特点。分布式架构能够有效降低数据泄露和网络攻击的风险。尽管区块链技术目前仍受到每秒交易数（Transactions Per Second，TPS）

有限，以及其他技术尚不成熟等限制，且产业落地速度相对技术进步有所滞后，但这些因素并不能阻挡部署分布式数据存储与构建去中心化信用基础设施的大趋势。例如，中国人民银行正在推进区块链技术在两个低 TPS 交易市场的应用：一是票据交易；二是信用证融资交易。通过去中心化的公开账本记录资产转移、资产托管、实时清算和结算等流程，这些功能都可内嵌于区块链网络中，从而在很大程度上能够替代传统的中心化、物理化的金融市场基础设施。

3.1.2 数字金融基础设施的建设类型

目前的数字金融基础设施建设仍处于初期阶段，从发展趋势看，它的建设维度主要有以下 3 个方面。

1. 信息基础设施

信息基础设施主要指基于新一代信息技术演化而成的基础设施，包括以 5G、物联网、工业互联网、卫星互联网为代表的通信网络基础设施，以人工智能、云计算、区块链等为代表的新技术基础设施，以及以数据中心、智能计算中心为代表的算力基础设施等。

信息基础设施具备先进、关键、核心且适用的科技属性，在数字金融领域进一步拓展为数字金融信息基础设施。这类基础设施是以数字科技为核心构建的，面向数字金融的新型信息设施，不仅涵盖新一代金融数据中心和算力中心，以及金融场景化的人工智能、区块链、安全多方计算等创新技术应用，还包括新型绿色数据中心等。

在构建数字金融信息基础设施的过程中，应着重建设基于具有自主创新"根技术"的底层信息技术。"根技术"是推动中国基础软件产业实现跨越式发展的核心要素，是解决操作系统、数据库等基础软件问题的关键。数字金融信息基础设施的建设应强调技术驱动、自主创新与底层技术突破，可通过政策引导、市场竞争及多方协同的方式共同推进。在此过程中，产业基金、创投基金等均可发挥重要的支持作用。

2. 数字金融融合基础设施

数字金融是融合金融，它不仅是数字技术与金融的融合，也是实体经济与虚拟经济的深度融合。数字金融的新模式、新业态需要为实体经济的高质量发展提供更为优质的金融服务，这就对融合基础设施的建设提出了新的要求。例如，供应链金融就是产业供应链与金融供应链深度融合的产物。

融合基础设施主要指通过深度应用互联网、大数据、人工智能等技术，支撑传统基础设施转型升级后形成的新型基础设施，如智能交通基础设施、智慧能源基础设施等。这些基础设施在特定行业或产业领域发挥着基础性、保障性、平台性的作用。在数字金融领域，融合基础设施表现为基于数字科技规划、建设或升级改造而成的各类设施，如国家现代化支付清算系统、中央银行数字货币（DCEP）、中国银联与网联等卡基或第三方支付转接清算系统、企业和个人征信基础设施、金融数字证书（Chemical Abstracts，CA）认证体系，以及第三方区块链数字函证平台、供应链金融数字信息服务平台、数字科技能力共享平台、行业信息共享平台和尽职调查服务平台等。

就我国实际情况而言，数字经济的快速发展对数字金融及其融合基础设施提出了更高要求。因此，应加快构建多元化、多层次、广覆盖的数字金融融合基础设施体系，以满足一般性公共服务和个性化服务的需求，助力数字金融主体实现差异化、自主化、协同化的发展。

3. 数字金融创新基础设施

创新基础设施旨在为创新活动提供便利条件，主要指那些支撑科学研究、技术开发、产品研制，并具有公益属性的基础设施，如重大科技基础设施、科教基础设施、产业技术创新基础设施等。它们具备中立性、前沿性和开放性等特性。建设创新基础设施的基本原则是瞄准国际科学前沿和国家发展战略目标，做到有所为、有所不为。创新基础设施的建设应与体制创新、管理创新紧密结合，坚持高目标、高起点、高要求，统一规划、分步实施，力求在重点领域取得突破，同时全面推进各项工作，努力打造国内领先、国际一流的数字金融创新基础设施平台。

3.1.3 数字货币基础设施与数字资产交易所

在数字金融的快速发展中，数字货币基础设施与数字资产交易所作为前沿阵地，不仅引领着行业的创新，还推动了数字金融前端业务的广泛应用。二者目前正处于试点阶段或已正式运营，是数字金融领域的重要组成部分。

3.1.3.1 数字货币基础设施

数字货币基础设施涉及法定数字货币的发行、储存、流通等各个环节。法定数字货币是由国家货币当局，通常是中央银行依法发行的数字货币，与非法定数字货币（如比特币等）有本质区别。以我国为例，数字人民币（e-CNY）作为法定数字货币已进入试点测试阶段，成为研究数字货币基础设施的重要案例。

数字人民币采取中心化管理、双层运营的模式。中国人民银行设计的数字人民币为一种新型零售支付基础设施，以广义账户为基础，与银行账户松耦合，适应线上线下各类支付环境。数字人民币的发行与流通基于人民银行—商业银行—公众的双层运营体系。目前，人民银行已基本确立了数字人民币发行的"两库、三中心"系统架构，以及可信服务管理模块和用户端的数字钱包等关键组件。

（1）"两库"包括数字人民币银行库和发行库。发行库用于存放人民银行数字人民币发行基金；银行库则是商业银行存放数字人民币的数据库，负责向公众提供数字人民币的兑换服务。在数字人民币的发行过程中，人民银行将其发行给商业银行的数字人民币银行库，商业银行需向人民银行缴纳100%准备金作为数字人民币发行基金。

（2）"三中心"指的是认证中心、登记中心和大数据分析中心。认证中心负责集中管理数字人民币机构及用户身份信息，确保系统安全，并在可控匿名中起到重要作用。登记中心负责记录数字人民币与用户身份的对应关系及交易流水，完成数字人民币的全流程信息登记。大数据分析中心则依托大数据、云计算等技术负责处理海量交易数据，进行支付行为分析、宏观调控指标分析，以保障数字货币交易的安全性，防范洗钱等违法行为，并为宏观政策的实施提供数据支持。

（3）可信服务管理模块是各参与方业务的接入点，负责数字人民币的发行管理、认证与授权。用户通过移动或 PC 终端进行数字人民币的交易，数字人民币客户端应用被存储在移动或 PC 终端的安全模块中，支持在线交易和近场通信（Near Field Communication，NFC）等离线交易方式。

（4）数字人民币钱包是个人或单位用户使用数字人民币的客户端，分为冷钱包、本地钱包、在线钱包、多重签名钱包等多种类型。钱包集成了交易通信模块和安全模块，是数字人民币的载体和转移工具。数字人民币钱包的私钥管理能力是衡量其性能的重要标准之一。

目前，我国数字人民币正处于稳步扩大试点阶段，交易金额持续增长，产业链逐渐成熟。截至 2024 年 6 月，数字人民币试点范围已扩展至 17 个省市的 26 个试点地区，已在生活消费、交通出行、工资支付、理财投资、电子商务、跨境支付等领域被广泛推广应用，交易规模显著增长，累计交易金额已超过 7 万亿元。①

3.1.3.2 数字资产交易所

数字资产交易所（以下简称交易所）是为有交易需求的用户提供数字资产交易的场所或平台。根据是否托管用户资产，交易所可以分为中心化交易所和去中心化交易所。

1. 中心化交易所

中心化交易所类似传统的银行和交易所，实行法人治理，负责组织和监督交易，确保资产安全。中心化交易所在网络拓扑结构上为中心化结构，由单一中心节点（交易所）控制。

中心化交易所的交易流程包括开户、充值、交易和提现。用户需创建个人钱包并在交易所开户，通过账户和密码登录交易所。充值过程中，用户将资产转入交易所为其分配的钱包地址中，该地址对应的私钥由交易所掌握。交易时，用户向交易所发出交易指令，交易所进行撮合，并将成交结果发送给用户。提现时，用户向交易所发出提现指令，资产从交易所地址转至用户钱包地址。

中心化交易所在交易过程中并不实现实际资金的流转，而是仅通过用户将资产转入交易所后，交易所发送给用户的借款凭证（I Owe You，IOU）形式进行记账，交易过程不上链，即链外交易。只有用户资金流入交易所及交易所资金流出至用户账户的交易过程才会上链。

中心化交易所的优点在于技术成熟，能够应对海量并发的实时交易，提供良好的服务体验，并基于庞大的用户和交易体量，提供充足的流动性。然而，中心化交易所也面临突出的安全问题。韩国科学技术部 (MIC) 展开过彻底调查，主要发现包括：监控系统不佳，无法区分正常活动和可疑活动；网络隔离不足；加密密钥和密码管理不足；等等。在 2024 年发生的 108 起事件中，因黑客攻击和欺诈而损失的加密货币的价值已超过 4.73 亿美元，仅印度 CEX WazirX 一家就占了 7 月因黑客攻击而损失的加密货币总量的 86.4%，包括超过 1 亿美元的柴犬 (SHIB)、2000 万个 MATIC 代币（1100 万美元）、6400 亿个 PEPE 代币（750 万美元）、570 万个 USDT 和 1.35 亿个 GALA 代币（350 万美元）被盗。②

2. 去中心化交易所

去中心化交易所（Decentralized Exchange，DEX）基于区块链技术，不将用户资金和个人数据存储在中心化服务器上，而是通过智能合约匹配数字资产的买家和卖家，进行点对点交易。

去中心化交易所的交易机制包括：①用户开立个人钱包账户，或直接导入钱包地址，一旦密钥丢失就无法找回；②用户将自己钱包中的资产转入去中心化交易所的地址中（在纯去中心化交易所中，该地址即用户在去中心化交易所智能合约中的账户地址），用户拥有该地址的公私钥；③用户发出交易指令，去中心化交易所的智能合约自动撮合交易；④用户发出提现指令，资产从去中心化交易所的地址转向用户的钱包地址。

---

① 我国数字人民币处于稳步扩大试点阶段 交易金额持续增长 产业链逐渐成熟 [EB/OL]．（2024-11-21）[2025-04-11]．https://www.chinabaogao.com/market/202411/734751.html．

② 顶级中心化交易所遭黑客攻击事件盘点：从历史中吸取的教训 [EB/OL]．（2024-08-13）[2025-04-11]．https://web3caff.com/zh/archives/102299．

去中心化交易所的关键技术包括智能合约和自动化做市商（Automated Market Makers，AMM）。智能合约负责自动撮合交易，而 AMM 通过算法模拟做市商的价格行为，提供流动性。AMM 已被证明是最具影响力的去中心化金融（Decentralized Finance，DeFi）创新之一，能够为一系列不同代币创建和运行可公开获取的链上流动性。

去中心化交易所与中心化交易所的最大区别在于：去中心化更接近区块链的本质，利用区块链技术实现更安全和更透明的交易。去中心化交易所一般不用进行 KYC 认证①，用户完全掌控私钥和地址的所有权，因此去中心化交易所的资金安全性相对较高，个人信息安全性也更高。

中心化交易所和去中心化交易所各有优劣：中心化交易所交易效率高、操作便捷、流动性高，但存在安全风险和交易不透明的问题；去中心化交易所的安全性更高、个人信息安全性也更高，但交易效率相对较低。因此，用户可以根据自己的需求选择适合自己的交易所。

3.1.3.3　去中心化金融基础设施

去中心化交易所的底层技术区块链可以构建更广泛意义上的金融基础设施。区块链是一种基于可信执行环境的分布式账本技术，通过再造金融基础设施，不仅改进了系统平台，实现了流程再造和效率提升，还以链上数据联盟为基础，实现了数据共享和业务一体化。

区块链通过去中心化的数据开放清单、行为记录等实现了数据流转的留痕及审计追溯能力。同时，数据在上架、使用前还需要经过数据确权程序，利用标识解析体系为数据开放的主体、开放主体的数据、数据应用主体都打上"数据标识"，再结合区块链不可篡改等特性，实现数据标识在数据流转过程中的不丢失、不损失，从而完成数据确权、上架、流转的完整数据信任链闭环。

这些特点使区块链被认为是新一代金融市场基础设施的技术底盘。去中心化金融（DeFi）作为区块链技术的重要应用之一，与中心化金融（Centralized Finance，CeFi）相比，虽然使用门槛较高，但道德风险、技术风险和监管风险更小。随着区块链底层技术的逐渐成熟，去中心化交易所有着巨大的发展潜力，代表未来的发展趋势。

3.2　数字身份

3.2.1　数字身份概述

3.2.1.1　数字身份的定义

数字身份（Digital Identity）是实体（Entity）身份的数字标记，作为一个不断发展的概念，目前尚未对其形成广泛共识。为了深入理解这一概念，首先需要明确身份的含义。

身份（Identity）作为人的社会属性之一，在不同语境中会有不同的解读。通常，身份中的"身"代表个人，"份"包含"名分"的意思，如出身、阶层、职业等，因此其英文对应词更接近"status"，即地位或状态。然而，在数字身份的语境中，身份被理解为"identity"，即同一性，也就是 I=I（我即是我）。

---

① KYC（Know Your Customer）的意思是"了解你的客户"，简单来讲，可以把 KYC 认证看作"实名认证"，也就是档案信息的记录。

在法律层面，身份体现为法定范围内一个人权利与义务的总和。在数字时代，线上虚拟世界与线下物理世界并行存在，数字身份将物理世界的身份信息浓缩为数字标识码，并在两个世界间进行关联。因此，个体在物理世界与虚拟世界中同时拥有线下物理身份与线上数字身份。

从技术层面看，国际标准化组织将身份定义为"与实体相关的属性集"（ISO/IEC 24760-1:2019）。世界银行身份验证发展倡议（ID4D）的《ID4D从业人员指南》则进一步限定了身份的环境含义，即身份是一组关于个体在特定环境中独有特征或属性的集合。每个数字身份都包含多个属性，如个人履历数据（姓名、年龄、居住地址、电子邮件地址等）和生物特征（面貌、指纹、虹膜特征等）。数字身份与一个或多个数字标识符相关联，如电子邮件地址、统一资源定位符（Uniform Resource Locator，URL）或域名等。这里的实体或个体是网络空间发起或接受会话请求的行为主体（以下简称主体），这里的主体不仅限于个人，还包括商业组织、政府机构和社群团体，以及应用程序、设备、物质或虚拟资产。因此，数字身份可被用于标识个人、单位、物体或资产。

综上所述，数字身份是代表主体身份属性特征集合的数字标记，是个人、组织或资产在网络空间采用或主张的在线身份。然而，数字身份也是一把"双刃剑"，既能创造价值，也可能带来损害。为了避免潜在风险，数字身份的设计需要具备可靠性、唯一性、自主性和保护性等特性。

3.2.1.2　数字身份的类型

根据不同的属性，数字身份可以被划分为多种类型。

从来源看，数字身份可以分为原始身份（如出生证明、移民签证）、国家权威机构颁发的身份（如中国公民的居民身份证）、可信机构签发的身份（如数字证书）、网络身份（Identity Document，ID）及其他网络应用身份。

从表现形式看，身份可以分为物理身份与数字身份、实名身份与账号身份。物理身份是个体在物理世界的真实存在，呈现可直接感知的物理形态；数字身份则是由一组特定的数据表示，是用户属性的抽象符号，不可触摸、不可感知。实名身份包含实体的姓名、身份证号码、护照号码等社会属性，以法定文件为基础；账号身份则仅用于区分某个系统服务的用户，如由单词或无意义字符串构成的标识符。

按身份模式，身份可以分为中心化身份、联盟身份、用户中心身份、自我主权身份等。

3.2.1.3　数字身份的生命周期

像物理身份一样，数字身份也有自己的生命周期，即数字身份生命周期。这一周期包括注册、证书颁发、认证、授权及管理（从使用到注销）的整个过程。

（1）注册。生命周期始于个人首次注册其身份，涉及身份声明和身份证明两个主要过程。①身份声明。用户注册时需要提供个人履历数据（如姓名、出生日期、性别、地址、电子邮件等）和某些生物特征（如指纹、面部、虹膜扫描），以及相关的元数据。通常还需要提供支持文件或证据来证实用户所声称的身份，或者由受信任的人（如当地政府官员）为其数据提供担保。②身份证明。一旦用户声明了身份，其所提供的数据就会被验证。这包括检查支持文件或证据的有效性、真实性和准确性，并确认身份数据是有效的、最新的，且与现实生活中的人相关。

（2）证书颁发。身份提供者（如政府发证机构或互联网平台）向注册用户提供一个或多个凭证与身份验证器[如卡、证书、个人身份识别码（Personal Identification Number，PIN）等]，用于证明或"断言"所获身份。这些凭证必须以电子方式存储数据,并可在数字环境中使用。

(3)认证。认证是验证个人真实身份与其所声称的身份是否相符的过程,通常通过将个人声称的身份与身份验证因素进行交叉匹配来实现。身份验证因素包括:①拥有因素,即一个人所拥有的东西(如物理卡、移动设备或数字密钥);②知识因素,即一个人所知道的东西(如密码或PIN);③固有因素,即一个人的生物特征(如指纹)。使用多个因素可提高安全性或可信度。世界银行建议的常见身份验证因素如图3-1所示。

图3-1　常见的身份验证因素

(4)授权。一旦个人通过了身份验证,系统就可以确定其是否被授权访问不同的服务、交易或执行特定行为。例如,成功的身份验证可能允许个人在尝试参加政府福利项目时证明其身份,但授权其接受特定现金转移或养老金类型的决定则可能需要验证其他信息(如申请者的收入或职业)。

(5)管理。管理是指在整个生命周期中,系统通过动态流程管理身份数据和凭证。这包括更新和重新验证随时间变化的身份属性(如地址、婚姻状况、职业、面部图像等),以及更新、撤销或停用凭证。

3.2.1.4　数字身份的作用

1. 数字身份的基本作用

身份具有两大核心功能:区分个体与证明身份。在现代社会,个体间的交流互动日益频繁,且往往涉及互不相识的双方,因此提供可靠的身份证明尤为重要。在互联网时代之前,纸质材料(如出生证明、身份证、护照和驾照等)是证明身份的主要方式。然而,随着互联网的普及,身份证明逐渐从纸质材料转向数字凭证。数字身份的主要作用在于认证网络用户的身份,确保用户与其所称的实体一致。在使用各种数字设备和网络时,数字身份是用户在网络空间发生行为和建立关系的必要条件。此外,数字身份不仅可应用于个体身份认证,还可应用于智能合约,使用户能够自动访问计算机及其提供的服务,并调解计算机与用户之间的关系。同时,只有确保用户数字身份的真实有效,其关联的活动、交易等信息数据才具有可信度,才可作为评判、反映和交流的依据。因此,数字身份是网络空间的通行证,是数字经济活动的基础。

2. 数字身份的宏观和微观经济作用

数字身份不仅是网络业务安全与管控的源头,还是构建网络信任体系的关键。在网络空间中存在众多实体,如自然人、设备、软件、组织、服务、数据和智能代理等。这些实体之间建立信任关系均离不开数字身份服务。对于数字经济的行为主体——个人、企业、金融机构和政府而言,数字身份的作用主要体现在以下几个方面:

（1）个人信息使用与交流的便利性。数字身份使用户能够控制他人对个人数据的访问，并决定何时、何地及以何种方式公布自己的信息。此外，个人身份信息的数字化有助于用户更便捷地与系统交流，同时保护用户免受非法行为的侵害。

（2）政府监管服务的优化。数字身份中记录了公民的关键身份数据和行为信息，政府可以根据公民的不同属性和需求提供相应的帮助。同时，借助数字身份系统，监管部门可以强化监管力度，提高监管的针对性和有效性。

（3）服务效率的提升。为了安全地交付服务，供应商必须确保服务交付给正确的人。数字身份系统使服务提供方能够根据用户身份信息和属性定制相应的产品和服务。此外，数字身份系统还能有效替代传统的纸质证明，降低服务提供方与用户之间的沟通成本，提高工作效率。

（4）数字体验风险的降低。数字体验增加了在线欺诈、身份盗用和数据泄露的风险，然而当数字交互的双方都可以验证对方身份时，风险就会降低。移动数字身份使用户能够使用自己的设备来证明身份，从而减少向请求身份验证的组织传递详细信息，降低身份信息被欺诈性拦截的可能性，并使用户能够控制其数据的使用方式。

（5）数字信用的构建。对于数字金融而言，数字身份是构建数字信用体系的关键要素之一。数字金融的本质是数字信用，而数字信用的当事人可在虚拟化的金融专用网和区块链价值互联网上进行交互，实现数字资产的交付、买卖、转让、清算和结算等。这些活动都离不开数字身份的建立、识别和为交易关联方所接受。作为数字金融基础设施的支柱之一，数字身份已经成为数字技术在金融领域应用的基石，是数字金融活动的必要条件。对于金融机构而言，数字身份可以快速识别服务对象（KYC），改善客户体验，提高服务效率，并调整风险管理策略，减少金融交易的网络威胁。

3.2.2 数字身份管理的概念、作用及原则

3.2.2.1 数字身份管理的概念

数字身份管理是指运用技术、经济、法律、行政及自律等多种手段和规则，旨在帮助网络空间的活动主体实现相互识别，并确保用户身份数据的安全与隐私。这一过程的核心在于提供在线身份和用户管理服务，其涵盖范围广泛，主要包括企业数字身份管理与国家数字身份管理两个类型。

数字身份管理（Identity and Access Management，IAM）是对网络行为主体身份资源进行有效的集中、组织、规划、规范、实施和控制，以确保数字身份的安全、高效使用。在实体空间中，人们通过身份证等有效证件来证明自己或鉴别他人；同样，在网络空间中，人们也需要应用多种手段来达到这一目的，如电子签名、用户密码、经验证的银行卡号、数字证书，以及应用生物识别技术验证的电子凭证等。

数字身份管理不仅是一个技术体系，更是一套规则的集合。这些规则涵盖了在网络环境下，为了建立、使用及验证数字身份而制定的各种规定，既包括强制性的规则，也包括自愿性的规则；既包括使用真实身份的规则，也包括使用匿名或虚拟身份的规则。同时，这些规则还适用于个人用户、公司及政府机构等不同主体。

数字身份管理的流程涉及多个环节和步骤，包括身份的注册、证明、验证、授权，以及身份失效后的注销。注册是用户登录并创建个人账户，从而建立数字身份的过程；证明是为数字身份属性信息的真实性提供证据；验证是确认操作者为该数字身份的拥有者；而授权是为该数字身份拥有者分配适当的操作权限。当用户不再与系统关联时，必须执行注销程序，以撤销其身份。

基于口令的认证方式、一次性密码、银行 U 盾与公钥基础设施

在身份认证技术领域，基于口令的认证方式、一次性密码（One-Time Password，OTP）、银行 U 盾（USB-key）及公钥基础设施（Public Key Infrastructure，PKI）是几种重要的技术手段，它们各自具有独特的特点和应用场景。

1. 基于口令的认证方式

基于口令的认证方式是目前使用最为广泛的身份认证技术，主要分为静态口令认证和动态口令认证两种类型。静态口令认证主要用于系统登录时的身份验证，如门户网站、网上银行的登录。这种认证方式简单易行，但安全性相对较低，容易受到暴力破解、字典攻击等威胁。为了增强安全性，银行支付、网上银行转账、平台交易时一般采用静态口令与动态口令相组合的方式进行认证。例如，在支付宝等支付平台中，用户需要同时输入支付口令及与该账户绑定的软件动态口令，以确保交易的安全性。

2. 一次性密码

一次性密码是一种利用散列函数产生一次性口令的认证方式。由于用户每次进行网络身份认证时使用的口令都是动态变化的，因此可以极大地提高账号的安全性。OTP 技术已经广泛应用于电子商务、国防军工、金融证券、网络游戏等行业领域。从技术角度来看，OTP 可以分为时间同步、事件同步、挑战/应答 3 种类型。其中，时间同步类型的密保产品最为安全，它根据专门的算法，基于时间同步生成不可预测的随机数字组合，每个密码仅一次有效，从而有效防止了密码被重复使用或猜测的风险。

3. 银行 U 盾

银行 U 盾是 PKI 密保产品中最常见的一种，主要应用于网上银行的安全认证。U 盾采用了使用物理介质的个人客户证书，建立了 PKI 技术的个人证书认证体系。在技术方面，U 盾内置微型智能卡处理器，采用 1024 位非对称密钥算法对网上数据进行加密、解密和数字签名。通过 U 盾，银行可以对客户的网上交易实施身份认证，并签署各种业务服务协议，从而确保交易和协议的唯一性、完整性和不可否认性。U 盾的安全性非常高，是目前密码保护方案中最为可靠的一种。

4. 公钥基础设施

公钥基础设施是一个包括硬件、软件、人员、策略和规程的集合，用于实现基于公钥密码体制的密钥和证书的产生、管理、存储、分发和撤销等功能。PKI 能够为所有网络应用提供加密和数字签名等密码服务，以及所必需的密钥和证书管理体系。PKI 的核心执行机构是电子认证服务提供者，即认证机构（CA）。PKI 签名的核心元素是由 CA 签发的数字证书，它提供了认证、数据完整性、数据保密性和不可否认性等安全服务。数字签名是指利用公钥密码技术和其他密码算法生成的系列符号及代码组成的电子密码进行签名，以代替书写签名和印章。这种电子式的签名具有可验证性，其验证的准确度远高于手工签名和图章的验证。PKI 特别适用于互联网和广域网上的安全认证与传输，可以在很大的可信 PKI 域人群中进行认证，或在多个可信的 PKI 域中进行交叉认证。

3.2.2.2 数字身份管理的模式与特点

数字身份管理具有不同的模式，各国因国情不同而各具特点。本质上，各国现阶段实施的主要是中心化管理模式，即由政府机构或服务提供商向用户提供身份注册与管理服务，用户通过注册申请登录获得服务。这种中心化管理模式确保了数字身份管理的权威性和可靠性。用户登录模式包括身份账号与应用一对一登录模式、身份账号与应用一对多登录模式，如图 3-2 所示。

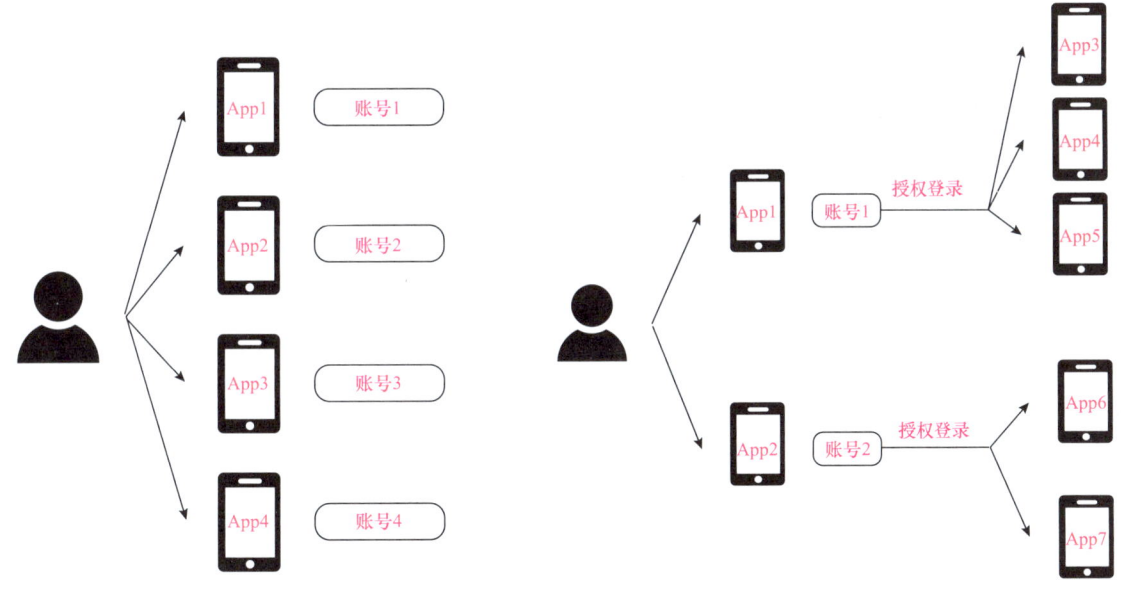

图 3-2　数字身份一对一（左）和一对多（右）登录模式

在数字经济全球化迅速发展的今天，全球主要经济体和国际组织均认识到数字身份作为新兴基础设施的重要性，致力于持续提高数字身份认证服务的安全性、便捷性和客户数据保护能力。其中，公共网络电子身份标识（electronic Identity，eID）已成为国际上实施身份认证计划的主流解决方案。

eID 是以公民身份号码为根，由"公安部公民网络身份识别系统"基于密码算法统一为中国公民生成的数字标记。它不同于网络实名制和 CA 证书，具有多个显著优势。首先，eID 的申请、更新及注销过程方便、快捷，由国家权威机构办理；其次，eID 不含任何个人信息，且能联网更新，有效保护了用户隐私；再次，eID 适用于任何角色，具有全网唯一性，可实现互联互通；最后，eID 实时关联用户的最新身份动态，确保了身份信息的准确性和时效性。

与传统的线下身份"关联比对"模式相比，eID 在唯一性、安全性、普适性、隐私性方面具有突出优势。它可满足公民在个人隐私、网络交易及虚拟财产等多方面的安全保障需求，为数字身份管理提供新的思路和解决方案。

3.2.2.3 国家数字身份管理与企业数字身份管理

国家数字身份管理是数字经济时代国家治理的重要内容。由国家政府中心化机构主导进行，旨在提高国家治理的效率和水平。而企业数字身份管理则主要关注企业内部及其与外部合作伙伴之间的身份认证和授权管理，以确保企业信息安全和业务顺畅进行。

扩展阅读

身份管理在国家治理中的应用

影视作品中，士兵在作战中阵亡，后续部队赶到后会将他们佩戴的身份铭牌（俗称"狗牌"）取下来，用于登记士兵的身份信息和所属部队番号，方便日后家属和军方的安葬。按照专业名词解释，"狗牌"正确的名字叫作"军人身份确认牌"。由于酷似小狗佩戴的身份牌，因此在西方被约定俗成地称为"狗牌"（Military Dog Tags）（见图3-3）。这其中没有任何贬低或侮辱的意味。

图3-3 "狗牌"

根据资料记载，最早使用"狗牌"的军队来自欧洲的斯巴达士兵，当时每个士兵都在手腕上绑着一个刻有自己姓名的小木棍，一旦阵亡，战友就能通过上面的消息找到自己的同僚。古罗马时期，每一个军团士兵的脖子上都戴着一种名为"Signaculum"的圆形铅块（见图3-4），上面标记着士兵和部队的名字。按照要求，佩戴"Signaculum"的士兵会在进入新兵连后开始训练，直到4个月的新兵服役期满后才可以正式摘下。因此，老兵看到佩戴这种铅块的士兵，就知道他是一个刚入伍的新兵，不算是久经沙场的老兵。

图3-4 "Signaculum"

随着火药和现代化武器的产生，战场上阵亡的士兵越来越多。许多遗体因为多种原因遭受了严重损坏，根本无法辨认，原本携带的身份标识也会出现损毁，因此身份牌的材质从早年的木质、蜡质开始向金属制品转变。美国南北战争期间，部分士兵就佩戴了由家庭小作坊制造的金属身份铭牌，但因为设计较为粗糙而未能大规模使用，比较稀缺珍贵。

同一时期，欧洲大陆的普鲁士军团就比较"时髦"——他们给参战士兵大规模装备了金属信息身份牌，德语叫作"Hundemarken"，如图3-5所示。而这种身份牌与街上小狗戴的身份牌几乎一模一样。"Hundemarken"的诞生与一位柏林的工程师有很大关系，曾经是后勤兵的他退伍后看到小狗都带着有相关证明的标牌，因此萌生了为士兵制作军用识别身份标志物的想法。

图3-5 "Hundemarken"

一战后，士兵身份牌的应用开始普及。意大利等国的军队会给士兵配备两个小金属盒，士兵将个人信息写在纸条上并放在小盒中，然后把小盒挂在脖子上。一旦阵亡，战友就会取走其中一个用于认证其信息。英军则在1916年统一要求士兵佩戴两个金属小圆牌，一个被用于验证身份信息，另一个被用来记录死亡原因。

后期参战的美军士兵与军官都统一佩戴一块铝制身份牌，上面刻有姓名、军衔、所在部队番号。1916年7月6日，美军正式发布命令，规定该身份牌一式两份：军官、士兵阵亡后，一个留在遗体上用于辨认，另一个由战友带走。1918年，身份牌上开始登记士兵服役编号。

二战期间，美军不同军种使用的身份牌也是大小不一，其中陆军的偏小，陆战队与海军的偏大，这给后勤保障带来了一定困难。到20世纪50年代时，美军开始统一制定身份牌的尺寸，才解决了这一问题。实战中，士兵如果丧生并且遗体无法被带走时，战友就会带走其中一枚"狗牌"交给上级，证明该人已经阵亡，而另一枚将被塞入遗体口中，方便战后辨认遗体身份。

资料来源：军人身上的"狗牌"起源于古罗马，身份信息令人一目了然［EB/OL］.网易，2021-01-22.（有改动）

3.2.2.4 数字身份管理的作用

1. 提供安全保障

数字身份是网络业务安全与管控的基石，也是构建网络信任体系的核心要素。通过实施有效的数字身份管理，能够确保数字身份的可靠性，进而提升网络空间的整体可信度。在如今国家经济和

社会发展高度依赖互联网的情境下,数字身份管理对于促进网络经济、实体经济乃至整个社会的全面健康发展具有积极的推动作用。

2. 提升用户体验

对于个人用户而言,数字身份管理通过提供具有互通性的数字身份解决方案,能够极大地提升网络应用的便捷性和安全性。用户无须再为记忆烦琐的网络账户和密码烦恼,经过认证的数字身份凭证不仅能为用户提供更高级别的隐私保护,还能实现一键登录、全网通行的便利。对于企业而言,应用数字身份解决方案能增强其对市场变化的应对能力和创新能力,减少因身份欺诈导致的经济损失,并更好地保护交易双方的知识产权和商业秘密。此外,身份管理还能为企业开辟新的市场机会,如开展对身份验证要求更高的高级应用服务。

3. 促进电子政务发展

数字身份管理在电子政务领域的应用中同样具有重要意义。它能够帮助各级政府以更加高效、透明和精准的方式向公民履行政府职能,提供便利安全的电子政务服务。公民可以不受地理空间和时间的限制,随时随地登录政府网站,了解政务信息,办理各类事务。

3.2.2.5 数字身份管理的原则

1. 以用户为中心

数字身份管理必须体现以用户为中心的理念。在各项管理规程上,数字身份管理应坚持用户自愿原则,赋予用户在交易中自愿使用身份凭证的权利,以及对不同类别身份验证技术的选择权。同时,还应坚持便利用户的原则,通过协调标准,提高不同业务之间对数字身份的认可度,减少用户为申请账户提交个人信息的环节,降低隐私泄露风险。以用户为中心的数字身份管理政策更容易被民众认同和接受,从而有利于政策的顺利实施。

2. 个人信息保护

个人信息保护是数字身份管理面临的主要挑战。世界各国在推行数字身份管理战略时,都高度重视建立完善的个人信息保护法律框架和有效的法律执行机制。部分国家甚至在网络身份管理方面适用严格的隐私保护政策,要求服务提供商在收集、使用、披露用户信息的各个环节中,从技术层面做好相应的隐私保护设计和风险评估。

3. 发挥市场主体作用

数字身份管理应充分发挥市场主体的作用。身份认证作为一种市场服务活动,既存在企业和用户对于网络安全与隐私保护的需求,也存在满足上述需求的市场供给。在可信赖的网络身份生态系统中,个人用户、服务提供商和政府都将发挥重要作用,并且彼此制约和相互影响。其中,市场机制支撑系统的正常运维,政府则在其中发挥引领、协调和整合作用。充分发挥市场主体的作用,能够推动数字身份管理技术的不断创新和应用,进而提升整个数字身份管理系统的效率和安全性。

3.2.3 机构组织数字身份管理

金融机构的数字身份管理作为企业身份管理的一种特殊形式,不仅具备企业身份管理的普遍特征,还融入了金融行业的独特属性。以下将首先探讨企业身份管理,进而深入分析金融机构数字身份管理。

3.2.3.1 企业数字身份管理

1. 企业数字身份管理的概念及意义

企业数字身份管理是一种旨在保护企业数据与用户数据安全及合规性利用的安全措施。具体而言，它涉及定义并管理单个网络用户的角色、访问权限，以及用户被授予或拒绝这些权限的情况。企业数字身份管理是数字化企业管理的重要组成部分，对于维护企业数据安全和促进业务发展至关重要。

（1）防范网络威胁。数字身份是网络安全的关键部分，为企业网站数据提供重要保护。为品牌和网站建立可验证的数字身份，并实施严格的身份管理和认证，可以有效防范钓鱼网站等网络攻击。

（2）建立并维护良好的客户关系。企业数字身份管理是取信于客户的首要步骤，也是保护敏感数据、驱动安全交易和改进业务流程的关键。良好的身份管理能够推动企业通过社交媒体与消费者的互动，提升企业内部协作，并简化网络安全操作。

（3）控制员工访问权限。网络化企业面临的最大身份相关问题，是权限滥用与凭证被盗。因此，企业内部人员必须经过授权才能访问敏感信息资源。

（4）确保合规运营。随着全球数据隐私监管的日益严格，企业身份管理必须随时跟进相关法律法规的变化，遵循监管合规和消费者数据保护原则。

（5）增加企业收益。身份管理系统可使公司在不破坏网络安全的前提下，将访问权限扩展至各种信息系统，包括企业内应用、移动 App、SaaS 工具等，从而推动协作、提升生产效率，并增加企业收益。

2. 企业数字身份管理的基本原则

（1）用户优先原则。随着消费者与企业之间的数字互动日益复杂，企业身份管理应优先考虑消费者因素，包括提供更好的网络体验、隐私保护、个性化和安全可见度等。

（2）合规性原则。安全与隐私保护是数字身份管理的公认原则。鉴于数据泄露和滥用的风险，企业数字身份系统必须精心设计以降低个人数据泄露风险，并考虑系统的完整性、保护隐私和个人权利的能力，以及建立公开、透明的问责机制。

（3）先进适用性原则。随着云计算技术的迅速发展，身份即服务（Alibaba Cloud IDentity as a Service）作为第三方托管服务兴起。企业身份管理上云、转向第三方托管的服务模式是大势所趋。此外，更高级的身份验证方法，如生物特征识别和行为监视也应被纳入身份管理实践。

3. 企业数字身份管理系统的功能与目标管理

（1）企业数字身份管理系统的功能。企业数字身份管理主要包括对内的员工身份管理与对外的用户身份管理两方面内容，旨在维护企业网络安全、合规性和用户信任。身份管理系统为 IT 部门提供了控制用户对公司关键信息访问的工具和技术，包括日志管理工具、配置软件、安全策略执行应用程序、报告和监控 App，以及身份存储库等。

一个良好的数字身份管理系统应具备以下功能：①安全。确保安全隐私和合规性。②灵活。能够跨多个平台（内部部署和云部署）工作，与人、系统和设备协同工作。③敏捷。快速适应最终用户需求、IT 要求和新的应用程序。④可扩展。能满足业务不断变化的需求，对用户进行集中管理。⑤开放。容纳多种类型的用户，包括员工、消费者、合作伙伴和承包商。⑥私密。

让用户控制自己身份信息的使用和访问方式。⑦无摩擦。为用户和网络安全管理员提供无缝便捷的体验。⑧弹性。无论是本地部署还是云部署，都能克服潜在的服务中断、技术故障或网络威胁。

（2）企业数字身份目标管理包括：①用户目标管理。其包括确定用户身份、身份验证、用户权限、访问管理、身份生命周期管理和用户行为分析（User Beharior Analysis，UBA）等步骤和内容。②确定用户身份。每个用户配置一个身份，并在整个"访问生命周期"里受到维护、修改和监视。③身份验证。根据风险级别，采用用户名和口令、双因子身份验证、多因子身份验证（Multi-Factor Authentication，MFA）或基于风险的身份验证（Risk-Based Authentication，RBA）等方法。④用户权限。在正确的情景中为正确的用户分配正确的企业信息访问权限。⑤访问管理。控制和监视网络访问的过程和技术，包括身份验证、授权、信任和安全审计等功能。⑥身份生命周期管理。维护和更新数字身份的整套过程与技术，包括身份同步、配置、解配置及持续管理。⑦用户行为分析。审查用户行为模式，检测潜在安全威胁。

企业内部用户管理，即构建信息级的企业安全，解决账号（Account）管理、认证（Authentication）管理、授权（Authorization）管理和安全审计（Audit）方面的问题，即4A解决方案。①账号管理。集中管理自然人与其拥有的所有系统账号的关联。②认证管理。实现支撑系统对操作者身份的合法性检查。③授权管理。合理分配用户使用支撑系统资源。④审计管理。收集、记录用户对支撑系统资源的使用情况，以便统计和追踪。

基于4A技术的统一身份管理为企业门户服务带来全面的安全保障，具有统一认证、授权和审计、统一监管、简化用户操作和统一访问审计等优点。然而，其中也存在技术实现方式限制较多和合规审计能力不强等缺点。

3.2.3.2　金融机构数字身份管理

用户身份管理与识别是金融活动的基石。金融交易因其高保证性，要求在线交易必须确保身份的高可信度。随着数字化转型的加速推进，数字科技与金融业务的深度融合，金融机构加强和完善数字身份管理就显得尤为重要。

1．外部挑战与监管合规

首先，金融机构面临来自外部的数字身份安全挑战。监管合规是金融机构的基本行为准则。在金融监管日益加强的背景下，身份、数据隐私和监管合规3个维度紧密交织。金融机构的数字身份管理必须符合《中华人民共和国网络安全法》《信息安全等级保护管理办法》《中国银监会关于银行业风险防控工作的指导意见》《商业银行内部控制指引》，以及美国的《萨班斯法案》、欧盟的《通用数据保护条例》（General Data Protection Regulation，GDPR）等一系列国内外金融信息监管要求。作为高度敏感的金融机构，必须不断对既有身份管理系统和行业实践进行动态调整，以适应新的身份信息监管要求。

2．业务发展需求

数字金融的发展要求金融机构提供更加安全高效的客户服务，其中包括：①服务提升。解决低效或不符合需求的问题，向客户提供高效无缝的服务。②授权。解决授权规则及关系复杂的问题，根据客户属性提供有权享有的服务。③身份数据共享。解决数据安全传输和保护问题，确保数字身份属性在各应用间的传递。④身份认证。解决安全与便捷之间的矛盾，提供与用户属性相匹配的安全快捷的认证方式。⑤数字身份构建。解决数字身份属性收集有误或缺失的问题，需要集中统一的用户数字身份中台服务。⑥接口（Application Programming Interface，API）安全。新金融、零售金融业务及开放银行数字化转型的核心能力来自API开放，必须确保众多API的访问安全。⑦标准与规范。缺乏统一和一致性的标准，集成接入过程复杂，需要持续支撑后期快速迭代的新业务应用。

数字身份管理在方便客户登录及授权查阅账户、风险管理及个人资料控制的同时，必须确保金融机构与客户数据信息的安全。随着客户越来越多地使用在线交易，代表自己或机构在网上正确且可靠地证明身份的能力，对在线交易的安全性至关重要。为此，金融机构应全面实行可信身份管理。

3. 实行可信身份管理的好处

实行可信身份管理，客户无论访问移动客户端进行在线操作，还是在ATM或营业网点办理业务，银行都能在数字渠道和传统渠道之间自由切换，实现从身份验证到批准交易的秒级响应。

具体来说，可信身份认证的好处包括：①服务提升。可信数字身份允许金融机构为用户提供安全可靠的定制服务。②运营提效。简化操作流程，减少人为失误。③安全合规。多因子认证结合，解决安全与便捷之间的矛盾。数字身份存储和管理与行为审计分析结合，使合规审计更容易，也更精准。④业务价值提升。数字身份属性的丰富和完善，使金融机构能更有针对性地改善产品和优化服务。⑤竞争力提升。用户体验提升是金融数字化转型的重要目标之一。

4. 用户身份识别的重点与措施

实行可信身份管理的重点是用户身份识别。金融机构在提供非柜台方式的服务时，应实行严格的身份认证措施，采取相应的技术保障手段，强化内部管理程序，识别客户身份。在与客户的业务关系存续期间，金融机构应采取持续的客户身份识别措施，关注客户及其日常经营活动、金融交易情况，及时提示客户更新身份信息。

用户身份识别涉及金融业务的各个领域，从柜面业务、电子银行渠道、银行卡交易与支付到内部的一体化办公平台及金融机构容灾备份数据中心。为了取得更好的工作成效，可信身份管理应执行以下步骤：

（1）身份分类。从业务角度看，正确区分用户类型是实施有效身份管理的首要步骤。以商业银行为例，其用户类型可划分为内部用户、外部用户及终端设备或应用程序三大类。内部用户依据业务范围，可进一步细分为总行及各分行的行政管理人员、各网点的柜面人员。内部用户均配备统一的员工编号和办公应用账号，柜面人员则会额外获得由柜员号与机构编号组合而成的唯一业务编号。此外，各类银行交易及业务办理中涉及的智能终端、柜员机等设备，通过网络与后台应用进行数据交互，从某种程度上可视为内部的虚拟用户实体，其身份的唯一合法性由内置的设备数字证书验证。至于外部用户，则包括金融IT部门管理的第三方厂商驻场运维人员，以及电子银行渠道业务所面向的最终用户，如网上银行、手机银行、微信银行等平台的消费者用户。商业银行数字身份分类如图3-6所示。

（2）选择认证方式。国内目前金融机构数字身份认证主要有：基于数据匹配的身份要素比对、自建生物认证平台、第三方企业的身份认证云服务、国家权威机构的实名身份认证及融合身份认证等方案。各方案都有其优缺点，需根据具体情况选择。

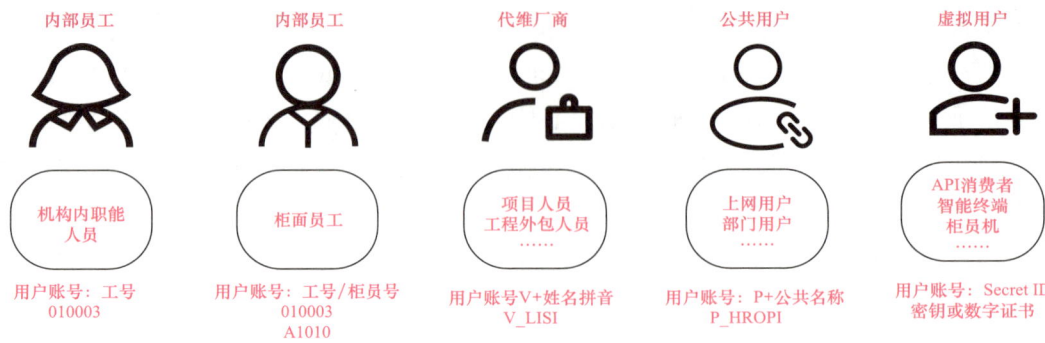

图 3-6 商业银行数字身份分类

（3）识别权限管理核心与要素。识别权限管理的目的是确保合适的人拥有正确的访问权限。金融机构应在用户身份分类基础上定义用户的权限类别和级别，包括准入授权、角色授权、业务授权和数据授权等。

（4）合规审计。合规审计可以为组织身份和访问管理提供风险情报，满足多维度合规审计的要求。审计范围应覆盖每个用户，对重要用户行为和重要安全事件进行审计，并记录相关信息。审计记录应定期备份，保护免受未经授权的删除、修改或覆盖。

（5）输出规范与标准。制定用户管理规范、数字身份管理运营规范及应用接入规范等，确保身份管理的统一性和标准化。

（6）可信数字身份管理平台的建设。构建可信数字身份管理平台的目的是建设一个集多种法规，融合认证、账号、授权、审计于一体的统一的安全管理平台。通过以"人"为核心的安全管理，为金融业务安全赋能，降低身份管理成本。可信数字身份认证平台的功能目标是实现用户单点登录、统一身份标识及一站式身份认证及服务。方案体系架构应涵盖所有关键组件和流程，确保系统的安全性和可靠性。

课堂互动

将学生分为若干组，每组选取一个日常生活场景（如网购、在线支付、社交媒体注册等），然后扮演不同的角色（如消费者、商家、平台方等）。在每个场景中，学生需要展示如何使用数字身份进行身份验证、授权交易等操作，并讨论在这一过程中可能遇到的身份安全问题及解决方案。最后，每组派代表上台表演，其他同学根据表演内容进行提问和点评。

3.3 数字账户

3.3.1 数字账户概述

数字账户作为数字金融的重要基础设施，基于广义账户体系构建，并展现出与传统银行账户截然不同的特点。它不仅种类繁多，而且各类账户功能各异。与数字身份类似，数字账户在数字金融领域同样占据着举足轻重的地位。金融资产与负债的交易离不开账户的支持，账户作为当事人从事金融资产与负债活动的簿籍，是金融交易不可或缺的元素，而身份与账户的结合则是现代社会金融交易的基础。

3.3.1.1 账户与数字账户

1. 账户的基本概念与功能

在数字时代，账户作为经济活动的核心载体，其重要性日益凸显。账户不仅是个人或机构在特定金融体系中用以标识自身的数字和符号组合，更是资产持有、交易、清算、结算以及金融监管当局进行统计监测和监督管理的基础工具。它记录了资产所有权的变更，促进了复杂的贸易和金融交易，是社会资金流转的起点和终点。

账户作为经济交换的产物，其本质在于通过存、贷、资金收付等活动，实现价值的转移与配置。当账户与现代金融制度相结合，如钱庄、银行等金融机构的出现，资金得以便捷地在不同所有者之间转移，极大地提高了经济活动的效率。例如，历史上的威尼斯银行便通过纸质分类账为商人提供账户服务，允许其通过转账方式进行资金转移，无须实物资产的交换，这标志着账户制度的初步形成。

2. 传统账户的类型与特点

在现实生活中，人们接触最多的账户类型包括银行账户、医疗账户、保险账户等。这些传统账户大多基于账号加密码的认证方式，实现对账户资金的支配与管理。其中，银行账户作为单位和个人在银行开立的各种存款、贷款及往来账户的总称，是办理转账结算、信贷、现金存取等业务的基础。在中国，所有资金划转活动都需要通过银行账户实现，无论是国家机关、团体、企事业单位还是个人，都需要在银行开立账户以参与金融活动。

银行账户可根据以下不同标准进行分类：

（1）按存款人不同，银行账户可分为公司银行结算账户和个人银行结算账户。

（2）按功能不同，银行账户可分为存款账户、信用卡账户及其他金融机构提供的特定账户。

（3）按中国人民银行《人民币银行结算账户管理办法》，银行账户可分为基本存款账户、一般存款账户、临时存款账户和专用存款账户，各类账户均设有不同的开户条件和功能限制，以满足不同经济主体的需求。

3. 数字时代下的账户创新与发展

随着互联网的兴起和数字时代的到来，传统银行账户体系面临诸多挑战，催生了个人银行账户分类管理制度。该制度通过分层、分类使用账户，为个人建立资金防火墙，有效保护个人银行账户资金和信息安全。具体而言，将个人银行结算账户分为Ⅰ类、Ⅱ类、Ⅲ类账户，根据实名程度和账户定位，赋予不同功能，以满足不同支付需求和资金风险管理要求。

（1）Ⅰ类账户。全功能账户，相当于"钱箱"，用于存放主要资金，如工资收入，安全性要求高，适用于大额支付。

（2）Ⅱ类账户。限制功能账户，相当于"钱夹"，主要用于日常消费、网络购物和网络缴费，以及购买投资理财产品，单日支付限额为1万元，适用于小额支付。

（3）Ⅲ类账户。小额支付账户，相当于"零钱包"，主要用于金额较小、频次较高的交易，如移动支付业务，户内余额不超过1000元。

Ⅱ类账户和Ⅲ类账户均无实体卡片，主要通过绑定Ⅰ类账户在网上开设，以有效控制客户资金风险。

3.3.1.2 数字账户的功能、构成及其管理规范

在功能层面，数字账户是个人、企业、行业或政府用于储存、记录、管理自身数字资产，并获取金融服务和收益的工具。数字资产作为具有明确产权且能为拥有者带来预期经济利益的经济资源，其重要性日益凸显。随着数据要素的重要性提升，越来越多的资本通过抵押、按揭、信托、基金等金融形式介入数字资产领域，涉及银行、保险、证券等重要金融行业。

数字账户根据账户主体可分为个人数字账户、企业数字账户、行业数字账户和公共数字账户。这些账户在功能上各有侧重：个人和企业数字账户注重内部整合；行业数字账户强调外部合作；公共数字账户则辅助监管和治理。其中，个人数字账户最为核心和基础，因为无论是企业、行业，还是公共数字账户，其数据大多基于对个人数据的记录和分析。

在账户体系构成上，数字账户的实现主要包括以下 3 个层面：

1. 组织架构层面

搭建数字账户的制度机构、监督机构和执行机构，从总体设计开始，向下全局部署数字账户管理规范，确保流程规范、功能系统支撑到位，形成全面的标准规则体系和执行调度流程。

2. 运行流程层面

以建立用户数字身份证为基础，进而获取、管理并使用数据资产。用户数字身份证是获取并使用数据资产的载体，数据资产的获取、管理和使用是数字账户运行的关键环节。在数据资产流通过程中，数字账户需确保数据资产的质量、安全及共享；在使用环节，根据数据资产的用途、规模及安全等级，用户需采用不同的授权方式。

3. 保障体系层面

保障体系包括支撑数字账户运行的法律法规、制度体系，以及对数字账户使用的培训宣传和贯彻。法律法规是数字账户运行的重要保障，需界定数据资产的产权；制度体系的重点在于建立利益分配机制；培训宣传和贯彻则是确保数字账户有效推广的关键。

数字账户的使用需要金融部门的管理和规范，具体而言，需建立数字账户管理相关规范，明确金融机构在数据资产交易中的职责；制定风险控制要求与规范；建立数字账户与个人资金账户的对应关系，规范数据资产的交易核算规则。通过这些措施，确保数字账户在保障资金安全和提升支付便捷性方面发挥积极作用。

3.3.2 数字账户的应用类型

数字账户作为一个不断发展的概念，目前在实践中已展现出多样化的应用形式。数字账户的应用类型主要包括数字支付账户、银行数字账户、中央银行数字货币账户，以及分布式账户。

3.3.2.1 数字支付账户

数字支付是指通过数字化指令完成商品或服务的支付过程。与传统的现金、银行卡支付方式相比，数字支付主要依赖第三方支付服务，并衍生出了第四方支付服务，即聚合多种第三方支付的平台。根据支付终端的不同，数字支付可分为网络支付和移动支付。

数字账户是数字支付得以实现的前提。只有当资金以数字化的形式在金融体系中被识别和标记时，才能实现其流通和转让。当前，数字账户主要表现为两种形式：一是由银行或卡组织提供的数字银行卡账户；二是移动手机端的移动钱包账户。

数字银行卡账户，本质上是一种数字化的全功能银行账户，实现了银行卡发卡、使用及金融服务场景的"无界化"。与传统银行卡相比，数字银行卡通过数字化服务满足了用户多元化的支付需求，如消费、存取现金、转账等，并提供了更加高效便捷的申卡、绑卡和用卡体验。此外，数字银行卡还实现了卡码合一，用户可以通过手机一键调取无界闪付卡和无界卡二维码，任选手机闪付或二维码支付。在保障用户资金与信息安全方面，数字银行卡对卡号、有效期等信息进行了全程防护。对于支付产业而言，数字银行卡助力了跨行业合作和场景的互联互通，构建了互联互通的数字支付生态。

移动钱包通常是由政府授权的电信运营商（或其他实体）开发的，用户无须通过银行等金融机构开户，即可获得以电话号码为识别码，集存款、取款、转账等功能于一体的移动钱包账户。移动钱包在一些非洲国家的使用案例，展示了其在提高金融包容性和促进经济发展方面的潜力。

3.3.2.2 银行数字账户

银行数字账户与传统银行账户在本质上并无太大区别，同样受银行安全法规的监管，并允许进行传统交易，如支付、收款、余额和交易查询等。然而，数字账户在开户方面更加灵活简单，用户可以通过 API 在第三方平台开设银行账户。

银行数字账户依托银行互联网账户，相较于实体卡办理时所需的柜台排号、人工操作等繁杂手续，数字账户可以通过银行 App、合作平台等线上渠道进行自主申领开通。这种便捷性使得数字账户在提升用户体验、降低运营成本等方面具有显著优势。

3.3.2.3 中央银行数字货币账户

中央银行数字货币账户是中央银行为数字货币的发行、存储、流通和兑换而创设的数字账户体系。中央银行数字货币（CBDC）是由中央银行发行的一种用于支付和结算的数字信用货币，分为零售型法定数字货币和批发型法定数字货币。

零售型法定数字货币面向所有个体和公司发行，可以被广泛用于小额零售交易；而批发型法定数字货币则面向银行等大型金融机构，用于金融机构之间的大额交易结算。数字货币依存于中央银行的数字账户系统，并无实体形式，只是存在于计算机钱包（即数字账户）内的一段段数码，代表账户余额。

数字货币账户之间的资金往来即数字货币的支付活动，实质上是中央银行根据账户主体指令而发生的记账活动。中央银行发行数字货币，只是确立相应的数字账户体系及其记账规则，而无须创造数以亿计的相互独立的数字货币。

中国版数字货币（数字人民币）是一个典型的例子。数字人民币采用双层架构，人民银行负责数字人民币的发行等工作，而商业银行则负责提供数字人民币的兑换服务。数字人民币的推广使用，将进一步提升支付效率，降低交易成本，并促进金融创新和经济发展。

数字钱包是数字人民币的载体和触达用户的媒介。根据客户身份识别强度、开立主体、载体及权限归属的不同，数字钱包可以分为不同类型，以满足不同用户的需求。数字钱包实际上是一种数字支付账户，它保留了数字货币作为加密货币的所有属性，并可以灵活定制应用。

3.3.2.4 分布式账户

分布式账户又称区块链账户或去中心化账户,是以区块链分布式账本技术为基础的记账方法和账户体系。分布式账户通过在网络中实现对参与者交易活动的同步记载,从根本上改变了传统的中央记账方法。

作为分布式记账技术,区块链是一种数据存储结构,可在去中心化的"节点"网络中进行维护和复制,从而确保单个节点无法通过重写交易历史记录来篡改账本中的信息。在分布式账户中,数据记载需满足唯一性、记录连续不间断、记录格式标准统一及加密不可篡改等条件。

分布式账户的主要应用领域包括交易簿记、资产确权和身份验证等。与传统的中心化记账模式相比,分布式记账模式具有更高的透明度和安全性。在分布式账户中,用户具有完全的自主性,不需要依赖中心化机构授权。私钥在本地生成并高度保密,公钥和钱包地址则被用于存放和管理账户。"中心化"记账模式与"分布式"记账模式对比如图3-7所示。

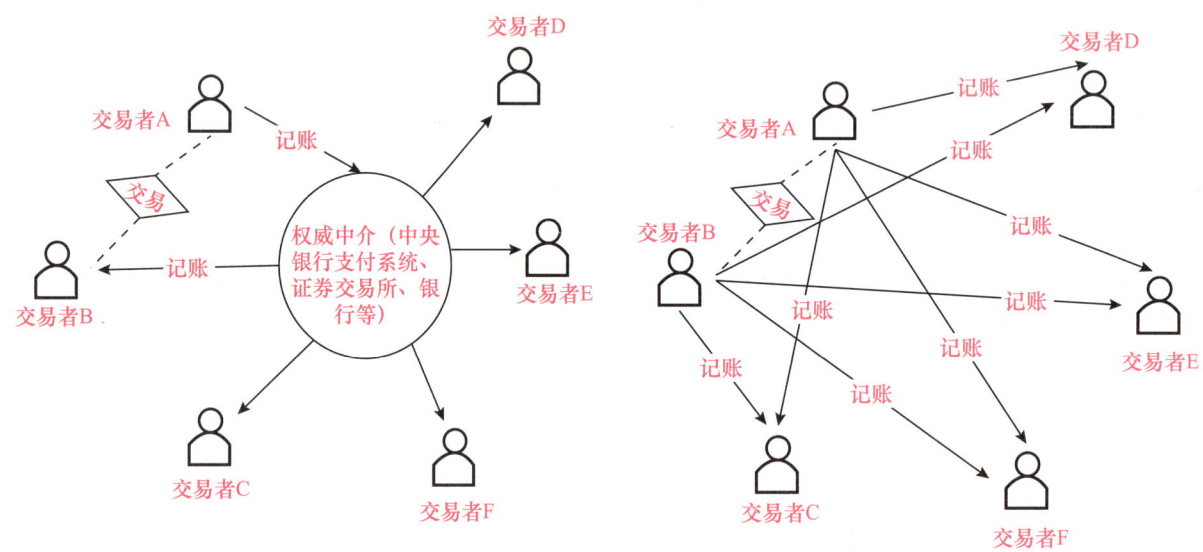

图3-7 "中心化"记账模式与"分布式"记账模式对比

分布式账户体系不仅适用于个人和机构,未来还将扩展到互联网上的传感器等设备。这将使得更多的账户和交易在机器和机器之间完成,而不是在人和人之间。此外,区块链还可以将资金流、信息流、物流及社会关系等与账户对应起来,实现原始数据、资料和信息的一体化管理。

分布式账户技术的最初应用是加密货币比特币的设计,但它有可能给处理多种不同类型的交易和转让不同类型的资产带来革命性影响。分布式账户通过分布式记账技术将信任转化为不依托交易主体守信的计算机算法信任,从而降低了交易成本,并提高了交易效率。尽管目前还不确定基于区块链的账户体系将给既有金融体系带来何等量级的影响,但可以确定的是,它必将引发远超移动扫码支付的创新模式。

德育微课堂

青年科研团队攻坚"最快的刀"

这几天,在华工科技子公司武汉华工激光工程有限责任公司(以下简称华工激光),34

岁的蒋威正带领一支青年团队，对两款软件展开核心技术攻关。他们要赶在新产品项目验收前，完成软件的研发。

华工激光成立于1997年，是国家重点高新技术企业、激光行业国际标准制定参与单位、国家标准制定的牵头组织和承担单位，承担了激光领域大部分国家重点项目和重大科技攻关项目。激光有"最快的刀""最准的尺""最亮的光"之称。近年来，华工激光不断突破超快激光器、激光切割、激光焊接等关键核心技术，研制的30多个先进"首台套"产品进入产业化示范应用。一项项"黑科技"离不开持续的创新攻坚。其中，设备背后的"隐形力量"——专业性工业软件，涉及细分门类多、研发难度大，是高附加值产品，也是业内公认的"硬骨头"。

此前，华工科技每年在各种工业软件的采购上需花费上千万元。随着公司激光切割技术的不断突破，国产激光装备的渗透率不断提高、市场规模持续扩大，公司领导层意识到，装备的"硬实力"提升了，"软实力"也不能掉队。2018年底，华工科技决定组建高功率激光装备软件研发团队，专攻激光设备工业软件的创新研发、自主可控。

蒋威介绍，专业性强的大型工业软件因融合了软件、机械、自动化等多学科知识，具有较高的门槛。团队组建之初只有4名年轻人，其中"85后"蒋威年纪最大，其他人都是"90后"。他们从界面软件做起，然后开发编程软件、机器视觉软件、套料软件，积累各种算法知识，逐步建立激光工业软件体系。

"工业软件这个方向难度大，但重要的是，我们有信心去攻克。"毕业于清华大学的硕士许天睿于2021年加入团队，他和同事联合产品线上的工艺部，组建起跨部门的突击队。大家查阅专业文献，分析解决方案，在设备上进行了反复试验，最终成功突破阻碍。

2021年，华工科技专门立项攻坚三维五轴编程软件。这一年，出生于1994年、毕业于中国科学技术大学的硕士杨航进入公司，并立即加入了团队参与项目的研发。在开发三维五轴应用软件的过程中，团队遇到的第一个"拦路虎"是三维空间中零件的表征问题。团队成员都没有相关技术背景，也没有图形学开发经验。杨航记得，"为了项目的顺利进行，我们一拨人研究图形学知识，另一拨人着手开发程序整体框架，大家相互配合，交流经验"。最终，经过一年多的开发工作，团队逐个克服了相关难题，极大地提升了杨航和团队的士气。

几年开发积累下来，这支青年团队逐渐具备了一定的技术基础，拥有近20名成员，其中70%具备研究生学历。他们为公司数十款高端智能装备提供了软件解决方案，拓展了工业软件创新产品的应用场景，用一项项研发成果赢得了"最强大脑"的美誉。数据显示，在高端编程软件方面，团队每年为公司各产品线提供上百套专业性工业软件，在软件方面大大减少了采购成本。

2022年6月，中国科学技术协会发布年度30项科技领域重大问题、难题。华工科技高功率激光装备软件研发团队留意到，"如何发展自主可控的工业设计软件"成为10个产业技术问题之一。"工业软件是智能制造的基础，我们还需继续努力。"蒋威说。

党的二十大报告指出，"以国家战略需求为导向，集聚力量进行原创性引领性科技攻关，坚决打赢关键核心技术攻坚战"。在蒋威看来，受国家战略、产业政策、产业布局、技术迭代等多重利好因素驱动，工业软件行业正迎来快速发展。眼下，蒋威及其所带领的团队正在

攻坚完善的一款软件，将服务于智能车间的应用。他们期待，继续深挖行业应用，为实现我国高水平科技自立自强，贡献更多青年力量。

资料来源：拿下"拦路虎"，啃下"硬骨头"——青年科研团队攻坚"最快的刀"[EB/OL]. 中国青年网，2023-02-03.

本章小结

本章主要介绍了数字金融基础设施的相关概念、建设类型及其重要组成部分。首先，阐述了数字金融基础设施是对传统金融基础设施的延伸、拓展与变革，它为数字资产的流转提供了基础性条件，并与交易对象、交易主体及金融中介机构共同构成了数字金融的核心体系。其中，重点探讨了数字货币基础设施与数字资产交易所的运作机制。此外，还介绍了去中心化金融基础设施的概念。同时，探讨了数字身份的定义、类型、生命周期及其在数字经济中的重要作用，并介绍了数字身份管理的概念、作用及原则。最后，概述了数字账户的内涵、功能、构成及其管理规范，并介绍了数字账户在不同领域的应用类型。

课后思考题

1. 数字金融基础设施与传统金融基础设施有哪些主要区别和联系？
2. 阐述数字货币基础设施的基本架构及其运作机制。
3. 分析数字资产交易所的两种主要类型（中心化交易所与去中心化交易所）及其各自的优缺点。
4. 讨论数字身份在数字金融中的重要作用及其管理挑战。
5. 阐述数字账户的内涵及其在数字金融中的应用类型。

微课资源

微课视频

第 4 章 金融机构数字化转型

学习目标
★ 理解金融机构数字化转型的概念、意义和作用。
★ 掌握金融机构数字化转型的原则要求和主要内容。
★ 了解中国金融机构数字化转型的实践及其成效。

素养目标
★ 培养数字意识,理解数字化转型对金融机构未来发展的重要性。

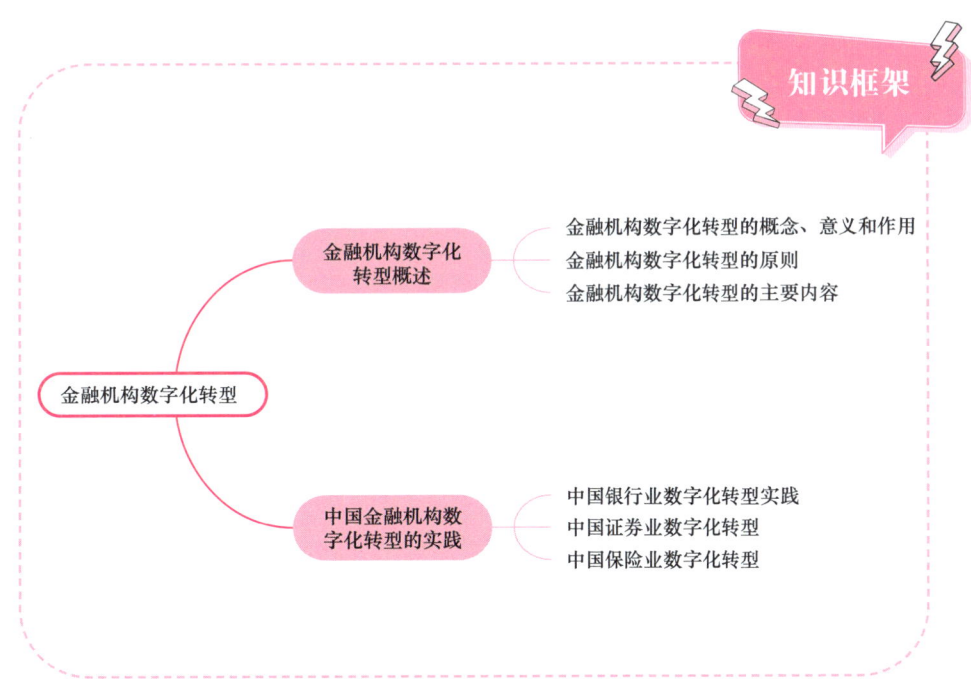

融资担保集团数字化转型获奖

2021年3月6日,"2020中国数字化转型与创新评选"颁奖典礼在2020—2021年中国数字化年会现场盛大举行。黑龙江鑫正融资担保集团荣列获奖榜单。

黑龙江鑫正融资担保集团推出的"鑫正担保黑龙江省级中小企业稳企稳岗基金专项贷款担保业务管理系统",是在新冠疫情对中小微企业造成严重冲击的背景下,鑫正融资担保集团助力中小微企业、三农等实体经济稳增长、稳就业,在"见贷即保"和"分险"模式下,开发上线的专项担保业务管理系统(见图4-1)。该系统实现了全省21家银行机构约400个银行网点与担保公司之间的信息数据、合同文本实时交互功能,包含担保业务全流程模块,极大地提升了业务操作效率,从发起项目申请到完成审批最快仅需30分钟,目前已完成担保业务总额122亿元。

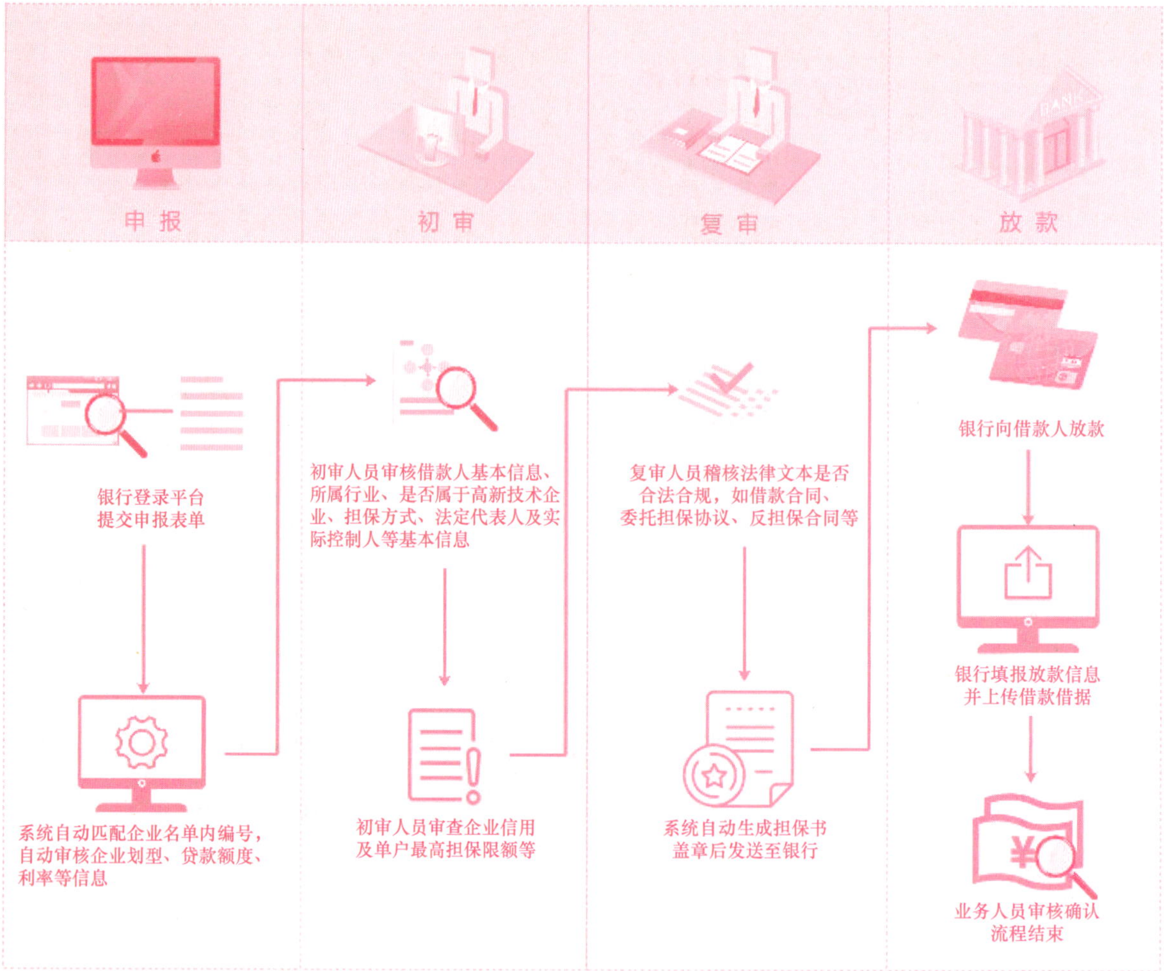

图4-1 稳企稳岗基金专项业务平台操作流程

资料来源:研究了50家企业的数字化转型案例,总结出这9条发现——"2020中国数字化转型与创新评选"深度洞察[EB/OL]. 锦囊专家数字经济智库平台,2021-03-11.(有改动)

4.1 金融机构数字化转型概述

金融机构数字化转型具有深远的意义和关键作用,这是当今金融业发展的必然趋势。它不仅能显著提升金融服务的效率与质量,还能为实体经济发展注入强劲动力。相较于一般企业,金融机构的数字化转型具有特殊的背景、特征,并承担着更为特殊的使命,这决定了其转型之路的独特性和复杂性。然而,广大中小金融机构在数字化转型中面临着技术、资金、人才等多重挑战,转型之路并不平坦。为此,传统金融机构应积极寻求与互联网平台或金融科技公司的合作,这一路径不仅能够加速数字化转型进程,还能有效应对转型中遇到的难点和挑战,为金融业的未来发展开辟新篇章。

4.1.1 金融机构数字化转型的概念、意义和作用

金融机构数字化转型作为数字化转型的一个重要分支,清晰地界定了其在广泛数字化转型领域中的独特位置,这一过程不仅是技术层面的革新,更是目标与手段的高度统一,旨在通过一系列先进的技术应用和流程优化等手段,实现既定的战略目标。更重要的是,数字化转型的内涵远不止信息系统的升级,它还涉及业务模式的重塑、组织结构的调整及管理机制的创新等多个层面,体现了全面而系统的转型升级。最终,这种转型的成效将直接体现在对服务对象的优化服务,以及价值创造的显著提升上,不仅为金融机构的持续发展注入了新的活力,同时也为衡量转型的成功与否提供了明确的标准。

4.1.1.1 数字化转型概述

数字化转型是数字经济的一个阶段性概念,它是指将前沿数字技术整合到商业和业务的所有领域,从根本上改变运营方式和为客户提供价值的方式。它可以细分为信息数字化、流程数字化和业务数字化3个层次①。数字化转型的含义和层次如图4-2所示。

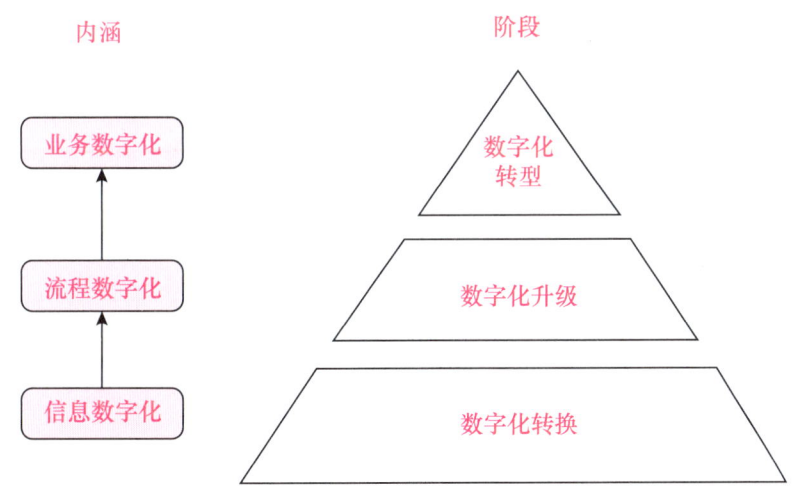

图 4-2 数字化转型的含义和层次

---

① 陈劲,杨文池,于飞.数字化转型中的生态协同创新战略——基于华为企业业务集团(EBG)中国区的战略研讨[J].清华管理评论,2019(6):22-26.

信息数字化是基础，它实现了信息从纸质或模拟形式向数字形式的转变，使得信息的存储、检索和处理变得更加高效和便捷。流程数字化则更进一步，它利用数字技术优化和重塑企业的业务流程，提升工作协同效率和资源利用效率。例如，企业资源计划（Enterprise Resource Planning，ERP）系统、客户关系管理（Customer Relationship Management，CRM）系统和供应链管理（Supply Chain Management，SCM）系统等，都是流程数字化的典型应用。它们通过数字化手段实现了工作流程的自动化和智能化，显著提升了企业的运营效率。

然而，流程数字化并不等同于数字化转型。真正的数字化转型更侧重实现业务的数字化和商业模式的变化。它不仅是对现有流程的优化和升级，更是对企业整体业务模式的深刻重构。在数字化转型的过程中，企业需要借助数字技术探索新的商业模式和收入来源，以应对日益激烈的市场竞争和不断变化的客户需求。这种转型不仅是技术层面的革新，更是企业战略思维和市场定位的根本性变化。

数字化转型的本质，是新一代信息技术驱动下的一场业务、管理和商业模式的深度变革重构。在这场变革中，技术是支点，业务是内核，效能是目标。企业需要充分利用大数据、云计算、物联网、人工智能等新一代信息技术，推动核心业务与信息技术的深度融合，从而激发数据要素的创新驱动潜能，塑造数字时代的生存和发展能力。通过开发数字化产品和服务来优化客户体验，企业可以为自身创造超额价值，从而在激烈的市场竞争中脱颖而出。

从实践层面看，数字化转型的成功并非一蹴而就，它要求企业重新对其业务进行系统性定义，且不仅是对传统信息系统的升级，更是对组织活动、流程、业务模式和员工能力各个重要方面的重新定义和规划。成功实现数字化转型的企业，通常具备一些共同的突出特征。例如，它们能够基于数据进行内外部交互，对于外部环境的数据变动能够做出敏捷反应；同时，它们的决策和考核也基于客观的数据，数据成为企业行为的主要依据。

数字化转型针对不同的行业、不同的企业有不同的方式，但就其共性而言，数字化转型的方式可以归纳为转换、融合和重构三类。①转换是指利用新一代信息通信技术，将企业业务、生产、运营、管理等各个环节实现实时的数据采集和转换，使之成为计算机可读取、可存储、可计算的数据、信息和知识。②融合是通过信息网络和数据管理技术，实现企业内部数据的互通互联，让全方位、全过程的数据能够实时流动与共享，实现信息技术与业务管理的有机结合。③重构则是以业务数据为核心，以企业的数字化、网络化、智能化建设为基础，建立能适应数字经济环境下企业生存和发展的新一代IT架构，加快对企业传统业态下的组织、系统、设计、研发、生产、运营、管理、商业等各个环节的变革与重塑。

4.1.1.2　金融机构数字化转型的内涵

金融机构数字化转型是指以数据为依据，以技术为手段，以客户体验为中心，在开放互联、数据智能的框架下，实现多方面改进的深刻变革。这一转型不只局限于技术层面的革新，更是业务、组织、机制、技术等综合方面的转型升级。

转型的核心在于，数字化是手段，转型是目的。通过数字化手段，金融机构能够重塑业务流程，提升运营效率，优化客户体验，最终实现金融服务成本与收益结构的变化，特别是金融资源要素禀赋相对价格的变动，以及数字化业务营收占比的不断提升。而这一切努力的终极目标是为各利益相关者创造价值，提高服务实体经济的效率和质量，推动金融行业的可持续发展。

4.1.1.3 金融机构数字化转型的意义和作用

1. 数字化转型是数据要素化的内在要求

在数字经济时代，数据已成为新的生产要素，其价值不可估量。金融机构通过数字化转型，能够改变传统的数据运作方式，将数据优势转化为可利用的生产要素。这要求金融机构加强数据治理，提升数据分析能力，将数据视为企业的核心资产，从而推动业务营运的可持续增长与创新能力的提升。

数据治理与分析在数字化转型中占据核心地位。通过构建完善的数据治理体系，金融机构能够确保数据的准确性、完整性和安全性，为数据分析奠定坚实的基础。数据分析则能够挖掘数据的潜在价值，为业务决策提供科学依据，推动金融机构在市场竞争中占据先机。

2. 数字技术提升金融机构运行效率和质量

随着5G、大数据、云计算、人工智能、区块链等技术的成熟和普及，金融机构迎来了数字化转型的新时代。这些技术为金融机构提供了强大的技术支持，使其能够构建更加高效、智能的金融服务体系。

客户需求的变化是推动金融机构数字化转型的重要动力。消费端（C端）和客户端（B端）对数字化服务的需求日益增加，金融机构通过数字化转型，能够提供更加便捷、高效的金融服务，满足客户的多样化需求。同时，数字技术还能够提升金融机构的风险管理能力，确保金融服务的稳健运行。

3. 经营环境与竞争环境的变化加大转型压力

当前全球经济衰退，金融机构面临盈利资产稀缺的问题。为了应对这一挑战，金融机构必须加快数字化转型步伐，提升运营效率和服务质量，以降低成本、增加收入。

此外，金融机构同业和跨界之间的竞争日益激烈，特别是来自数字科技巨头的竞争压力。这些竞争对手凭借先进的技术和创新的业务模式，对传统金融机构构成了巨大威胁。因此，金融机构必须拥抱数字化，提升竞争力，才能在激烈的市场竞争中立于不败之地。

4. 数字化转型支持实体经济发展与推广普惠金融

金融机构通过数字化转型，能够更好地利用数字技术捕捉市场需求，增加和完善金融产品供给。这有助于满足实体经济多样化的金融需求，推动经济的高质量发展。

同时，数字化转型还能够形成金融服务和防范风险的科技支撑。通过构建智能化的风险管理体系，金融机构能够实时监测和预警潜在风险，确保金融服务的稳健运行。此外，金融机构还可以利用数字技术降低服务门槛和成本，推动普惠金融的发展，为更多的小微企业和个人提供便捷、高效的金融服务。

5. 满足数字时代客户需求的变化

在数字时代，客户对金融服务的需求发生了深刻变化，他们更加注重服务的便捷性、个性化和互动性。因此，金融机构必须通过数字化转型，提升服务质量和效率，以满足客户的多样化需求。

为了应对客户需求的变化，金融机构需要从内部数据化转向外部数据化，实现渠道的融合。通过与外部渠道的合作，金融机构能够拓展服务范围，提升服务品质。同时，金融机构还需要加强数据分析能力，精准把握客户需求，为客户提供差异化的金融服务。

由此看来，金融机构数字化转型是数字要素化的必然选择，是提升管理、改善服务的内在要求，是应对环境变化的必然反应。通过数字化转型，金融机构能够重塑业务流程，提升运营效率，优化客户体验，降低服务成本，从而增强竞争力，提升服务实体经济的效率和质量。面对多元化、个性化和互动化的客户需求，金融机构需要以数字化为手段，提高金融精准服务、便捷服务、智能服务水平。通过加强数据治理、提升数据分析能力、构建智能化的风险管理体系等措施，金融机构能够为客户提供更加优质、高效的金融服务，提升客户获得感和满意度。

4.1.2　金融机构数字化转型的原则

金融机构相较一般企业具有独特的行业特征，包括轻资产运营、规模数据处理、高架构复杂度、严格监管要求、高度安全性需求、高业务复杂度，以及显著的外部效应等。随着金融监管环境的持续优化，监管部门对金融IT系统的建设和运维标准日益严格。这些特性要求金融机构在推进数字化转型时，既要积极拥抱变革，又要确保转型过程的稳妥性，力求以最小的成本实现最优的帕累托效率改进。金融机构的数字化转型应遵循以下原则：

1. 总体规划，明确愿景

金融机构的数字化转型战略需明确转型的长期愿景，强调以人为本的洞察力和敏捷性。战略规划应科学严谨，注重顶层设计，为转型奠定坚实基础，并推动数字金融场景的实际应用。按照数字化转型的"新蓝图"，构建金融机构的"数字新基建"，赋予金融业务新的内涵，重塑智能化、数字化的金融机构发展新生态。

2. 以数据为核心，激发要素活力

金融机构作为数据密集型企业，在日常运营中积累了大量数据。数据的规模化积累为其带来了巨大的潜力。数字化转型应以数据为依托，激发数据要素的活力，为客户和金融机构创造更大的价值。通过数据的正确应用提升服务效率，包括金融基础设施等新基建在内的技术应用，将对传统金融机构的数字化转型升级起到积极作用。

扩展阅读

数据孤岛

金融业都会面临全局数据治理的问题。因为金融机构的数据是离散的，分布在多个信息系统内部，形成人们经常说的"数据孤岛"。这是金融行业数据治理首先面临的课题，而不少机构还沿用传统的数据管理方式。

就银行内部来说，数字化转型首先开始于信息科技部门。组织内部的业务部门和职能部门，一般形成垂直与横向交叉的矩阵式架构，以业务为中心，而职能部门从业务单元抽离出来形成横向管控和支撑。于是，我们提出了横跨信息科技部门和业务部门的数据管理职能，类似许多管理矩阵中存在的大量虚线汇报关系的虚拟组织，某些公司的数据管理职能存在虚拟化或者缺失。科技部门有数据库管理员却没有"数据管理员"，这个现象和"数据孤岛"互相作用，形成一个死循环。上述现象被视为金融数据治理的障碍，对此应做好顶层设计。数字化转型前的金融科技部门，有应用（App）开发者、系统管理员、数据库管理员……这些职能和角色都是基于"显性"IT资产——应用软件、硬件设备、系统软件而设立的。这些"前数字化"职能如何面对数字化时代的企业数据资产——生产和交易信息、客户与合作伙伴信息、资产和位置信息、代码、知识、算

法、模型……离开了数据企业就无法生存，也就是说，数字化时代的金融及金融科技企业的顶层设计应该转向以数据为中心。

资料来源：张兵. 提升数据管理能力是数字化转型根本［J］. 中国金融，2020（9）.（有改动）

3. 以技术为手段，优化IT架构

金融机构的IT架构起步较早，性能先进，但集中式架构在面对分布式、云原生、中台及区块链等新兴技术时，则显露出局限性和不足。因此，数字化转型需从业务需求出发，冲破架构、设备、运维和管理等层面的束缚，构建安全、可靠、灵活、简单且成本优化的新IT架构，以支撑业务的持续发展。

4. 客户体验至上，整合业务资源

在竞争激烈的市场环境中，客户体验是金融机构获取市场份额的关键。金融机构需要以客户为中心，整合业务和产品的资源，打破原有的流程、部门、产品壁垒。通过敏捷型组织和开放型组织的建立，提升服务效率和客户满意度。

5. 开放互联，数据共享与流程重塑

数字经济时代，金融机构需朝着开放互联模式发展，更加便捷高效地与企业、商家、个人进行资产连接与交换。同时，通过打造数字化平台，实现机构内部及外部的数据共享与流程重塑，提升内部协同效率和外部生态优化。

6. 强化风控与数据治理，构建服务场景

金融机构在数字化转型过程中，需加强风控平台建设，构建数字化风控体系，并制定系统化的数据治理制度、流程和方法。同时，基于场景创新的金融服务将不断演进，金融机构需构建多样化的服务场景，提升交易流量和服务黏性，扩大金融服务的覆盖面和影响力。

7. 承担社会责任，重构金融文化

金融机构在数字化转型过程中，还需承担独特的社会责任。增强金融机构的社会责任感，是数字化时代重构金融机构文化的核心内容。积极的社会责任文化有助于确保科技向善，避免在数字化趋势下出现技术向恶的情况。

总之，金融机构的数字化转型是对原有IT架构、数据治理、业务流程和组织体系进行全面升级适配的过程。通过转型，大多数传统金融机构将演变成数据驱动型服务企业，这是金融机构数字化转型的必然过程和目标归宿。

4.1.3 金融机构数字化转型的主要内容

金融机构数字化转型是一项系统工程，其核心在于通过技术创新和模式变革，重塑金融服务流程和客户体验。这一转型过程主要包括创建新连接、强化数据智能管理与应用能力、发展新型技术架构，以及发展新型组织架构4个方面。

4.1.3.1 创建新连接

在数字经济时代，连接已成为资源与优势的关键所在。传统金融机构在支付、消费金融等领域的边缘化，很大程度上是因为在连接方面的不足。面对客户需求的变化和外部竞争的加剧，金融机构需要围绕客户建立新型连接方式，以实现全面覆盖和高频互动交易。

1. 场景连接

金融机构应侧重建设分支机构、本地社区、商圈等生活场景，以及自身具备优势的产业场景和政务场景，通过"数字科技+社区化+网格化"模式，建立网点周边生态，为客户提供便利的一体化服务。

2. 社交生态连接

随着客户移动化和社交化行为的日益巩固，金融机构需要重视连接客户与社交生态，通过直播、小程序、社群、公众号等社交媒体，形成获客、活客、转化、服务等环节闭环。

3. 内部经营要素连接

金融机构应围绕客户全生命周期，借助数字化手段，仔细分析客户需求，通过制定科学的综合经营策略，实现内部各经营要素与客户需求的精准匹配和高效连接，为客户提供个性化的产品服务与体验。

4.1.3.2 强化数据智能管理与应用能力

在数字时代，数据已成为金融机构的重要资产。强化数据资产化管理及提升数据场景化应用，是金融机构必须应对的两个课题。

1. 数据资产化管理

金融机构需要建立数据治理长效机制，转变内部数据的共享服务模式，引入并整合外部多生态数据，从"质"和"量"两方面为机构的数据智能建设提供基础保障。具体包括数据治理、数据共享与数据整合。①数据治理。分阶段、有重点，以应用为驱动迭代推动并完善数据治理体系。②数据共享。通过数据中台打通数据孤岛，实现业务数据化和共享化。③数据整合。引入外部数据并与内部数据整合，形成可深挖、有价值的有效数据。

2. 数据场景化应用

金融机构应通过数字化场景丰富体验模式，打造基于业务场景的数据产品，实现数据价值赋能。数据场景化主要体现在智能营销、产品创新与智能运营等领域。在成功将数据转化为资产管理的基础上，金融机构能够构建数据智能服务系统，该系统集数据集中、平台搭建、服务提供及场景化运营于一体，旨在满足业务用户对于数据即时访问、便捷查询及灵活应用的基本需求。此外，这一系统还为数字化风控、营销、运营及决策等高级应用提供了强大的数据智能技术支持。

4.1.3.3 发展新型技术架构

在数字化转型的浪潮中，构建可持续发展的基础架构是确保金融机构能够顺利推进转型的关键所在。现代金融机构不仅需要面对技术更新迭代带来的挑战，还需要应对快速变化的市场需求、提升客户体验，以及满足日益严格的金融监管要求。因此，开发一个现代化、开放且模块化的基础技术架构成为金融机构的首要任务。然而，这一转型过程往往与金融机构传统的信息系统架构产生冲突，要求企业在不确定性和复杂性中寻找新的平衡点。

传统上，金融机构的信息系统架构以线下、单体、大集中为主，这种架构在过去满足了金融机构的基本业务需求。然而，在数字时代，这种架构难以适应快速创新、以客户为中心、移动优先，以及不断变化的金融监管要求。金融机构需要一种能够支持持续迭代、横向扩展、模式调整、敏捷交付和监管合规的新型架构，以应对当前和未来的挑战。

1. 双模架构的提出

鉴于传统信息系统转型所面临的技术和成本制约，金融机构可以采取"双模架构"作为过渡方案。双模架构是指金融机构在保留传统IT架构的同时，平行引入新架构。传统IT架构，如IOE（IBM、Oracle、EMC）系统架构，在大型金融企业中占据主导地位，被视为"黄金架构"。然而，随着开放式应用的兴起，金融机构需要一种新型架构来支持网上银行、小微金融、电商等新型业务。

双模架构允许金融机构在保持传统架构稳定的同时，快速构建基于开放、分布式技术的新型架构。这种新型架构能够更好地支撑新一代应用的快速拓展，提升客户体验，降低单位账户总体运维成本。同时，它还能支持新一代数据平台的建设，使金融机构能够快速重构数据平面，如大数据、数据湖、数据工厂等，以支持各种创新业务的快速开发和部署。

2. 新型T架构

新型T架构，即分布式架构，以其快速横向扩展的能力，成为支撑非线性/巨大交易量的理想选择。与传统的IOE系统架构相比，分布式架构采用廉价的x86硬件和各种开放分布式技术，如MySQL数据库、Hadoop等，易于横向扩展。例如，微众银行提出的XML架构就是一种典型的分布式架构。

尽管传统架构在短期内仍会保留，但新型架构已成为不可逆转的趋势。随着金融机构对新型技术架构的逐步接受和应用，双模架构将逐渐向以云计算为基础的分布式架构过渡。

扩展阅读

x86、MySQL、Hapdoop 与 XML

1. x86[①]

x86服务器又称CISC（复杂指令集）架构服务器，它是基于PC机体系结构，使用英特尔或其他兼容x86指令集的处理器芯片和Windows操作系统的服务器。其特点是价格低廉、兼容性好，但稳定性较差，安全性不算太高，主要应用于中小企业和非关键业务中。

2. MySQL[②]

MySQL是当前最热门的关系型数据库系统，在Web应用方面也是目前最佳的关系数据库管理系统（Relational Database Management System,RDBMS）应用之一。MySQL由瑞典MySQLAB公司开发，目前属于Oracle集团。MySQL作为一个关系型数据库系统，它使用不同的表来实现数据的存储，而不是直接将全部数据存储到大仓库里，这既加快了速度，也提高了灵活性。

3. Hadoop[③]

Hadoop是一个由Apache基金会开发的分布式系统基础架构，是一个存储系统加计算框架的软件框架。其主要功能有海量数据存储、资源管理调度与分配、分布式计算等，具有高可靠性、高扩展性、高效性、高容错性等特点。

4. XML[④]

XML可扩展标记语言是标准通用标记语言的子集，是一种被用于标记电子文件使其具有结

[①] 张鹏.x86服务器挺进关键业务领域——大规模系统迁移呼之欲出[J].通信世界,2011(14):38.
[②] 朱宵,邸心旭,张岩,等.面向数据库配置优化的反事实解释方法[J].软件学报,2024,35(9):4469-4492.
[③] 王义军,陈旭,张志斌,等.基于数字孪生的桥式起重机智能健康管理系统设计[J].机械设计,2024,41(S2):61-65.
[④] 汤喆,张洛渭,石照耀.基于Javaweb的齿轮双啮测量数据云处理系统部署及实现[J].光学精密工程,2021,29(6):1387-1396.

构型的标记语言。XML 可以定义数据类型、设定数据规则，具有网络传输中的可扩展性及跨平台性等优点，被广泛应用于网络数据交互。

资料来源：作者根据相关资料整理编写。

3. 架构转型的路径

技术架构转型是一个复杂而漫长的过程，需要金融机构在双模架构的基础上逐步推进。架构转型的主要路径如下：

（1）构建适应业务需求的共享能力平台。共享能力平台是数字化转型下新业务模式和数字运营的高效支撑。金融机构应以"数据中台先行、业务中台试点"为总体原则，推进系统架构中台化转型。中台化是指将组织内的业务、数据、技术进行标准化、原子化和服务化的过程。通过合理建设中台，金融机构可以减少重复开发及系统竖井，降低研发和试错成本，提高开发和创新的效率，加快市场响应速度。中台建设包括数据中台、移动中台、智能中台和业务中台。数据中台可以大幅提升银行的核心数据能力，支持前台的定制化创新及业务中台基于数据反馈的持续迭代。移动中台基于统一移动开发平台，简化移动金融服务的开发过程。智能中台以算法和模型为核心，对前端应用场景进行赋能。业务中台则灵活适配多场景、多渠道，将后端可复用的业务资源能力转化到前台。

（2）采用敏捷迭代的高效技术架构。核心系统转型是打造中台化、分布式的新一代智能化系统平台的关键。金融机构应积极开展新一代核心系统建设，以分布式架构逐步替代集中式架构。这一转型过程需要循序渐进，稳步推进。对于相对稳定且性能仍具备一定冗余的业务核心系统，可以在一段时间内仍以现有核心系统支撑为主；对交易并发量大且架构和性能面临瓶颈的核心系统，则可以逐步采用分布式核心系统提供支撑。

（3）迈入"多云"时代。随着云原生、微服务等技术的不断发展，数字科技企业已经将这些技术嵌入底层架构中。未来，金融机构的云计算中心将呈多云化趋势，以满足内外双向服务需求。对内，私有云为内部用户提供生产云、灾备云、办公云、桌面云、集团云等服务；对外，与公有云合作为外部用户提供行业云、金融云等服务。实施多云战略时，金融机构首先需要构建私有云环境，将本地工作流迁移到安全合规且完全拥有的技术框架中。其次，在公有云上开展运营有助于降低运营成本，更好地接触外部生态系统。采用开放式混合多云方法时，目标是让每一种云环境都能处理其最擅长的工作，让每个工作负载都处于合适的位置，从而降低风险，提高敏捷性。在实施多云战略时，金融机构需要全面审视自己的业务及应用系统，制定详细的分类、分阶段的"上云"策略和路线图。将适合云化部署且准备比较充分的业务系统或应用服务置于首选地位，确保"上云"的收益最大化和成本最小化。

 扩展阅读

云原生架构

1. 云原生架构的定义

云原生架构是一种设计和部署应用程序的方法，旨在充分利用云计算和云原生技术。云原生计算基金会（Cloud Native Computing Foundation，CNCF）对云原生的定义：云原生技术有利于各组织在公有云、私有云和混合云等新型动态环境中，构建和运行可弹性扩展的应用。

2. 云原生架构的特点

一是弹性和可伸缩性。容器化和微服务架构使应用程序可以根据需求进行弹性扩展，从而实现更高的可伸缩性。

二是高可用性和可靠性。微服务的独立部署和自动化运维可以减少单点故障，提高应用程序的可用性和可靠性。

三是灵活性和快速迭代。云原生应用程序可以更容易地进行快速迭代和更新，从而更好地适应不断变化的需求。

四是跨平台和云提供商无关性。容器化和云原生技术标准化程度高，云服务具备跨平台能力，能有效避免对单一云提供商的依赖风险。

3. 云原生架构的关键技术

一是容器化技术。容器化技术是云原生架构的基础。容器是一种轻量级、可移植的应用程序打包方式，包括应用程序本身和其所有依赖项。常见的容器技术包括 Docker 和容器编排工具如 Kubemnetes(简称 K8s)。容器化技术可以实现开发、测试和生产环境的一致性，简化了应用程序的部署和维护。

二是微服务架构。微服务架构是云原生架构的另一个核心组成部分，将应用程序拆分成小的、独立的微服务，每个微服务都有自己的数据存储和通信机制。微服务之间通过 API 进行通信，可以独立部署和扩展。这种架构使团队可以独立开发和维护各个微服务，从而提高开发速度和可维护性。

三是自动化运维。自动化运维是云原生架构的关键要素之一。通过自动化工具和流程，可以实现容器的自动部署、监控和扩展。自动化还包括持续集成和持续交付(CI/CD)，以实现快速的应用程序交付和更新。自动化运维可以降低运维成本，提高可靠性，并减少人为错误。

四是声明式编排。声明式编排是指使用声明式配置描述应用程序或基础设施的期望状态，而不是通过编写详细的操作步骤来达到该状态。在 K8s 中，声明式编排是一种被广泛采用的方法，用于定义和管理容器化应用程序的部署、配置和运行。

资料来源：梁杨，赵商红，张向阳，等. 基于云原生架构技术探索及应用实践 [J]. 电信工程技术与标准化，2024（11）.（有改动）

4.1.3.4. 发展新型组织架构

在数字化时代背景下，客户需求的个性化与多样性日益凸显，这对金融机构把握市场脉搏、抢占市场先机，以及实现高效分工与运营提出了前所未有的挑战。然而，金融机构传统的固态组织结构与集权管理模式，因缺乏灵活性和响应速度慢，已难以适应外部环境的快速变化。因此，组织架构的深刻变革成为推动金融机构成功实现数字化转型的关键所在。为实现这一变革，金融机构应着重从企业数字化文化建设、数字化人才培养及敏捷型组织构建三方面入手。

（1）培育"数字化为先"的企业文化。在数字化转型的过程中，金融机构首先要在内部树立起"数字化为先"的企业文化，以使全员达成共识。这一文化共识的塑造，旨在提升全体员工对数字化文化的认同感和归属感，确保他们深刻理解和认同企业的整体数字化战略。通过广泛宣传、内部培训及数字化项目的实践参与，金融机构可以逐步将数字化理念融入日常工作中，形成一股推动数字化转型的强大合力。

（2）培养复合型、知识型和创新型数字化人才。人才是金融机构数字化转型的核心驱动力。为适应数字化时代的需求，金融机构必须注重培养复合型、知识型和创新型的数字化人才。这要求金融机构不仅要提供数字化能力培训，帮助员工掌握最新的数字化技术和工具，还要通过实务培训等方式，提升员工对业务知识的理解和应用能力。通过构建专业化、扁平化、柔性化和网络化的数字化人才队伍，金融机构可以确保在数字化转型过程中拥有足够的人才储备，以应对各种挑战和机遇。具体而言，金融机构可以采取以下措施培养数字化人才：①加强内部培训。定期举办数字化技术和业务知识培训课程，提升员工的数字化素养和业务水平。②引入外部专家。邀请数字化领域的专家举办讲座和交流会，为员工提供学习和借鉴的机会。③实践锻炼。鼓励员工参与数字化项目的实践工作，通过实际操作积累经验并提升能力。④建立激励机制。设立数字化人才奖励制度，对在数字化转型中表现突出的员工进行表彰和奖励，以激发员工的积极性和创造力。通过上述措施的实施，金融机构可以逐步构建起一支适应数字化时代需求的数字化人才队伍，为数字化转型提供有力的人才保障。

（3）构建敏捷型组织。在数字化时代，速度往往决定成败，因此金融机构需要构建一种敏捷型的组织模式，以适应快速变化的市场环境。敏捷型组织强调以客户为中心、快速响应市场变化及持续创新。通过打破传统的部门壁垒和流程束缚，金融机构可以实现资源的灵活配置和高效利用，从而提升整体运营效率和客户满意度。构建敏捷型组织，需要金融机构从以下几个方面入手：①优化组织结构。简化管理层级，缩短决策链条，提高组织的灵活性和响应速度。②强化跨部门协作。建立跨部门的协作机制，促进信息共享和资源整合，提升整体协同作战能力。③鼓励创新文化。营造一种鼓励创新、容忍失败的文化氛围，激发员工的创新热情和创造力。④引入敏捷方法论。借鉴敏捷软件开发等先进方法论，优化项目管理流程，提高项目交付效率和质量。

4.2 中国金融机构数字化转型的实践

4.2.1 中国银行业数字化转型实践

当前，我国商业银行体系的结构多元化，主要由大型国有商业银行、全国性股份制商业银行、城市商业银行及超过千家的中小银行共同构成。尽管相比国外商业银行，我国在这一领域的起步较晚，但其发展速度相当迅猛。

根据各商业银行公司的年报，可以了解我国商业银行在科技投入方面的概况，其中国有商业银行与股份制商业银行在科技领域的资金投入尤为显著。2022年，国有商业银行的科技投入总额高达1165.49亿元，所有国有商业银行的科技投入均超过100亿元，其中以工商银行为首。股份制商业银行的科技投入总额则达到647.68亿元，以招商银行为首，其金融科技投入是唯一超过100亿元的银行。

然而，当前中小银行的金融科技投入存在明显的分化现象。一方面，披露该数据的中小银行数量有所减少；另一方面，这些银行的投入金额与大型国有商业银行相比，存在显著的差距，量级远远不及。这一现象不仅反映了我国商业银行在数字化转型过程中的不均衡性，也揭示了不同类型商业银行在这一转型浪潮中的分化趋势日益加剧。探究其根源，不同商业银行的资源禀赋差异是导致其数字化转型路径分化的关键因素。

如图 4-3 所示，大型商业银行（包括大型国有商业银行和全国性股份制商业银行）凭借其丰富的资源优势，能够全方位、全链路推进数字化转型，展现出强大的转型动力和广阔的转型前景。相比之下，城市商业银行则依托其独特的地缘优势，专注发展具有地方特色的数字化业务，以差异化竞争策略在市场中占得一席之地。而农村商业银行受限于人才短缺和技术瓶颈，将发展普惠金融作为切入点，致力于通过数字化转型助力乡村振兴，实现社会责任与经济效益的双赢。

图 4-3 不同类型商业银行的数字化转型

1. 大型商业银行——侧重布局，加大投入

大型商业银行作为金融行业的领航者，其在数字化转型上的布局与投入堪称典范。凭借起步早、科技实力强、资金充足等优势，大型商业银行在数字化转型战略上展现出了全面性和前瞻性，通过规模效应占得了市场先机（见表 4-1）。这些银行不仅致力于提升金融服务效率，还积极探索创新业务模式，力求在数字化浪潮中保持领先地位。

表 4-1 大型商业银行的数字化转型维度、措施及案例

维度	措施	案例
战略规划	始终紧跟国家数字化布局，通过打造平台和生态圈谋求长远发展，同时注重与自身特色相结合	建设银行致力于科技赋能 G 端（政府端）政府用户，已经与近 30 个省级政府建立合作关系；邮政储蓄银行和农业银行则更加深耕农村县域服务
组织架构	形成金融科技组织架构，探索扁平化、敏捷型的管理体系；建立金融科技子公司，打破业务部门与科技后台之间的壁垒	中国银行设置科技金融委员会，交通银行设置金融科技部/数字化转型办公室，并且已有 5 家国有商业银行、9 家股份制商业银行成立了金融科技子公司，以协同母行的数字化战略，其中建设银行旗下的建信金科注册资本金高达 16 亿元
机构业务	数字化渠道已经围绕数字政务、数字普惠、数字供应链等重要产业，将场景阵地从 C 端（消费端）个人用户不断扩展至 B 端（企业端）机构用户、G 端（政府端）政府用户	工商银行推出的"工银聚富通"可以同时面向政务平台、产业平台、消费平台，其规模之大、业务场景覆盖之全面，在全球商业银行中首屈一指
技术迭代	通常自己主导建立开放平台，培养具有自研能力的科技人才，整合行业内数据资源，在金融云、数仓、数智平台上颇有建树	工商银行全栈自主创新的云服务供给、招商银行的智能投研平台"财富 Alpha+"、浦发银行的产业数字金融 SaaS（Software-as-a-Service，软件即服务）平台等

然而，尽管大型商业银行在数字化转型上取得了显著进展，但仍面临着一系列核心问题，首要问题是运行机制不畅。这主要体现在行政层级较为僵化，难以灵活应对市场变化，实现"敏捷银行"的目标。此外，不同部门间业务重叠现象严重，导致资源浪费和效率低下。数据"孤岛"问题也亟待解决，各部门间数据共享不畅，严重制约了数据分析和决策能力的提升。更为关键的是，缺乏市场化的激励机制成为制约大型商业银行数字化转型的又一瓶颈。这不仅影响了员工的积极性和创新能力，也阻碍了银行在数字化时代下的竞争力提升。

2. 城市商业银行——侧重细分，以质取胜

相较大型商业银行的雄厚实力与农村商业银行的本土优势，城市商业银行处于市场的"夹层"地带，面临着资金、产品、人才等多方面的挑战。然而，正是这些挑战促使城市商业银行更加注重细分市场，以质量为核心竞争力，探索出一条差异化的发展道路。

在渠道建设方面，受限于平台开发能力，城市商业银行主要聚焦手机银行和网上银行的建设，其他线上渠道仍处于探索阶段。在业务技术方面，城市商业银行通常采用外包技术或与头部银行合作的方式，特别是在零售和小微业务上，科技投入相对较高。在组织架构方面，多数城市商业银行设立了独立的科技部门，而部分头部城市商业银行（如北京银行、上海银行等）则有能力成立全资金融科技子公司，进一步推动数字化转型。从科技投入看，大部分城市商业银行保持了每年约10%的增速。以北京银行和上海银行为例，两家银行在2022年的科技投入规模分别达到24.52亿元和21.32亿元，同比分别增长5.72%和15.06%[②]。这些投入不仅增强了银行的科技实力，更为其找到了新的业务增长点和提升经营效率的突破口。

城市商业银行依托地缘优势，对所属区域内的企业、零售客户有着深入的了解。这种优势使它们能够精准定位市场需求，找到适合自身发展的业务领域（见表4-2）。

表4-2　不同城市商业银行的科技建设与金融服务创新举措

银行名称	科技建设与金融服务创新举措
北京银行	持续投入科技建设，确立了十大"京匠工程"，与中国科学院自动化研究所、中科闻歌等第三方机构签署战略合作协议，引进外部科技成果
上海银行	依托自贸分账核算单元等跨境平台，打造了针对境外人士入境、贸易新业态、跨境清算渠道、国际结算和外贸普惠业务五个方面的数字金融服务新体系
杭州银行	以亚运会、数字人民币试点城市落地为契机，深入推进"数智杭银"建设，打造"六通六引擎"核心产品服务（政务通、城融通、外汇金引擎等），并打造了杭州首家"零碳"银行网点
中原银行	践行"上网下乡"战略，推进渠道下沉和农村金融的数字化，在河南建设了5000家惠农服务站，围绕农村居民生活场景提供缴费充值、快递收发、净水机安装等服务
青岛银行	创新"接口银行"战略，对接公司客户、三方平台和其他金融机构，主动开发本地缴费、交通、医院、园区支付、核心企业和资产管理六大接口平台

然而，对于许多规模小、业务单一的城市商业银行而言，数字化转型仍面临较大困境。这些银行虽然决策链条短、业务量级小且稳定，但这也为它们加速细分领域技术落地提供了有利条件。未

---

① 中国货币网.北京银行股份有限公司2022年度报告[R/OL].https://www.chinamoney.com.cn/chinese/cwbg/20230410/2592097.html.

② 上海银行.上海银行股份有限公司2022年度报告[R/OL].https://www.bosc.cn/zh/jrsh/tzzgx/dqbg/202304/P020230428689718414602.pdf.

来，建立省级层面服务中小城市商业银行的金融科技公司，将成为这些银行数字化转型的重要突破口。通过省级金融科技公司的平台效应和资源共享，城市商业银行可以更加高效地推进数字化转型，提升服务质量，实现可持续发展。

3. 农村商业银行——侧重客户，赋能普惠

在我国金融体系中，农村商业银行作为服务"三农"和小微企业的重要力量，扮演着不可或缺的角色。目前，全国农村中小银行数量超过3000家[1]，占比显著，与中小企业之间存在着相容性，展现出数字普惠的鲜明特点。然而，受物理网点布局、人力成本高昂及风险管理对抵（质）押物过度依赖等因素的制约，农村商业银行在扩大农村金融服务覆盖范围方面面临重重挑战。因此，数字化转型成为其破解信息不可得、信息不对称、信息不会用等难题的必由之路。

尽管数字化转型对农村商业银行而言至关重要，但许多机构在数字化人才、资金、业务资源等方面的投入并不稳定，甚至在一些尾部地区，农村中小银行尚未建立起基本的数字基础设施。这一现状严重制约了其数字化转型的步伐和效果。为了破解这一难题，农村信用社省（自治区、直辖市）联合社的大科技与农村商业银行法人之间的优势互补成为关键。通过省联社的统一规划和资源整合，可以为农村商业银行提供强有力的技术支持和资源共享，帮助其克服数字化转型过程中的种种困难。

在数字化转型的实践中，农村商业银行在场景化获客、线上化运营、数据化档案等方面均取得了初步成效。

（1）场景化获客。许多农村商业银行以"社区银行""养老金融"为切入点，通过"金融+非金融"的联合运营模式，为老年人提供定制化、便捷化的数字服务。同时，将商业银行服务嵌入当地政务、医疗、学校等生活场景中，借助B端机构用户和G端政府用户的引导，将场景客户转化为商业银行客户。例如，江南农村商业银行与村委会合作，设立智能服务点，实现现金存转、助农取款、消费结算等功能。

（2）线上化运营。农村商业银行通过搭建手机银行、微信银行等自助渠道，配合线下网点的数字化改造，加强了对"三农"领域客户的维系作用。这种线上、线下相结合的运营模式，既提升了服务效率，又增强了客户黏性。

（3）数据化档案。为了更好地服务中小微企业和个体工商户，农村商业银行建立了网格化金融服务体系。通过对各个网格单元服务范围内的客户进行专项梳理，建立数字档案，为精准营销和风险管理提供有力支持。

4. 银行业数字化转型发展趋势

银行业数字化转型当前呈现业务数字化与数字业务化"协同开放"的格局，未来，银行将逐步走向数据标准化、产品化、开放化的阶段。

在业务数字化层面，银行正加速实现内部流程、产品管理、客户服务等方面的全面数字化升级。数据成为驱动决策与创新的核心要素，银行通过大数据分析、人工智能等技术手段，深入挖掘客户需求，优化产品设计，提升运营效率。随着数据治理能力的提升，数据标准化成为必然趋势，它确保了数据的准确性、一致性和可用性，为后续的数据分析和应用奠定了坚实基础。而数字业务化则强调将数字技术转化为直接面向市场的产品或服务，推动银行业务模式的创新。银行开始探索将数据作为一种资产进行产品化运营，通过API接口、SDK工具等形式，向开发者和第三方服务提供商开放数据接口，实现数据的共享与共创。这种开放策略不仅促进了金融科技的快速发展，也

---

[1] 国家金融监督管理总局. 银行业金融机构法人名单[EB/OL]. https://www.cbirc.gov.cn.

为银行带来了新的业务增长点，如开放银行平台的建设，使得银行能够与其他行业伙伴共同开发新产品，拓宽服务边界。

在此基础上，银行业数字化转型进一步呈现出数字化生态融合的新趋势。开放不再仅仅是数据的单向流动，而是演变为行业间深度协作的桥梁。银行与电商、社交、教育、医疗等多个领域的利益相关方建立合作关系，通过场景化金融服务的嵌入，将金融服务无缝融入用户的日常生活场景中。这种融合不仅提升了金融服务的便捷性和个性化水平，也促进了金融与实体经济的深度融合，为经济发展注入了新的活力。

场景化金融服务的重要性日益凸显，它要求银行不仅要具备强大的数据处理能力，还要具备高度的灵活性和创新性，能够快速响应市场变化，满足不同场景下用户的多元化需求。银行与合作伙伴之间的协同效应，使得服务能够更精准地触达目标客户群体，提升用户体验，同时也为银行带来更广阔的市场空间和盈利机会。

4.2.2 中国证券业数字化转型

证券公司技术应用的演进可划分为三个阶段，分别是信息化、数字化与智能化（见图4-3）。

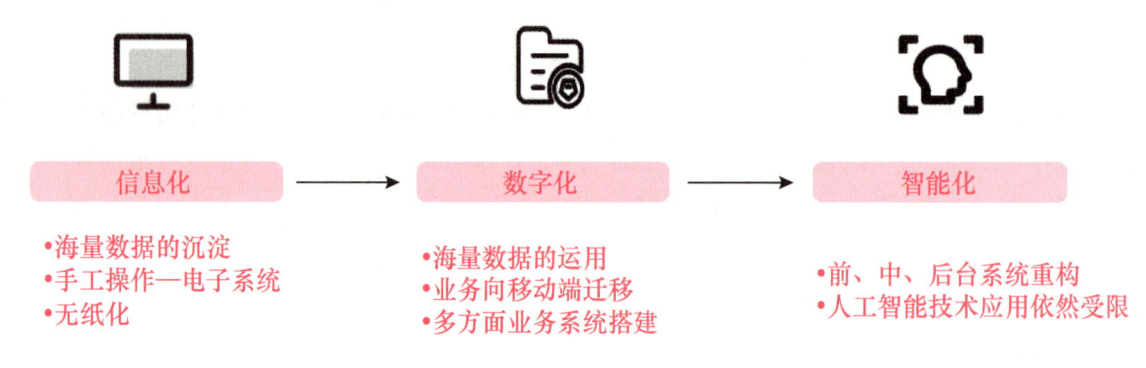

图4-4 证券公司技术应用的演进路径

在当前证券业的发展态势中，信息技术的总投入呈现出稳步上升的趋势，然而大部分证券公司的信息技术投入水平都相对较低，未能充分满足行业数字化转型的迫切需求。尤为突出的是，头部证券公司与中小证券公司之间的投入差距显著，这种不均衡的资源配置模式可能对整个行业的数字化进度造成拖缓效应。此外，头部证券公司凭借其业务资源覆盖面广、融资能力强的优势，在信息技术投入上拥有更为充裕的资金支持和更加广泛的应用场景。相比之下，中小证券公司则可能因资源有限而难以跟上这一步伐，从而在数字化竞争中处于不利地位。长此以往，这种投入差异不仅导致技术实力和服务水平的分化，还可能进一步加剧证券业内部的数字鸿沟，使得行业内部的资源分配和竞争格局出现更为显著的不均衡现象。

1. 头部证券公司——高度自研，整合资源

头部证券公司不仅重视业务系统的整体优化，同时也强调科技与业务的深度融合。通过制定全面的数字化战略，将各业务条线有机整合，形成协同发展的良好局面。这种整合不仅提升了业务效率，还促进了创新业务的不断涌现。以华泰证券、中金公司、中信建投为例，这些公司在数字化战略上均展现出了高度的前瞻性和执行力，它们各自提出了明确的数字化战略，并围绕这些战略开发

了一系列数字化产品（见表4-3）。

表4-3　部分头部证券公司的数字化成果

证券公司	数字化战略	数字化产品
华泰证券	全业务链协作、线上线下一体、境内境外联动	涨乐财富通：为投资者提供定制化财富管理方案的自研平台 融券通4.0：全流程线上证券交易平台，具备智能撮合、AI定价、券池管家3个核心技术 天天发：操作便捷、随取随用的现金管理工具
中金公司	"数字中金"投资银行+投资+研究	智能投资顾问Jinn：重视零售客户的体验，搭建"人+数字化"的复合服务模式，促进投资顾问专业化 "中国50"计划产品池：跨市场、跨区域、全方位的业务覆盖，长期进行业绩跟踪，实时监控交易数据，为客户实现资产保值
中信建投	"一站式"理财服务	蜻蜓点金App：覆盖投资、理财、炒股、基金、证券等多个业务领域的交易平台，安全程度高，信息获取速度快

值得注意的是，这些头部证券公司在数字化产品自研方面投入巨大，自研比重较高。这不仅体现了它们对技术创新的重视，也展示了它们在数字化业务领域的深厚积淀。通过自研，这些公司能够更好地掌握核心技术，实现数字化业务与传统业务的有机结合，从而为客户提供更加便捷、高效、安全的金融服务。

2. 中小证券公司——有的放矢，深耕重点

中小证券公司虽然面临资源和技术上的挑战，但通过实施有针对性的战略，依然能够在市场中占据一席之地。这类公司往往基于自身已有的客群基础和比较优势，提供差异化的定制数字服务，并在相对擅长的领域持续精耕细作。

以安信证券为例，该公司在数字化战略上采取了有的放矢的策略，持续发力线上获客领域。一方面，安信证券积极与各类大型客户流量渠道深化合作，通过共享客户资源，拓宽获客渠道；另一方面，该公司不断探索"短视频+直播"的新模式，利用新媒体的广泛影响力，将公域平台的潜在客户导流至私域自有平台，从而打造特色化品牌，吸引更多年青一代投资者使用其数字化服务。此策略不仅提升了公司的品牌知名度，还有效增强了客户黏性。

此外，一些中小证券公司还成功推出了具有代表性的数字化产品，进一步丰富了市场供给（见表4-4）。

表4-4　部分中小证券公司的数字化成果

证券公司	数字化战略	数字化产品
中泰证券	提高透明化、规范化、标准化的数据治理能力	XTP交易平台：自主研发的极速交易平台，服务机构投资者，吸引了行业90%的量化私募机构
国金证券	金融科技与传统业务持续深度融合	佣金宝App：聚焦客户的多元化投资需求，打造客户画像体系和产品画像体系，以每个客户为核心开展智能推荐服务
东吴证券	业务引领、科技赋能	加强与新兴金融平台的合作：参与同花顺的私募产品代销等新项目试点，并引入了京东金融等新的合作伙伴

3. 证券业数字化转型发展趋势

券商公司通过创新财富管理业务来实现差异化竞争，同时不断扩大技术创新的应用范围，特别是加速"AI+"场景的落地，以期在激烈的市场竞争中脱颖而出。

创新财富管理业务是券商数字化转型的关键一环。随着投资者对个性化、智能化服务需求的日益增长，券商公司开始通过拓展线上渠道、优化产品组合、提升顾问能力等数字化手段，从流程、组织、系统等多个维度全面增强财富管理服务。线上渠道的拓展，如移动App、社交媒体平台等，使得券商能够触达更广泛的客户群体，提供24小时不间断的服务，极大地提升了客户体验水平。同时，通过大数据分析和AI技术，券商能够更精准地理解客户需求，提供定制化的投资建议和产品组合，满足投资者的个性化需求。此外，提升顾问能力也是券商数字化转型的重要方向，通过智能化工具辅助顾问进行市场分析、风险评估，提高投资决策的科学性和准确性，增强客户信任程度。

在扩大技术创新应用方面，"AI+"的广泛应用成为证券业数字化转型的一大亮点。例如，"AI+智能营销"能够根据投资者的行为数据和偏好进行精准营销，提高转化率；"AI+智能投研"能够利用机器学习等技术快速处理和分析海量市场数据，辅助投资经理做出更准确的投资决策；"AI+智能投顾"能够基于投资者的风险承受能力和投资目标提供个性化的投资建议，实现资产的最优配置；"AI+智能客服"能够利用自然语言处理技术提供全天候、高效率的客户服务，解决投资者的各种问题；"AI+智能运维"能够实时监控系统的运行状态，提前预警潜在问题，确保业务的连续性和稳定性。这些"AI+"场景的落地，不仅显著提升了券商的运营效率，降低了运营成本，还为客户提供了更加便捷、高效、智能的服务体验，成为证券业数字化转型降本增效的有效抓手。

4.2.3 中国保险业数字化转型

改革开放后，我国保险业迎来了复苏与发展的局面。在初期阶段，保险业务的处理主要依赖手写各类保单和利用算盘进行财务数据计算。这种传统的手工操作方式，虽然在一定程度上满足了当时保险业务的基本需求，但其效率和准确性都受到了极大的限制。从本质上看，保险业遵循"大数原则"，即通过对大量风险事件的统计分析来预测和评估风险，进而制定合理的保险产品和费率。这一特性使得保险业具备高度的资金和信息密集性。因此，手工计算在处理大量数据和复杂财务模型时显得捉襟见肘，无法满足保险业快速发展的需要。在此背景下，数字技术成为保险业发展的必然选择，成为其重要的落地场景。

尽管保险业的数字化进程相较银行业和证券业而言稍显滞后，但金融科技的力量同样深刻地改变了保险业的面貌。通过引入先进的数字化技术和工具，保险业实现了保险需求与服务的精准匹配，极大地提升了业务处理效率和客户满意度。金融科技的应用不仅优化了保险产品的设计和定价，还推动了保险服务的创新，如在线投保、智能理赔等，为客户提供了更加便捷、高效的保险服务体验。

当前，保险业正在向智能化阶段演进，如图4-5所示。智能化技术的应用将进一步推动保险业的数字化转型，提升业务处理能力和风险管理水平。例如，通过大数据分析、人工智能等技术手段，保险公司可以更加准确地评估客户的保险需求，制订个性化的保险方案；同时，智能化技术还可以帮助保险公司实现风险的实时监测和预警，提高风险管理的精准度和效率。

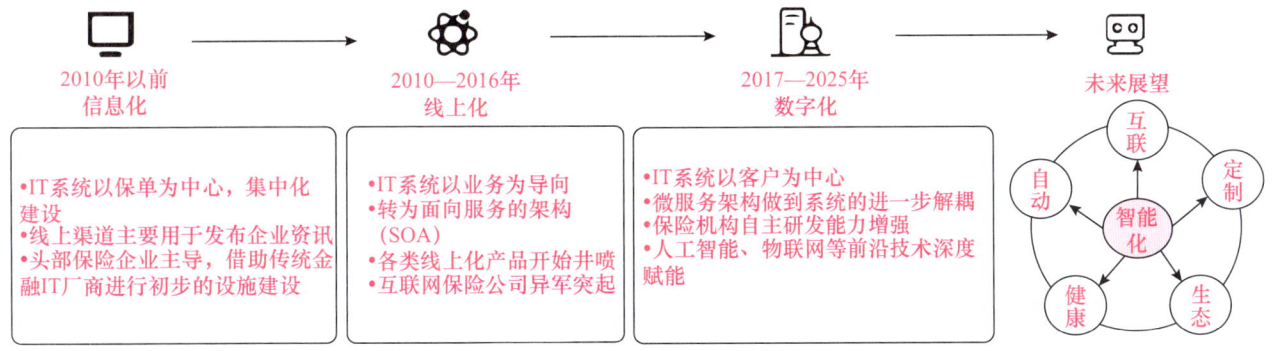

图 4-5 保险业数字化历程

1. 大型保险公司

在我国保险业市场中，大型保险公司展现出了高度的市场集中度，占据了近80%的市场份额。这些头部保险公司不仅规模庞大，而且在数字化转型方面起步较早，具有显著的优势。首先，大型保险公司拥有充裕的研发资金预算。这为它们进行技术创新和数字化转型提供了坚实的经济基础。由于资金充足，它们能够投入更多资源用于研发新技术、优化业务系统，并不断提升服务效率。其次，大型保险公司对核心系统的自主可控要求极高。它们深知核心系统对于公司业务运行的重要性，因此致力于实现核心系统的自主可控，以确保业务的稳定性和安全性。例如，中国人寿、中国平安、中国人民保险等大型保险公司均设立了科技子公司，并建立了多个研发中心，以支持业务系统的快速响应和持续优化。此外，大型保险公司在数字化转型过程中，不仅注重内部系统的优化，还积极延伸数字化平台的边界。它们致力于将数字化平台覆盖到客户、员工和合作伙伴等多个方面，实现业务赋能与科技输出的双重目标（见表4-5）。

表 4-5 大型保险公司数字化战略与措施

保险公司	相关科技公司	企业战略与措施
中国太平	太平金融科技	2022年发布"1+N"数字化转型工作方案，完成了人寿保险、财险、养老保险、海外保险等新一代核心系统改造计划；推出面向企业客户的一体化平台"福享太平"，并在105个流程场景中得以应用；车险理赔在业内首创"一线通"服务，70%以上出险车辆在20分钟内完成赔付
中国人寿	国寿电商	深入践行"科技国寿"发展战略，建成以队伍和网点为支撑、业内领先混合云为基础，线上线下紧密结合的数字化平台，构建开放共赢、丰富多元的数字保险生态，加速推进公司全方位数字化转型
中国人民保险	中国信息科技、人保金服	推动人保科技设立，明晰人保金服定位，加快构建"双轮"驱动、"双层"架构的 IT 治理和运行体系，开工建设廊坊数据中心，加快佛山信息中心扩容，推进核心业务系统改造，面向一线增强系统开发支持，加大科技赋能力度
中国平安	平安科技、平安普惠、平安智慧城市、平安金服、平安医疗健康管理等	通过研发投入持续打造领先科技能力并广泛应用于金融主业，从而加速推进生态圈建设。中国平安对内深挖业务场景，强化科技赋能；对外输出领先的创新产品及服务，促进行业生态的完善和科技水平的提升。截至 2023 年 6 月末，中国平安拥有近 3 万名科技开发人员和超 3500 名科学家组成的一流科技人才队伍
中国太平洋保险	太保科技	2017 年正式启动"数字太保"战略。目前，大数据战略围绕"数智太保 DiTP 规划"，建成投产"两地三中心"和"一云多芯"新云，基于大模型技术的数字化员工等智能化标杆投入应用，数据治理、网络和信息安全等基础建设稳步推进

2. 中小型保险公司

中小型保险公司普遍面临业务同质性高、客户信任度低及预算有限的困境。这些限制因素使得它们在科技投入上难以与大型保险公司相抗衡，因此更倾向采取"找长板、补短板"的短期增益型策略。这种策略旨在通过精准定位自身优势，同时弥补关键短板，实现科技赋能的最大化效益。

在具体实践中，中小型保险公司采取了多种措施。例如，国任保险通过与腾讯合作，实现了业务系统上云，这不仅为后期的软件开发与运维减轻了负担，还推动了公司向轻资产部署模式的转型。同样，三峡人寿和百年保险资产管理有限责任公司从基础数据设施到业务管理分阶段转型，逐步提升了公司的科技水平和服务能力。

此外，面对资源有限的挑战，中小型保险公司还采取了抱团合作的方式。在国内，已经成立类似保险科技创新"保创联盟"这样的组织。该联盟致力于打造"保险行业信息交流平台、保险科技创新成果展示对接平台、保险科技生态协同发展平台"，旨在通过信息共享、成果展示和协同发展，破解保险业内存在的数字鸿沟问题。这一举措不仅为中小型保险公司提供了更多的合作机会和资源支持，还促进了整个保险行业的科技创新和协同发展。

3. 保险中介

保险中介作为保险市场的重要组成部分，扮演着保险机构之间或保险机构与投保人之间的"桥梁"的关键角色。然而，随着保险机构自身数字渠道的持续扩展，保险中介机构和代理人数量正经历着逐步减少的变化，同时其业务模式也呈现出显著的线上化趋势。

在数字化转型方面，不同类型的保险中介展现出各自独特的优势。大型或具有特殊背景的保险中介如中元保险经纪有限公司，能够依托大型保险集团的金融云资源如中国人民保险集团，实现高效、稳定的数字化转型。而像腾讯微保这样的平台，则凭借其强大的技术实力和庞大的用户基础，为保险中介业务提供了坚实的数字支撑。此外，拥有国有股东背景的保险中介如江泰保险经纪股份有限公司，能够利用股东丰富的产业资源，拓展业务边界，提升服务质量。同时，一些专注技术研发的保险中介如北京保准牛科技有限公司，通过自研平台智能专家系统，实现了业务处理的智能化和高效化（见表4-6）。

表4-6 不同保险中介的数字化转型优势

保险中介类型	代表性品牌/企业	数字化转型优势
大型保险集团设立的保险中介公司	五星在线保险销售有限公司、中元保险经纪有限公司等	依托大平台的资源优势
互联网巨头设立的保险中介公司	腾讯微保、水滴保险商城等	依托互联网的流量优势
产业巨头设立的保险中介公司	昆仑保险经纪股份有限公司、江泰保险经纪股份有限公司等	依托特定的产业资源
科技型保险中介公司	北京保准牛科技有限公司等	依托专业化的细分技术

然而，对于大多数中小型保险中介机构而言，由于受资源和技术限制，它们往往选择直接购买一站式解决方案进行数字化转型。这些解决方案通常涵盖了产品对接、客户分析、代理人管理等多个方面，帮助中小型保险中介机构实现局部的数字化升级。虽然这种转型方式相对简单直接，但也能在一定程度上提升业务效率和服务质量，为中小型保险中介机构的长期发展奠定基础。

4. 保险业数字化转型发展趋势

保险生态圈的构建与完善将成为行业发展的显著趋势。随着数字经济的蓬勃发展，行业边界日益模糊，保险需求也呈现出线上化、场景化、定制化的鲜明特点。这一变化促使保险公司积极拥抱数字化转型，通过开放保险策略，构建一个涵盖保险产品设计、销售、理赔、售后服务等全过程的完整的保险生态系统。

在这个生态系统中，互联网和技术手段的应用至关重要。它们不仅实现了高度的数字化和智能化，还促进了各个环节之间的协同化运作。从产品设计阶段开始，保险公司就利用大数据分析、人工智能等技术，深入挖掘客户需求，设计出更加贴合市场需求的保险产品。在销售环节，线上渠道的拓展使得保险产品能够更广泛地触达潜在客户，同时通过精准营销和个性化推荐，提高了销售效率和客户满意度。理赔环节则通过智能化处理，大幅缩短了理赔周期，提升了客户体验。售后服务方面，保险公司利用智能客服系统提供全天候、高效率的客户服务，确保客户问题得到及时解决。

在保险生态圈不断完善的同时，元宇宙技术的兴起为保险业数字化转型注入了新的活力。"保险+元宇宙"的创新应用场景，为保险行业带来了前所未有的发展机遇。通过元宇宙技术，保险公司可以拓展打通健康、养老、生活消费、金融四大生态圈，实现跨领域的深度融合。在健康领域，元宇宙技术可以为客户提供虚拟健康咨询、健康管理等服务，提升健康保险的价值主张。在养老领域，元宇宙技术可以构建虚拟养老社区，提供丰富的养老服务内容，满足老年人多样化的养老需求。在生活消费领域，元宇宙技术可以融入消费场景，为客户提供更加便捷、个性化的保险服务。在金融领域，元宇宙技术可以助力保险公司实现更加高效、安全的金融服务。

结合生命科学技术，元宇宙技术有望为寿险客户带来全新的价值主张。通过虚拟现实和增强现实技术，客户可以更加直观地了解保险产品的保障内容和理赔流程，增强对保险产品的信任程度。同时，元宇宙技术还可以丰富保险营销内容和手段，如通过虚拟体验、互动游戏等方式，提高客户的参与度和黏性，为保险公司创造更多的营销机会。

课堂互动

将学生分为若干小组，进行角色扮演和情境模拟。假设自己是某金融机构的数字化转型负责人，面对以下情境，你会如何决策？

情境：你的金融机构在数字化转型过程中遇到了技术瓶颈和人才短缺的问题，同时市场竞争日益激烈，客户需求也在不断变化。你需要制订一个切实可行的数字化转型计划，以确保金融机构能够在竞争中脱颖而出。

德育微课堂

以北斗之光，照亮时代征程

不久前，长征三号乙运载火箭从西昌卫星发射中心西昌发射场腾空而起，将两颗北斗导航卫星送入浩瀚太空。此次任务的成功，意味着中国人独立自主建设的北斗系统进入发展新征程。

"北斗"三十载，青春筑星海。30年来，这个以年轻人为主的团队让"中国的北斗"真正成为"世界的北斗"。北斗初期的"全数字化"方案，是3位20岁出头的年轻人在10多平方米的仓库里攻关出来的；关键核心技术星间链路，是当年29岁的团队成员提出并验证的；被

称为"北斗专列"的长三甲系列火箭,其总体设计团队平均年龄不到30岁;荣获"中国青年五四奖章集体"称号的北斗三号研制团队,近九成的团队成员不到35岁……从蓝图绘梦到奋斗圆梦,一代代青年不懈拼搏,感召着新时代的奋进者,携手迈向更加广阔的星辰大海。

青春,意味着无限可能,内含创新创造特质。"墨子"传信、"神舟"飞天、"嫦娥"探月、"天眼"巡空……一大批有志青年挑大梁、担重任,在逐梦太空的征途上散发出青春的夺目光彩。放眼神州大地,在推进高质量发展的坚实步伐中,越来越多的青年抓住机会,增强创新本领,释放创新潜能。参与港珠澳大桥建设的青年突击队,啃下沉管预制、最终接头等"硬骨头";以年轻人为主体的中国海油"深海一号"开发生产团队,攻克多个技术难关,推进我国海洋石油勘探开发能力进入"超深水时代"……志不求易,事不避难。广大青年锤炼逢山开路、遇河架桥的意志,百折不挠、勇往直前,才能于攻坚克难中收获成果、立于潮头。

对青年而言,勇于创新、敢为人先,不仅要勇于啃"硬骨头",更要牢记科技强国的初心,服务人民、扎根基层,让青春之花绽放在祖国最需要的地方。"线上浇水、一键除虫","00后"新农人王铭欣在家乡河南卫辉,用科技种了1000亩希望的田野。王铭欣说,自己的愿望很简单,"用最好的技术,种出最好的粮食,日子越来越好"。深入人民群众、深入基层实践,以聪明才智贡献国家,以开拓进取服务社会,才能让创新潜能和创造活力永不枯竭。

近年来,国家战略科技力量不断强化,将目标导向和应用牵引摆在更重要的位置,打造有利于年轻人成长的创新生态,激发了青春的无限潜能。国家重点研发计划需填报的表格由57张精简为11张;国家自然科学基金项目全面实行"无纸化"申请,节省了大量"跑腿"报材料时间;以"揭榜挂帅""赛马制"等支持科学家大胆探索,赋予科研人员更大经费使用自主权……科技创新像是一场寂寞的长跑,最需要科研人才心无旁骛、持之以恒。为人才松绑减负,才能让青年科研人员卸下包袱、释放潜能,在基础研究、科技创新、产业革命的路上轻装上阵。

创新是人类进步的源泉,青年是创新的重要生力军。新时代为广大青年提供了向上生长的空间,也培育了向下扎根的沃土,唯有全力以赴,以青春动能激发创新活力,方能不负韶华,这既是青春的本色,也是时代的召唤。

 本章小结

本章主要阐述金融机构数字化转型相关内容。首先,介绍金融机构数字化转型的概念、意义与作用,强调这是数据要素化的内在要求,能提升运行效率、应对经营环境变化、支持实体经济与普惠金融、满足客户需求变化等。其次,阐述金融机构数字化转型的原则和主要内容。最后,分别探讨中国银行业、证券业、保险业数字化转型实践,分析各行业不同类型机构的转型特点、成果及发展趋势,展现金融机构数字化转型全貌。

 案例引导

苏商银行:积极打造数字金融高质量发展样本

苏商银行坐落于长三角的核心区域,作为江苏省的首家数字银行,自其成立以来,便秉持着"科技驱动的O2O银行"的核心理念,致力于数据能力和科技能力的全面建设。其凭借在数字金融领域的卓越表现,已成功入选多个权威榜单,如穆迪评选的"全球20家新锐银行",

以及《亚洲银行家》评选的"全球前十数字银行"等，这些荣誉无疑彰显了苏商银行在数字金融领域的领先地位。

在数字金融服务方面，苏商银行通过自主研发，形成了独特的发展特色，即"专业化、精细化、特色化、新颖化"。其自主研发的"云开"系统，采用了先进的分布式技术架构，成功实现了O2O一体化核心银行系统的建设。这不仅打破了国内中小银行在核心系统建设上高度依赖采购的惯例，更为客户提供了全流程线上办理的数字金融服务，极大地提升了服务效率和客户满意度。

在场景金融方面，苏商银行积极融入各类产业场景、交易场景和消费场景，致力于建设金融服务生态。在电商、快消、出行、文旅、餐饮、货运等消费领域，苏商银行与各类平台、渠道建立了紧密的合作关系，通过持续拓展和丰富外部场景，为个人消费用户提供了更加便捷、高效的金融服务。

在绿色金融方面，苏商银行更是走在了前列。其积极推进数字技术和绿色金融的融合发展，创新推出了"绿色采购贷"产品，为中小微商家经销、采购绿色家电产品提供资金支持，有力地推动了绿色产业的发展，展现了其作为数字银行的责任感和使命感。

苏商银行凭借其在数字金融领域的创新实践，不仅为客户提供了更加便捷、高效的金融服务，更在推动金融行业的数字化转型和绿色发展中发挥了积极的作用。

资料来源：苏商银行：积极打造数字金融高质量发展样本［EB/OL］．中国金融新闻网，2024-12-03．（有改动）

课后思考题

1. 金融机构数字化转型的含义是什么？它包含哪几个层次？
2. 金融机构数字化转型的核心内涵与意义体现在哪些方面？
3. 数据治理与分析在金融机构数字化转型中占据什么地位？请简要说明。
4. 金融机构在推进数字化转型时应遵循哪些原则？
5. 以中国太平、中国人寿等大型保险公司为例，分析它们是如何通过数字化转型推动业务发展的？
6. 中小证券公司在数字化转型中应采取怎样的策略以发挥自身的比较优势？

微课资源

微课视频

第 5 章 数字金融业态

学习目标

★ 了解传统银行与数字银行的概念、传统银行的数字化转型路径以及数字银行的主要类型。

★ 了解数字保险新业态的定义与发展，理解其创新模式及数字保险的监管与挑战。

★ 了解互联网证券和移动证券的基本概念、特点及其对传统证券行业的影响。

素养目标

★ 建构以数据为核心、以技术为驱动的数字金融思维，能够敏锐捕捉数字金融业态的发展趋势。

★ 培养多元思维与包容心态，在数字金融业态的创新和发展过程中接纳和融合不同思想、不同技术及不同模式。

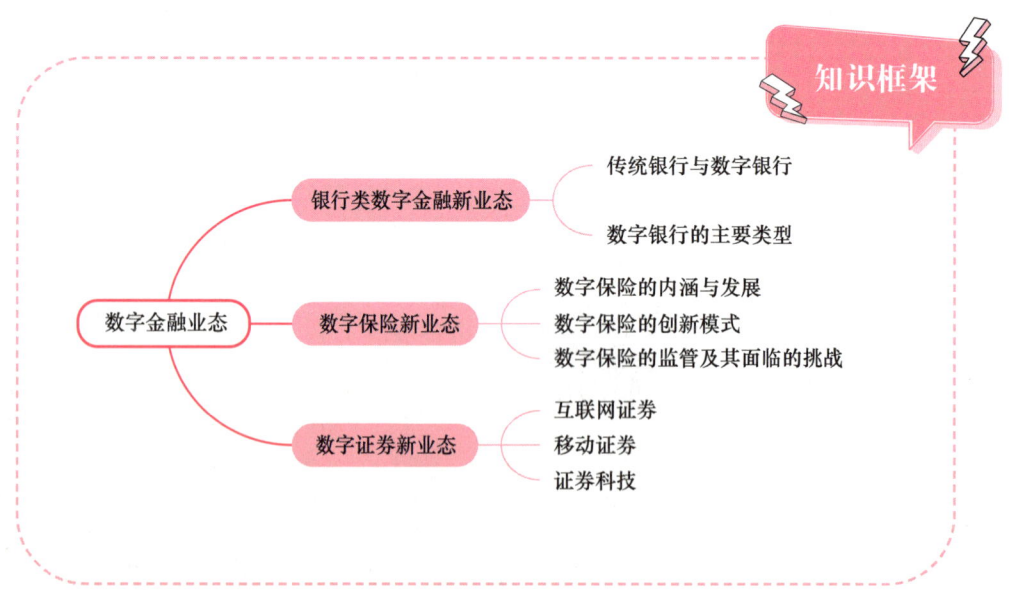

5.1 银行类数字金融新业态

数字金融业态是描述数字金融业务的具体展现形式或存在状态，涵盖了其内部的金融模式、金融产品及所提供的金融服务。随着金融业加速向数字化转型，数字科技与金融的融合日益紧密，这一趋势首先催生了银行类数字金融新兴形态。

具体而言，银行类数字金融新业态指的是一系列与数字银行紧密联系的全新业务模式，它们以不同的形式呈现，如直销银行、互联网银行、智能银行及开放银行等。这些新业态充分利用数字技术，为客户提供更为便捷、高效和个性化的金融服务。

5.1.1 传统银行与数字银行

5.1.1.1 传统银行概述

1. 传统银行的定义

传统银行又称商业银行或普通银行，是金融体系中的基础组成部分，主要从事存款、贷款、汇兑、储蓄等业务，以赚取利息和手续费为主要收入来源。它们通过吸收公众的存款，然后将其贷放给需要资金的企业或个人，从而在经济中起到资金媒介和调节的作用。

2. 传统银行的主要特征

传统银行是具有悠久历史的金融机构，其主要特征体现在以下几个方面：

（1）业务范畴广泛。传统银行提供多种金融服务，包括但不限于存款、贷款、外汇交易、理财投资等。客户可以在银行开设账户，进行资金的存入和取出，申请个人或企业的贷款，以及享受其他金融服务。

（2）物理网点众多。传统银行拥有大量的实体分行，客户可以直接到银行柜台办理业务。这种面对面的服务方式增强了客户与银行之间的互动和信任。

（3）线上、线下服务结合。随着科技的发展，传统银行也逐渐开通线上服务，如网上银行、手机银行等，为客户提供更加便捷的服务渠道。这种线上与线下相结合的服务模式使得客户可以随时随地享受银行服务。

（4）运营稳健且受监管。传统银行经历了长时间的市场考验和监管审查，其运营模式和风险管理手段相对成熟。它们拥有完善的内部控制体系和风险防范机制，能够确保客户的资金安全。

（5）积累了丰富的行业经验。传统银行在长期的经营过程中积累了丰富的行业经验，能够为客户提供专业的金融咨询服务。这种经验积累使得传统银行在金融服务领域具有独特的优势。

3. 传统银行的角色与功能

（1）资金媒介与储备转移机构。传统银行通过吸收存款和发放贷款，实现了资金从盈余者向需求者的转移，促进了经济的增长和发展。作为资金的储备机构，银行通过吸纳存款和各种理财产品来提供资金供给，确保经济活动的顺利进行。同时，银行也负责资金的转移，如通过支票、电子转账、信用卡和移动支付等工具，为个人和企业提供便捷的支付方式，进一步促进了资金的流动和经济的运转。

（2）信用创造与资金融通配置者。通过贷款和存款的创造，传统银行在经济中起到了信用创造的作用。银行通过发放贷款，将资金从储蓄者手中转移到资金需求者手中，满足了企业的融资需求和个人的消费需求。此外，银行还通过理财和投资业务，将存款转化为投资产品，为客户提供更多选择，同时也为银行自身带来利润。这种资金融通与配置的功能，促进了资金的优化配置和经济的繁荣发展。

（3）风险管理者与金融稳定器。银行在贷款业务中，通过严格的风险评估和控制，确保借贷双方的利益得到保障。同时，银行还通过保险和衍生金融工具来转移和分散风险，保持金融体系的稳定。作为金融市场稳定器，传统银行通过其业务活动和风险管理，有助于维护金融市场的稳定和健康发展。

（4）金融中介与支付清算机构。作为金融中介机构，银行连接了资金的供求双方，促进了经济的流动性和融资需求的满足。银行不仅为客户提供融资服务，还通过提供支付结算服务，确保国内和国际交易的安全和顺利进行。这种金融中介与支付清算的功能，为经济活动提供了重要的支持和保障。

（5）经济推动者与社会服务者。银行通过促进资金的融通和配置，推动了经济的发展和繁荣。同时，银行还通过提供金融服务，如理财、投资、咨询等，满足了客户的多样化需求，提高了社会的金融素养和福利水平。作为经济推动者和社会服务者，传统银行在促进经济发展和提高社会福利方面发挥着重要作用。

5.1.1.2 数字银行概述

数字银行的原初形式出现在20世纪60年代，当时世界上出现了第一批ATM和借记卡，实现了金融交易的自动化。20世纪70年代中后期，随着超大规模集成电路技术的突破性进展，全球的银行业开始高度重视信息技术对银行业务的推动与支撑作用，特别到了20世纪80年代中期，随着大型机与微型计算机的大规模应用和推广，银行业的数字化转型概念开始深入人心。

"数字银行"这一概念，涵盖了网上银行、手机银行、手机钱包、在线开户及网络营销等一系列银行业务的新形态。它有着两种解读：一种指向银行业的全面数字化转型，即银行所有活动、计划和职能的数字化进程；而另一种含义，即将数字银行视为一个类概念，它代表了所有数字化银行业务的总和，也被称作虚拟银行、新生代银行或网络银行等。

尽管这些称谓各异，但它们都遵循着相似的模式，即减少或完全取消实体网点，主要依赖互联网或其他电子渠道，而非实体分支机构提供零售银行服务。这种服务模式使数字银行与传统银行形成了鲜明对比。传统银行往往依赖实体分行网点，而数字银行则完全基于数字网络构建其基础架构，利用前沿的数字技术为客户提供在线金融服务。这些服务不仅更加定制化和互动化，而且银行的组织结构也趋向扁平化。

数字银行是运用大数据、云计算、人工智能、区块链等先进科技手段，对传统银行业的经营管理和商业模式进行深刻变革的产物。它推动了商业银行从部门银行向流程银行的转型，并实现全渠道一体化。在数字化的推动下，从后台管理到直接服务客户的前台工作，银行内的所有角色都经历了科技转型。银行业广泛采用了各种科技手段，包括机器人流程自动化 (Robotic Process Automation, RPA)、云计算、大数据分析和自然语言处理等。近年来，银行业已开始探索人工智能、机器学习、虚拟现实与增强现实，以及分布式账本技术等新兴技术。

近年来，数字银行的发展势头迅猛，市场渗透率与用户增长呈现出显著的上升趋势，已经成为银行业变革的重要驱动力，《2024 中国数字银行调查报告》的数据显示，截至 2024 年，个人手机银行用户的使用比例已经高达 88%，较上年增长了 2 个百分点。这一数据不仅彰显了手机银行在金融服务领域的主导地位，也反映了广大个人用户对数字银行服务的高度认可与依赖。与此同时，企业手机银行用户比例同样呈现出持续快速增长的态势，这进一步表明了企业对数字银行服务的接受度和依赖度正在不断提升。无论是个人用户还是企业用户，数字银行都已成为他们获取金融服务的重要渠道，其便捷性、高效性和个性化服务的特点正日益受到广大用户的青睐。

5.1.1.3 传统银行的数字化转型路径

在当今快速变化的金融环境中，传统银行的数字化转型已成为不可逆转的趋势，同时这也是一个复杂而系统的过程，需要银行从多个方面入手进行全面布局和推进。这一转型不仅是对技术进步的响应，更是对客户需求变化和市场竞争格局调整的深刻洞察。为了确保转型的成功，银行需要从战略规划、技术升级、业务优化、人才培养、风险管理到持续迭代等多个方面进行全面布局。

首先，战略规划与顶层设计是数字化转型的基石。银行需要明确其数字化转型的长期目标和短期目标，这些目标应紧密围绕提升客户体验、增强业务竞争力、优化运营效率等核心议题。在此基础上，银行应制定详细的转型策略，涵盖技术选型、业务优化、人才培养等多个维度。在技术选型方面，银行需紧跟技术发展趋势，选择适合自身业务需求的云计算、大数据、人工智能等先进技术。在业务优化方面，则要求银行对现有业务流程进行梳理和优化，以数字化手段提升服务效率和客户体验。同时，银行还需注重人才培养和引进，打造一支具备数字化素养和创新能力的团队，为转型提供有力的人才支撑。

其次，技术升级与基础设施建设是数字化转型的关键环节。银行需构建云基础设施，实现数据的集中存储、处理和分析，提高数据处理能力和效率。大数据技术的应用则能深入挖掘数据价值，为业务决策提供有力支持。此外，人工智能技术的引入将极大地提升客户服务质量和风险管理能力。例如，智能客服系统能够实时响应客户需求，提供个性化服务；智能风控模型则能精准识别潜在风险，降低信贷损失。区块链与分布式账本技术的应用则有望提高交易处理的效率和安全性，为银行业务创新提供新的可能。

再次，业务优化与创新是数字化转型的重要驱动力。银行需推动业务的线上化，如线上贷款、线上理财等，以满足客户随时随地获取金融服务的需求。同时，利用大数据和人工智能技术，银行可以为客户提供个性化的金融产品和服务，满足其多元化需求。开放银行与 API 经济的兴起则为银行提供了新的业务拓展机会。通过开放银行平台，银行可以与其他金融机构和科技公司合作，共同开发新的金融产品和服务，实现资源共享和优势互补。

在人才培养与团队建设方面，银行需要加大对数字化人才的培养和引进力度，提高员工的数字化素养和创新能力。跨部门协作和沟通机制的建立可以确保数字化转型过程中的信息共享和资源整合，提升整体运营效率。此外，营造鼓励创新、容忍失败的企业文化，对于激发员工的积极性和创

造力至关重要。

复次，风险管理与合规是数字化转型过程中不可忽视的重要方面。银行需加强数据安全管理和隐私保护，确保客户数据的安全性和合规性。同时，利用大数据和人工智能技术建立风险预警和防控体系，及时发现和应对潜在风险。合规性管理的加强则能确保银行业务的合规性和稳健性，为数字化转型提供坚实的法律保障。

最后，持续迭代与优化是数字化转型的永恒主题。银行需根据用户反馈和市场需求不断优化产品和服务，提高客户满意度。同时，持续关注技术创新和升级，确保银行在数字化转型过程中保持领先地位。科学的绩效评估体系和激励机制的建立能对数字化转型过程中的成果进行量化评估，并给予相应的激励和奖励，激发员工的积极性和创造力。

 扩展阅读

泰安银行的数字化转型

泰安银行作为地方金融服务的领军者，积极响应数字化转型的时代号召，依托大数据与大模型技术，成功打造了"泰好贷"数字信贷品牌，实现了传统信贷业务的全面革新。通过推出线上贷款服务，泰安银行彻底颠覆了传统信贷业务的办理模式，客户只需通过手机App或官方网站即可轻松完成贷款申请、审批及放款流程，大大缩短了贷款办理时间，显著提升了客户体验水平。同时，泰安银行开发的远程银行系统，将传统银行柜台服务无缝迁移至移动互联网平台，通过高清视频通话技术，实现了银行与客户之间的实时互动，极大地增强了银行与客户的互动性和黏性。此外，泰安银行还引入了RPA数字员工，实现了内管流程的自动化处理，显著提升了业务处理效率和标准化水平。在顶层设计与战略规划方面，泰安银行将数字化转型纳入全行发展战略规划中，明确了提升客户服务质量、优化内部管理流程、加强风险防控能力等目标，并加大了对数字技术的投入和研发力度。通过充分利用大数据技术构建风险预警和防控体系，泰安银行提升了风险管理能力，为客户提供了更加安全、可靠的金融服务。同时，泰安银行也注重人才培养与团队建设，打造了一支具备数字化技能和金融知识的复合型人才队伍，为数字化转型提供了强大的人才保障。

综上所述，泰安银行的数字化转型不仅实现了传统信贷业务的数字化、智能化、线上化升级，还为客户提供了更加便捷、高效、智能的金融服务体验，未来将继续深化数字化转型，探索和创新金融服务模式，为客户提供更加优质、个性化的服务。

资料来源：作者根据相关资料整理编写。

5.1.2 数字银行的主要类型

5.1.2.1 互联网银行

1. 互联网银行的定义及其优势

互联网银行又称网上银行，是金融科技发展的重要产物。简单来说，互联网银行就是将传统银行的各类业务全面迁移至互联网平台上，使客户能够在线上完成原本需要在实体银行进行的操作。这种服务模式不仅突破了时间和空间的限制，还极大地提升了金融服务的便捷性和效率。

互联网银行提供的服务范围广泛，涵盖了存款、贷款、支付结算、资金汇转、电子票证处理、电子信用服务、账户管理、货币兑换、投资理财，以及金融信息查询等多个方面。客户只需通过电脑或移动设备，就能轻松享受到这些全方位、一站式的金融服务，无须亲自前往银行网点排队办理。

此外，互联网银行还不断利用大数据、人工智能等先进技术，优化服务流程，提升用户体验，为客户提供更加个性化、智能化的金融服务。这种创新的服务模式，不仅满足了现代人对便捷、高效金融服务的需求，也推动了银行业向数字化、智能化方向转型。

与传统银行相比，互联网银行展现出显著的线上服务依赖和纯粹的线上经营模式，这一模式带来了低成本运营、高效服务及强大的数据分析能力。互联网银行利用线上平台极大地降低了交易成本，并通过先进的数据分析技术精准评估消费者的信用状况和消费行为。这种低成本优势使得互联网银行能够覆盖更广泛的长尾客户群体，即那些传统银行难以触及或成本效益较低的客户。

在我国，互联网银行的发展模式主要包括传统银行的数字化转型，以及民营银行直接建立的以纯互联网形式运营的新兴互联网银行。然而，值得注意的是，截至2024年，国内尚未出现由传统银行转型而来的独立法人互联网银行。现有的以独立法人身份存在的互联网银行均为民营银行，包括微众银行、网商银行、新网银行、百信银行、众邦银行、苏宁银行、亿联银行、北京中关村银行和福建华通银行等。

这些纯互联网银行没有实体网点和柜台服务，它们主要依赖信息技术和数据资源，而非传统的线下资源，为个人和小微企业提供信贷产品。例如，网商银行的客户群体主要集中在其母公司阿里巴巴的电子商务平台上的网店。网商银行利用大数据技术对客户进行信用评估，并据此做出信贷决策。微众银行也在2015年9月推出了无担保小额贷款产品"微粒贷"，以及微型汽车贷款产品"微车贷"。其中，"微粒贷"允许微众银行用户在无担保或抵押的情况下最高借款额度可达30万元。这些创新举措不仅丰富了金融服务的种类，也极大地提升了金融服务的效率和便捷性。

互联网银行主要开设的是Ⅱ类账户和Ⅲ类账户，这两类账户的使用必须与已存在的全功能Ⅰ类账户（通常由传统银行开设）绑定。当前，互联网银行的主要业务聚焦向特定消费群体提供小额贷款服务。由于Ⅱ类账户和Ⅲ类账户在存款接收方面存在一定的局限性，如远程开户仅被允许开设这两类账户，且它们在交易限额、账户余额等方面有具体规定，加之互联网银行缺乏实体网点，这在一定程度上阻碍了互联网银行开发除信贷产品外的其他金融产品和服务，以及有效吸收存款的能力。

面对存款吸收受限的挑战，互联网银行采取了与银行合作的策略，作为"桥梁"将潜在的借款人与传统银行连接起来。在这一过程中，互联网银行向传统银行提供借款人的基本信息、信用状况及借款需求等关键数据。通过这种合作模式，贷款发放所带来的客户资源及由此产生的收益，在互联网银行与传统银行之间实现了共享。

2. 互联网银行的业务流程与特点

互联网银行的基本业务流程与普通商业银行相似，同样涉及吸收存款形成负债、发放贷款形成

---

① 黄益平. 数字技术如何改变金融机构[J]. 新金融评论, 2021(1):55-70.

资产。但关键在于，其所有存贷款业务均通过互联网平台完成，实现了业务的全面线上化。互联网银行吸收的存款主要源自广大的个人储蓄者，这一群体通过互联网平台便捷地存入资金，贷款发放对象则主要聚焦中小微企业，如图5-1所示。互联网银行利用互联网技术有效降低了贷款门槛，为这些企业提供了更为灵活和便捷的融资渠道，促进了小微经济的发展。

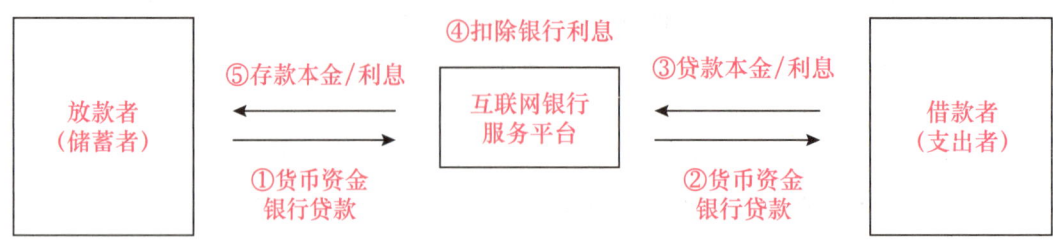

图5-1 互联网银行基本业务流程

互联网银行是传统银行活动全面互联网化的新兴经营模式，其本质依然是银行，代表着货币信用关系，但相较于传统银行，它展现出以下特点：

（1）在经营理念方面，传统银行主要依赖自有资源开展业务，而互联网银行通过整合和运用母公司的丰富资源，包括电子商务平台的数据和信息，以及物流、工商业活动等运营环节中产生的数据，进行更为精准和高效的经营活动。

（2）在客户群体方面，互联网银行主要面向熟悉互联网、在电子商务市场活跃度较高的小微企业、创业者和个人消费者，这些客户群体对于线上服务和便捷性有着更高的要求。

（3）在经营渠道方面，传统银行较为依赖物理网点，而互联网银行从一开始就采取纯粹的互联网模式，实现了借贷等全流程的数字化，极大地提高了服务效率和客户体验感。

（4）在客户识别和评价方法方面，传统银行主要通过企业提供的财务报表和面对面接触等方式进行，而互联网银行主要运用互联网技术和从母公司抓取的数据，结合数据模型自动评估技术及视频/电话资信调查，完成客户识别和评价，更加智能化和便捷化。

（5）在风险管理手段和技术方面，传统银行在一定程度上依靠人工进行风险管理，而互联网银行主要依赖大数据和数据模型进行风险预测和控制，提高了风险管理的精准度和效率。

目前，互联网银行的运营仍面临一些限制，其商业模式和监管方式也在不断演化中。但不可否认的是，互联网银行作为真正意义上的互联网金融，并非仅具形式上的"互联网+传统金融"，其发展有助于改善小微企业融资环境，优化金融资源配置，提高金融服务质量和效率。因此，大力发展互联网银行，对于推动金融行业的创新和发展具有重要意义。

5.1.2.2 直销银行

1. 直销银行的定义

直销银行作为数字银行的一种重要形式，主要依托互联网渠道，通过计算机、手机、电话等电子服务手段，为客户提供全方位的金融服务。这种银行形式不设实体营业网点，致力于为客户提供更为优惠的存贷款利率及更低的手续费率。

直销银行是互联网时代一种新型银行运作模式，它摒弃了传统银行多层分支行的经营架构，采用纯粹线上直达客户的经营模式。这种经营模式不仅克服了传统银行门店多、效率低及成本高的问题，还帮助中小商业银行打破了地域限制，克服了规模小和网点少的劣势。

2. 直销银行的特点

在组织形式上，直销银行主要有子公司和内设部门（事业部）两种运营形式。目前，我国大多数商业银行在发展直销银行时，均采用事业部形式，如北京银行、民生银行、浦发银行等都曾设立直销银行部。此外，也有部分银行将直销银行业务并入手机银行中，如华夏银行于 2020 年 12 月 5 日将其直销银行与手机银行合并，用户可通过手机银行 App 继续办理原直销银行业务。然而，值得注意的是，截至 2020 年 12 月，国内仅获批了 3 家独立法人直销银行，分别是中信百信银行、邮惠万家银行和招商拓扑银行，其余直销银行均属于传统银行的一个内设业务部门。

因此，我国大部分直销银行主要是借助互联网平台拓展贷款、银行理财等银行产品的营销渠道，其价值在于打破了银行经销业务的地点限制，使得客户可以随时随地享受便捷的金融服务。然而，从本质上说，这些直销银行仍然是银行下属的网上营业厅，并不构成独立的主体或业务类型。对其母行而言，直销银行专注吸引长尾与年轻客户。利用互联网大数据，它能触及传统银行难以覆盖的长尾客户，弥补业务短板。直销银行的线上服务打破了地域和时间限制，方便客户随时获取金融服务，尤其吸引年轻及偏远客户。同时，借助大数据与 AI 技术，直销银行能提供个性化服务，增强客户满意度，巩固市场竞争优势。

直销银行提供线上与线下相互融合、无缝连接的渠道服务。线上渠道涵盖了互联网综合营销平台、网上银行、手机银行等多种电子化服务方式；而线下渠道通过创新的便民直销模式，配备了远程视频柜员机、自动柜员机（CRS）、自助缴费终端等多种自助设备，同时提供网上银行、电话银行等自助操作途径。

直销银行的一大创新亮点在于，它能够利用手机号、身份证号和银行卡号的交叉验证技术，实现非现场开户。然而，这类非临柜开立的账户属于弱实名电子账户，其使用范围受限，仅可用于购买该银行发行、合作发行或代销的理财产品，不支持转账结算、交易支付和现金收付等功能。由于账户功能受限及受到其他监管因素的影响，因此目前国内的直销银行在业务范围上还存在一定的局限性。直销银行部的业务主要以理财为主，缺乏丰富的线上贷款产品。此外，它们更多的是作为银行内部的一个业务补充渠道运营，而非作为独立实体，以市场化的利率和手段与传统银行展开竞争。因此，从严格意义上讲，它们还不能被称为完整意义上的直销银行。

课堂互动

将学生分组，讨论互联网银行的便捷性、安全性等优势体现在哪里？

5.1.2.3 开放银行与 API 经济

1. 开放银行的定义

开放银行又称为开放式金融服务平台，其核心理念在于通过 API 等技术工具，实现由互不相关的两方或多方共享金融数据的合作模式。这一模式的出现，打破了传统银行的信息壁垒，促进了数据的流通与共享。

开放银行的核心在于数据共享，特别是消费者授权的金融数据共享。这一变革不仅打破了传统银行的信息垄断，还促进了数据在银行内部、银行之间及银行与第三方非金融机构之间的流动。信息透明度和流通性的提升，为市场竞争引入了新的活力。第三方非金融机构、新兴银行及挑战者银行等参与者，得以提供更为优质且价格合理的金融产品和服务。传统银行则面临更大的竞争压力，不得不加速产品和服务升级，以保持其在市场中的领先地位。最终，这一变革的最大受益者将是消费者和广大中小微企业。

2. 开放银行的特点

在数据共享方面，API 成为实现数据流在不同系统之间实时流动和功能无缝集成的得力工具。API 有三种接口模式：公共 / 开放式接口、合作伙伴 /B2B 接口及内部接口，如图 5-2 所示。其中，公共 / 开放式接口为供外部合作伙伴和开发创新 App 及新产品开发人员使用的 API；合作伙伴 /B2B 接口为供合作伙伴使用的 API，包括供应商、分销商和其他合作伙伴，均可使用此接口，以实现更密切的合作；内部接口为供开发人员内部使用的 API。这些接口模式的存在，使得数据可以在不同系统之间自由流动，为开放银行的实现提供了技术支持。

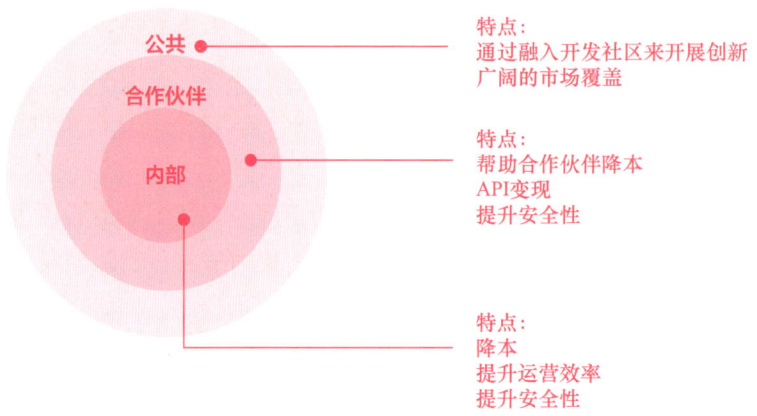

图 5-2 API 的三种模式

值得注意的是，虽然 API 技术在其他行业中早已有所应用，但在金融行业中，其应用却受到了更多的关注和限制。这主要是因为金融行业对数据隐私、信托责任等领域的监管要求更为严格。然而，API 技术的引入仍然为开放银行方案的落地提供了有力支持。

目前，在世界多个国家和地区，开放银行的发展已经取得了显著进展。例如，英国推动了全国最大的 9 家银行业机构成立开放银行实施组织（Open Banking Implementation Entity，OBIE），负责制定 API 规范、数据规范等开放银行标准。截至 2020 年 4 月，已有 74 家银行业金融机构和 134 家第三方服务商加入该组织。此外，欧盟、日本、韩国、新加坡及中国香港等国家和地区也相继组织实施了开放银行计划。西班牙对外银行、美国花旗银行等国际知名银行也率先打造了各自的开放银行平台。

在世界范围内，虽然各国对开放银行、金融数据共享的称谓不同、实现途径不一，但是它们都有一个共同的理念：通过金融数据共享，推动传统银行和科技公司更深层次的协作和竞争，最终追求用户利益最大化。就开放路径的选择看，英国和欧盟选择自上而下的模式，由政府主导制定政策，银行配合；而美国选择自下而上的模式，由银行和科技公司均衡博弈，以市场机制推动为主、监管为辅。目前看来，自上而下的方式实现成果的效率高，但是"一刀切"的行政命令会对一些没有实力的银行和机构造成额外负担，影响政策执行效果；自下而上的方式让市场主导，可以激发创新，达到市场各方利益均衡，但是由于没有政府的大力推动，实现进程可能较慢。

5.2 数字保险新业态

5.2.1 数字保险的内涵与发展

5.2.1.1 数字保险的内涵

数字保险是一种基于数字化技术和互联网平台的保险服务形式。它借助数字化技术手段优化和创新保险业务，实现保险产品的线上化、智能化和个性化。例如，通过大数据分析和机器学习评估风险，制订个性化的保险方案，或者基于互联网和移动端应用，为客户提供在线购买、理赔申请等便捷服务。随着云计算、大数据、人工智能等技术的快速发展，数字保险在保险业的重要地位日益凸显，其内涵体现在以下方面：

（1）数字化技术驱动的新型保险模式。数字保险依托数字化技术，特别是互联网、大数据和人工智能技术的发展，实现了保险业务的全面升级。通过数字化平台，保险公司能够更精准地评估风险，为客户提供个性化的保险方案。

（2）智能化、便捷化的服务体验。数字保险的服务流程更加智能化和便捷化，客户可以通过手机 App、网站等线上渠道，随时随地了解保险产品、购买保险、申请理赔等。同时，利用人工智能技术，保险公司能够为客户提供智能客服、智能理赔等服务，大大提高服务效率。

（3）个性化、多样化的保险产品。数字保险注重满足客户的个性化需求，提供多样化的保险产品。例如，根据个人的健康状况、生活习惯、职业特点等，为客户提供定制化的保险方案。此外，数字保险还涉及更多场景，如健康险、旅行险、车险等，为客户提供更全面的保障。

（4）数据驱动的风险管理。数字保险通过收集和分析大量数据，实现更精准的风险评估和管理。这有助于保险公司更好地控制风险，提高风险管理效率，从而为客户提供更稳定、可靠的保险服务。

数字保险具有以下优势：

（1）提高保险服务效率。数字保险可以将保险产品、销售、理赔等环节数字化，实现保险服务的全流程在线化、自动化，提高服务效率。

（2）提高客户体验。数字保险可以为客户提供更加便捷、灵活、个性化的保险服务，提高客户满意度和忠诚度。

（3）降低保险成本。数字保险可以通过消除中间环节、优化服务流程等方式降低保险成本，提高保险公司的盈利能力。

（4）开拓新的商业机会。数字保险可以利用互联网等新技术手段开拓新的商业机会，扩大保险市场。

5.2.1.2 数字保险的发展

我国数字保险的发展历程可以追溯至互联网技术的兴起及其在保险行业的逐步应用。近年来，随着互联网技术的迅速发展、信息通信技术的进步和智能手机的普及，保险行业逐渐改变传统的发

展方式，利用互联网开展业务、管理公司成为新的发展趋势，互联网保险因此应运而生，成为数字保险的早期形态。

随着大数据、云计算、人工智能等技术的不断成熟，数字保险开始进入快速发展阶段。保险公司通过构建数字化平台，实现了保险产品的在线销售、智能核保、自动化理赔等功能，极大地提高了业务处理效率和客户体验。同时，数字保险还推动了保险产品的创新，如基于大数据分析的个性化保险产品、基于物联网技术的智能家居保险等，满足了消费者多样化的需求。

在数字保险的推动下，保险行业的竞争格局也发生了深刻变化。传统保险公司纷纷加快数字化转型步伐，通过技术创新和模式创新提升竞争力。新兴的数字保险公司则凭借灵活的经营模式和先进的技术手段迅速崛起，成为行业的新势力。此外，跨界合作也成为数字保险发展的重要趋势，保险公司与科技公司、电商平台等合作，共同开发新产品、拓展新市场。

在政策层面，我国政府也高度重视数字保险的发展。2024年，国务院发布的《关于加强监管防范风险推动保险业高质量发展的若干意见》中，明确要求提升保险保障能力和服务水平，牢固树立服务优先理念，并特别提到了数字化转型的重要性，助力行业提升效率和服务质量从而推动数字保险的发展。除此之外，政府还出台了一系列促进数据共享和流通的政策措施。例如，加强跨部门数据共享，推动数据资源的整合和利用，为数字保险提供更加丰富和准确的数据支持。政府部门还通过设立创新基金、提供税收优惠等方式，鼓励保险公司加大科技创新投入，推动数字保险技术的研发和应用。同时，还支持保险公司与科技公司、高校等开展合作，共同推动保险科技的进步和创新。

5.2.2 数字保险的创新模式

数字保险的创新模式不断涌现，这些模式不仅推动了保险行业的转型升级，也为消费者提供了更加便捷、高效和个性化的服务。

1. 基于大数据的个性化保险产品

随着大数据技术的不断发展，保险公司能够收集和分析大量的消费者数据，从而设计出更加符合消费者需求的个性化保险产品。例如，一些保险公司利用大数据分析消费者的健康状况、生活习惯和风险偏好等信息，为消费者提供定制化的健康保险、人寿保险等。这种个性化保险产品能够更好地满足消费者的需求，提高保险产品的吸引力和市场竞争力。

2. 智能核保与自动化理赔

智能核保与自动化理赔是数字保险创新模式中的重要一环。通过引入人工智能和机器学习技术，保险公司能够实现对消费者信息的快速分析和处理，从而简化核保和理赔流程。智能核保可以根据消费者的健康状况、年龄、职业等信息，自动评估其风险等级，并给出相应的保险费率。自动化理赔则可以通过图像识别、自然语言处理等技术，快速识别理赔材料并自动完成理赔流程，大大提高了理赔效率和客户满意度。

3. 跨界合作与生态共建

跨界合作与生态共建是数字保险创新模式的一大特点。保险公司与科技公司、电商平台、医疗机构等合作，共同开发新产品、拓展新市场。例如，一些保险公司与电商平台合作，推出针对电商平台的退货保险、运费险等；与医疗机构合作，推出针对特定疾病的医疗保险等。这种跨界合作不仅丰富了保险产品的种类和形态，也拓宽了保险公司的销售渠道和服务范围。

4. 基于物联网的智能家居保险

随着物联网技术的不断发展，智能家居保险成为数字保险创新模式中的一个新亮点。保险公司通过与智能家居设备制造商合作，将智能家居设备纳入保险保障范围。例如，当智能家居设备出现故障或损坏时，保险公司可以提供相应的维修或更换服务。这种基于物联网的智能家居保险不仅提高了保险产品的附加值和竞争力，也推动了智能家居产业的快速发展。

5. 区块链技术在保险中的应用

区块链技术具有去中心化、不可篡改等特点，在保险领域具有广泛的应用前景。例如，利用区块链技术可以实现保险合同的电子化存储和智能合约的执行，从而简化保险合同的签订和理赔流程。同时，区块链技术还可以提高保险数据的透明度和安全性，降低欺诈风险。

5.2.3 数字保险的监管及其面临的挑战

5.2.3.1 数字保险的监管

近年来，监管部门加大对保险公司信息安全、数据保护、产品合规等方面的监管力度，要求保险公司加强内部管理、提升合规水平。同时，政府也出台了一系列政策支持数字保险的发展。

1. 制定专门的监管政策

监管机构针对数字保险的特性，如线上化、智能化、数据驱动等特性，制定了专门的监管政策与规定。这些政策明确了数字保险业务的准入条件，如保险公司的资本实力、技术能力、风险管理水平等；同时，规定了数字保险的经营范围，确保业务在合法合规的框架内进行。此外，监管机构还加强对数字保险业务的风险管理要求，包括风险评估、风险监控、风险处置等方面的规定，以防范和化解潜在风险。例如，2024年国家金融监督管理总局发布的《关于加强和改进互联网财产保险业务监管有关事项的通知》中，对互联网财产保险业务的监管进行了详细规定，包括保险公司的准入条件、经营区域拓展、业务流程管理、风险管理和数据安全保护等方面的要求。

2. 加强风险监测和预警

监管机构利用大数据、人工智能等先进技术手段，加强对数字保险业务的风险监测和预警。通过建立风险监测模型，实时分析业务数据，及时发现和识别潜在风险点。同时，监管机构还建立了风险预警机制，对可能引发系统性风险的事件进行提前预警和干预，确保市场的稳定运行。

3. 强化信息安全管理

在数字保险业务中，客户信息的安全性和隐私性至关重要。监管机构要求保险公司加强信息安全管理，确保客户数据的安全存储、传输和使用。这包括建立健全的信息安全管理制度，采用加密技术保护客户数据，以及定期对信息系统进行安全检测和漏洞修复等措施。此外，监管机构还加强对保险公司与合作伙伴之间的数据共享和交换的监管，防止数据泄露和滥用。

4. 推动行业自律

监管机构鼓励保险公司加强行业自律，共同推动数字保险市场的健康发展。通过建立行业协会或联盟，保险公司可以共同制定行业标准和规范，加强行业内的交流与合作，提升整个行业的竞争力和服务水平。同时，行业协会还可以发挥监督作用，对违反行业规范和标准的保险公司进行处罚和纠正，维护市场的公平竞争和秩序。

监管政策将继续对数字保险市场的发展产生重要影响。随着监管政策的不断完善和调整，保险

公司需要密切关注政策动态，及时调整经营策略和业务模式以确保合规经营。同时，监管部门也将加强对数字保险市场的监管力度，以维护市场秩序和消费者权益。

 课堂互动

组织学生分享自己知道的跨界合作案例，如保险公司与电商平台、医疗机构等的合作，并分小组讨论这些合作对数字保险发展的影响和意义。

5.2.3.2　数字保险面临的挑战

数字保险在快速发展过程中，面临着来自多个维度的挑战。

（1）技术更新迭代迅速。随着大数据、云计算、人工智能等前沿技术的不断发展，保险公司需要不断跟进和学习新技术，以确保业务的高效和准确。然而，技术更新也带来了系统兼容性和稳定性问题，要求保险公司投入大量资源进行系统的升级和维护。同时，部分中小保险公司由于数字化起步晚，数据基础较差，导致在数据收集、处理和分析方面存在困难，进一步加剧了技术面临的挑战。

（2）市场竞争激烈。传统保险公司的转型参与及新兴互联网保险公司的崛起，使得市场竞争日益白热化。竞争压力迫使保险公司不断创新产品和服务，提高客户体验，以吸引和留住客户。然而，产品和服务同质化现象严重，导致消费者在选择时难以区分不同保险公司之间的差异，进一步加剧了市场竞争面临的挑战。

（3）信息安全风险。数字保险业务涉及大量客户数据和信息，这些数据和信息的安全性和隐私性至关重要。然而，黑客攻击、数据泄露和网络诈骗等信息安全风险给保险公司和客户的财产及隐私带来严重威胁。保险公司需要确保客户数据的安全存储、传输和使用，防止数据泄露和滥用，这不仅涉及技术问题，还涉及法律和道德问题。

（4）消费者认知与接受度。部分消费者对数字保险的认知不足，对其便捷性和高效性持怀疑态度。同时，在数字保险领域，消费者信任问题也是一个重要挑战。如何建立和维护消费者对数字保险的信任感，提高消费者对数字保险的认知度和接受度，是保险公司需要解决的问题。综上所述，数字保险在快速发展的过程中需要应对多方面的挑战，包括技术、市场竞争、监管、信息安全和消费者认知与接受度等。

5.3　数字证券新业态

数字证券是金融科技与证券业务深度融合的产物。它依托数字化平台，利用大数据、人工智能等技术革新证券交易与服务模式。在发展历程中，依次形成互联网证券、移动证券和证券科技，逐步提升证券市场的效率、便捷性与智能化水平。

5.3.1　互联网证券

5.3.1.1　互联网证券及其特点

互联网证券也称网上证券或网络证券，是证券市场与互联网技术相结合的新型证券业务模式。

通过互联网平台，投资者可以更方便快捷地获取证券信息，进行交易操作，以及享受相关的投资咨询服务。

与证券公司的传统业务模式相比，互联网证券展现出了鲜明的特点，主要体现在以下几个方面：

（1）便捷快速。投资者无须亲自前往证券公司营业厅，只需通过互联网平台即可完成开户、交易、查询等一系列操作。这种线上服务打破了时间和空间的限制，使投资者能够随时随地参与证券交易。

（2）低成本。在传统证券业务中，投资者需要支付较高的佣金和手续费，而互联网证券平台通过优化业务流程和降低运营成本，能够为投资者提供更加优惠的交易费用，提高了投资者的收益水平。

（3）多元化。传统证券业务主要关注股票、债券等传统投资品种，互联网证券平台则引入了更加多元化的投资选择，如基金、期货、期权等，满足了投资者多样化的投资需求。

（4）透明性。投资者可以通过互联网平台与其他投资者、分析师等进行实时交流和讨论，获取更多的市场信息和投资建议。这种互动性不仅提高了投资者的参与度，还有助于形成更加开放和透明的市场环境。

（5）普惠性。通过大数据分析和人工智能技术，互联网证券平台能够为投资者提供更加精准的投资建议和风险管理方案，帮助投资者实现个性化的投资目标。

5.3.1.2　网上证券业务类型

网上证券业务分为网上证券发行与网上证券交易两种类型。

1. 网上证券发行

网上证券发行是指证券发行主承销商借助证券交易所的交易网络平台，将证券在交易所挂牌出售，而投资者通过证券营业部的交易系统来申购的发行模式。这一模式主要包括网上竞价发行、网上定价发行及网上定价市值配售三种具体形式。

（1）网上竞价发行是指主承销商作为唯一的"卖方"，利用证券交易所的交易系统，根据发行人设定的底价，将公开发行股票的数量输入其在交易所的股票发行专用账户。投资者作为"买方"在指定时间内通过交易所会员的交易柜台，以不低于发行底价的价格及限购数量进行竞价认购。

（2）网上定价发行是指发行价格已经固定，通过证券交易所先进的交易系统进行股票发售的方式。这种方式具有网络竞价发行的部分优点，但两者也存在主要差异。首先，发行价格的确定方式不同。定价发行是事先确定好价格，而竞价发行是事先设定发行底价，在发行时通过竞价决定最终的发行价格。其次，认购成功者的确认方式不同。定价发行是通过抽签决定，竞价发行则是根据价格优先、同等价位时间优先的原则决定。

（3）网上定价市值配售是指在网络发行过程中，将发行总量中的一定比例新股分配给二级市场投资者。投资者根据自己的上市流通证券市值及折算的申购限额，自愿申购新股。

2. 网上证券交易

网上证券交易是通过互联网在证券交易市场买进或者卖出证券，包括开户、委托、成交、交割和过户。

网上证券交易与传统营业部实体网点买卖证券并无本质差异，不过是交易渠道变成了证券公司的互联网金融平台，上市证券交易的基本流程如图 5-3 所示。

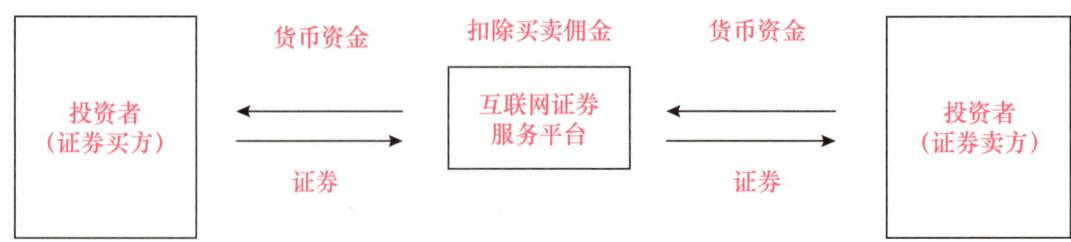

图 5-3　互联网证券上市交易基本流程

互联网证券买卖的基本业务流程：①证券的买方投资者通过互联网证券服务平台支付一定款项，获得所购证券；②证券的卖方投资者通过互联网证券服务平台交付一定证券获得相应价款。通过这两个流程，证券公司通过网上证券服务平台完成了证券买卖的中介活动，也获得了自身经营的利润—佣金收入。

5.3.1.3　互联网证券的发展

互联网证券起源于美国。早在 20 世纪 90 年代，美国金融行业与计算机科学发生了大量的接触与碰撞，使互联网证券登上了时代的舞台，掀起了全球性的网上交易新浪潮，各国争相进入网上证券交易领域。①但在我国，长期实现的只是网上交易、网上资金收付两个环节，互联网证券功能相对来说不完整。直到 2013 年 1 月，中国证监会批准《证券账户非现场开户实施细则》等文件，进一步规范了网上开户流程。互联网证券公司的经纪业务得以实现真正意义上的线上化。"互联网证券""互联网基金"的提法应运而生。2014 年 5 月，国务院发布《关于进一步促进资本市场健康发展的若干意见》中明确指出，要"引导证券期货互联网业务有序发展"。在政策推动下，2014 年证券公司互联网证券业务试点正式启动。2015 年开年，"互联网证券"概念被正式提出，中国在互联网证券领域开始了加速布局。

目前，我国证券网上开户与交易、点对点的投资咨询服务、网上路演与证券发行等已经全面实现。艾媒咨询（iiMedia Research）提供的数据显示，中国证券 App 用户规模增长迅速，从 2015 年的 0.4 亿人增长至 2022 年的 1.8 亿人，在 6 年时间里增加 3.5 倍，平均增速为 31.2%。2022 年，中国证券 App 用户同比增加 20.2%。艾媒咨询分析师认为，随着中国证券市场的不断成熟及投资者数量的持续增多，中国证券 App 用户规模仍将保持较快增长，预计 2025 年将突破 2.6 亿人。②中国互联网券商企业主要包括发展互联网证券的传统券商、以线上业务为主的纯互联网券商和从其他领域切入证券业务的互联网企业。

5.3.2　移动证券

移动证券，又称移动端证券服务，是基于移动互联网技术实现的证券业务形态。其核心功能是通过智能手机、平板电脑、智能手表（如 Apple Watch、华为 WATCH）等终端设备，依托 5G/4G 网络或 Wi-Fi 环境，为投资者提供实时行情推送、交易执行、资产管理和金融资讯等全场景服务。

---

① 何济川. 海外网络证券交易走势 [N]. 光明日报，2000-09-06.
② 艾媒咨询. 2022—2023 年中国互联网证券市场研究报告 [EB/OL]. （2023-02-28）[2025-04-09].https://finace.sina.com.cn/wm/2023-02-28/doc-imyifei28011726.sheml.

相较于传统电话委托或网页端证券服务，移动证券凭借其泛在化接入能力与智能化功能集成，已成为现代证券交易的主流方式。

从业务载体划分，互联网证券可分为网页端与移动端两大类型。网页端互联网证券主要通过 PC 浏览器实现，而移动端则以原生 App 为核心载体，辅以小程序、H5 页面及快应用等多形态入口，覆盖开户、交易、投顾、清算等全流程操作。用户通过移动终端可随时随地查看全球市场行情、管理个人投资组合、设置智能条件单，并完成资金划转、跨市场资产配置等操作。此外，移动证券深度融合 AI 技术（如智能选股、量化策略提醒）、社交化投资（跟单交易、社区讨论）及区块链存证功能，显著提升服务效率与透明度。

移动证券的核心优势体现在以下三个方面：其一，依托 5G 网络低延迟特性与边缘计算技术，即使在高铁、地下车库等弱网环境下仍可保障毫秒级行情同步与交易响应；其二，终端生态高度扩展，服务场景从手机、平板电脑延伸至车载系统（如特斯拉车载终端）、AR 眼镜等新兴设备；其三，安全体系全面升级，采用生物识别（人脸/指纹）、设备指纹绑定、量子加密传输等防护技术，符合《证券期货业网络和信息安全管理办法》的合规要求。

当前，移动证券的技术实现已高度标准化。投资者可直接通过应用商店下载经证监会备案的官方证券 App（如"涨乐财富通""东方财富"），无须区分运营商网络制式（中国移动/联通/电信）。早期依赖 WAP 网站、Java 程序或运营商定制软件的服务模式已被淘汰，CDMA 网络退网及功能机用户锐减进一步加速了这一进程。现代移动证券生态以智能化、全渠道、高安全为特征，成为推动普惠金融与资本市场数字化转型的关键力量。

5.3.3 证券科技

证券科技是指大数据、人工智能等数字科技与证券业务相融合而形成的数字证券新业态。目前，初步成型的有智能投顾和大数据证券服务两种。

5.3.3.1 智能投顾

智能投顾是智能投资顾问的简称，又称机器人投顾 (Robo-Advisor)，是一项融合人工智能、大数据、行为金融学等前沿科学成果的智能金融服务。智能投顾通过对用户的理财需求、风险偏好、投资行为等海量数据进行量化分析，构建全面的用户金融画像，利用深度学习技术，在资产选择、流动性预测、风险评估等方面对现代资产管理框架进行优化提升，为用户提供多种灵活的投资服务方案。智能投顾的基本业务逻辑如图 5-4 所示。

图 5-4　智能投顾的基本业务逻辑

与传统投资顾问相比,智能投顾具有高效率、低门槛、低费用、投资广、透明度高、操作简单、个性化定制等优势。因此,智能投顾更能满足广大投资者的需求。传统投顾以人为核心,服务内容一般都是非标准化的产品,投资顾问的能力差异巨大,很难给用户提供持续的服务。而智能投顾以标准化产品形式提供服务,用户可以自主完成使用、购买及投资的全流程,无须客服过多的介入,极大地减少了人为因素对投资者的误导。

智能投顾可以对数据进行24小时不间断处理、分析,这是传统投资顾问不具备的能力。智能投顾基于大数据建模分析,对投资趋势、方向形成预判,基于行情数据、用户情绪数据以及场外数据等多个维度,进行大数据的收集、建模及分析。

智能投顾的机器服务成本非常低,边际成本近乎为零,能很好地服务广大投资人群,市场空间巨大。而且,机器是没有情绪波动的,严格按照模型算法执行,可以高效完成不受人类情绪干扰的理性投资决策,有针对性地克服投资者在投资过程中容易产生贪婪或恐慌的情绪波动,并缓释信息不对称。

典型的投资顾问业务一般分为6个步骤:信息收集、投资者分析、大类资产配置、投资组合分析与选择、交易执行、资产再平衡。对应金融投资的不同业务阶段,所用到的智能系统功能也大不相同。按功能划分出现了3种类型的智能系统:大类资产配置型智能投顾、投研型智能投顾、量化交易智能投顾。不同的系统对应整个投资流程的不同阶段,因其作用的不同,覆盖的功能也不同,见表5-1。

表5-1 不同智能投顾系统功能

智能投顾类型	客户分析	资产配置	投资分析	策略形成	交易执行	分析反馈
大类资产配置型智能投顾	具备	具备	不具备	不具备	具备	具备
投研型智能投顾	不具备	具备	具备	不具备	不具备	不具备
量化交易智能投顾	不具备	不具备	具备	具备	具备	具备

相较传统人工投顾,智能投顾有着更低的成本,使普通家庭也能够享受专业的投顾服务,而且智能投顾能够发挥算法优势,由机器自动执行相关操作,因此配置和执行更为高效;而传统财富管理存在覆盖面有限、资源配置效率低下、普通消费者缺乏财富管理意识,以及刚性兑付未完全被打破等短板。

根据郭雳所著的《中国智能投顾的行业发展与监管重塑》,我国智能投顾尚处于"有限智能阶段",智能化程度较为不足。投资市场环境不佳、投资者素质亟待提升、专业投资顾问人才缺乏等外部问题,正掣肘着智能投顾的智能性发展。智能投顾服务在法律监管方面存在一定的风险,需要企业加强合规管理,确保业务合规。不过,智能投顾作为一种新兴的财富管理方式,在国内有着巨大的潜在需求。

5.3.3.2 大数据证券服务

1. 用户画像

证券公司应用大数据技术,对客户进行用户画像,目的是把握客户动向,找到营销对象。

（1）客户细分。通过对客户的账户状态（涵盖账户类型、生命周期阶段及投资时长）、账户价值指标（如资产峰值、均值、交易量、佣金贡献与成本等）、交易行为特征（包括周转率、市场关注度、持股比例、平均持股市值、持股时长、单笔交易均值及日均成交量等）、投资偏好分析（如偏好投资品种、下单途径及申购意愿），以及投资收益评估（本期及本年度的相对与绝对收益、投资能力等）进行深入研究，实施客户聚类与精细化划分。这一过程旨在揭示客户的交易模式类型，识别出最具价值与盈利潜力的客户群体，并明确他们最迫切的服务需求。基于此，人们能够更有效地调配资源、制定政策、优化服务，从而精准把握并服务好高价值客户。

（2）流失客户预测。依据客户的过往交易行为与流失记录构建预测模型，以评估客户流失的可能性。例如，海通证券在2012年自主研发的"基于数据挖掘算法的证券客户行为特征分析技术"，被主要应用于构建客户深度画像，并基于这些画像预测用户流失的概率。该技术通过对超过10万样本客户半年内的交易记录进行详尽分析，成功建立了客户分类、偏好识别及流失概率预测模型。该技术的初衷在于，通过量化分析客户行为，预测其未来可能流失的风险，为制定具有针对性的客户保留策略提供科学依据。

2. 精准营销

根据客户画像选择目标用户，依据用户的差异化特征提供点对点产品与服务，从而全面提升券商与客户的信息交互，加强公司的竞争力与影响力。

（1）实时营销。依据客户的当前状况实施营销行动，如当市场步入调整阶段时，客户往往倾向减少权益类资产的配置，增加泛固定收益类资产的比例。一旦监测到客户开始探寻泛固定收益类资产的信息，便可立即启动定向营销活动。此外，生活中的重大变化，如职业变动、怀孕、婚姻状况的改变或购房等，也被视为开展营销的契机。

（2）交叉营销，即不同业务或产品间进行相互推荐。例如，当数据分析显示某客户的资金频繁在保证金账户与银行托管账户间流转，同时参与股市投资和银行理财购买时，券商可以加大对资管产品的推广力度，以实现业务的交叉销售。

（3）个性化推荐。券商依据特定客户群体的独特偏好，提供个性化的服务或推荐，包括根据客户的年龄层次、资产规模及理财偏好等特征，对客户进行精确分类，深入挖掘其潜在的金融服务需求，并据此制订有针对性的营销方案。例如，对于偏好高杠杆、高风险投资的客户，券商可以联合期货公司及资产管理部门，推荐股指期货投资或劣后级产品份额 。

（4）客户生命周期管理。客户生命周期管理包括新客户的获取、防止客户流失及流失客户的赢回等关键环节。券商可以通过建立自己的预警模型，针对流失风险排名前30%的高净值客户，采取调整佣金、发行高收益产品、加强投资顾问跟踪服务等措施，以有效挽留客户。同时，券商也可以借鉴银行的客户管理模式，构建全面的客户管理模型，对客户实施全生命周期的维护，从而提升客户的整体体验。

日本百名青年看新疆

"我之前了解的中国太片面了，这次的新疆之行，让我感受到了中国的多元和包容、中国

① 劣后级产品份额是指在结构化金融产品的分层设计中，收益分配顺序位于优先级份额之后，需先承担底层资产损失风险的份额类别，其风险收益特征体现为高风险与潜在高收益的匹配性。

人的热情和友好!"新疆行的最后一天,日本创价学会大阪总务局职员长间敏夫充满了不舍。

2024年是日本创价学会名誉会长池田大作首次访华并受到周恩来总理亲切接见50周年。5月底,应中国人民对外友好协会和中日友好协会邀请,创价学会会长原田稔率百名青年代表访华,在新疆这片广袤无垠又厚重深沉的土地上,他们"刷新"并"丰富"了对中国的印象,更对"中日友好"四个字有了具象化的感受。

一、"到了新疆,才真正理解丝绸之路"

从飞机上俯瞰乌鲁木齐,城区平坦开阔,远处绵延的天山山脉将其抱入怀中。首次来到中国的代表团成员长濑千秋谈起对乌鲁木齐的初步印象时说:"这个地方看起来就像是我的故乡北海道,壮阔的自然风光让我倍感亲切。"

古丝绸之路绵亘万里,延续千年,新疆自古就是丝绸之路东西方经济文化交流的重要枢纽。5月的吐鲁番阳光炙热,走进柏孜克里克千佛洞遗址,一阵悦耳的热瓦普琴声飘来,带来一丝清凉。这里是吐鲁番市现存石窟中洞窟最多的石窟群,其中有壁画的洞窟有42个,这些壁画和佛像见证了多元文化在此交流融合。仔细聆听完千佛洞的讲解,代表团成员中冈弘树表示:"透过残留的精美壁画,我似乎依然可以看到曾经的盛景。这是伟大的人类文化遗产,给了我无尽的浪漫想象。"

二、"原来我对中国的认识只有皮毛而已!"

在乌鲁木齐市文化中心规划馆等待出发的间隙,代表团成员茅根美保买了一杯由机器人制作的咖啡。选择口味下单,手机扫码支付,点击一键制作……喝到一杯香气扑鼻的咖啡只花费了几十秒。和茅根美保一样,很多成员来到中国之后尝试了手机支付,扫码购买、无感支付带给他们便利又新鲜的购物体验。

从乌鲁木齐开车到吐鲁番的路上,一排排巨大的风力发电设备吸引了成员们的目光。他们不时拿出手机拍照,向导游询问这些电能将被用到何处。成员们纷纷表示,印象中的新疆是沙漠和戈壁,实际上新疆不仅风景优美、文化多元,经济社会发展也非常迅速。"百闻不如一见,只有来到了中国,才能更加了解中国"。

三、中日友谊金桥历久弥坚

中日关系,希望在人民,基础在民间,未来在青年。青年肩负着继承发展中日友好事业的光荣使命。在新疆师范大学,中冈弘树遇见了一位第一次见到日本人的日语系学生。在他的陪同下,中冈体验了中国茶艺,触摸了新疆民族乐器,还和机器人进行了一场棋艺博弈。"虽然我们国籍、年龄都不相同,但是和学生交流就像是老朋友见面一样,一下子就拉近了心与心的距离。他们的热情、活力也感染着我。"吉田知德说,中日友好关系始于每个人之间的友情,通过和学生们的交流,他更加深刻地体会到了这一点。

傍晚时分,新疆国际大巴扎集市游人络绎不绝。代表团一行在这里品尝刚出炉的烤馕和奶茶,欣赏琳琅满目的乐器,和当地舞者跳起了民族舞蹈。"快速发展""开放包容""热情好客",代表团成员畠山宏美这样总结了她对新疆的印象。她说,已经开始期待去中国其他地方看一看。代表团成员小泉玲菜说,所到之处都是人们热情友好的笑脸,新疆的所见所闻给她留下了无比美好的印象,回国后会和亲友分享这些珍贵的感受。"想要和更多中国人做朋友,想要成长为可以为两国友好做出更多贡献的人,通过青年一代的努力,让日中友谊金桥越走越宽"。

资料来源：日本百名青年看新疆："在新疆读懂中国的开放包容"［EB/OL］．人民网，2024-06-15．（有改动）

 本章小结

本章主要介绍了数字金融业态中的银行、保险与证券领域的创新发展。在银行类数字金融新业态方面，阐述了传统银行数字化转型路径，以及互联网银行、直销银行、开放银行与 API 经济等数字银行类型的特点与业务模式。数字保险新业态内容涵盖数字保险的内涵与发展、创新模式与监管及其面临的挑战，其借助数字化技术实现保险业务升级。数字证券新业态则讲述了互联网证券、移动证券和证券科技的相关内容，包括各自的特点、业务类型与发展情况等，展现了数字技术对金融各领域的深刻变革与重塑。

 课后思考题

1. 传统银行与数字银行有什么区别？简要说明传统银行的数字化转型路径。
2. 分别阐明什么是直销银行、互联网银行、智能银行与开放银行，并指出各自的特点。
3. 数字保险的创新模式有哪些？
4. 分别阐明什么是互联网证券、移动证券、证券科技，并指出各自的特点。

 微课资源

微课视频

第6章 数字普惠金融

学习目标

★ 了解数字普惠金融的内涵、主要特征、地位及作用。
★ 了解数字小额信贷的技术经济特征、运作与管理。
★ 了解众筹的内涵、性质及类型等。
★ 了解区块链供应链金融的概念、发展前景。

素养目标

★ 能够探索如何利用数字技术解决金融排斥和金融不平等问题。
★ 激发对社会责任的认同,以科技助力金融公平惠众。

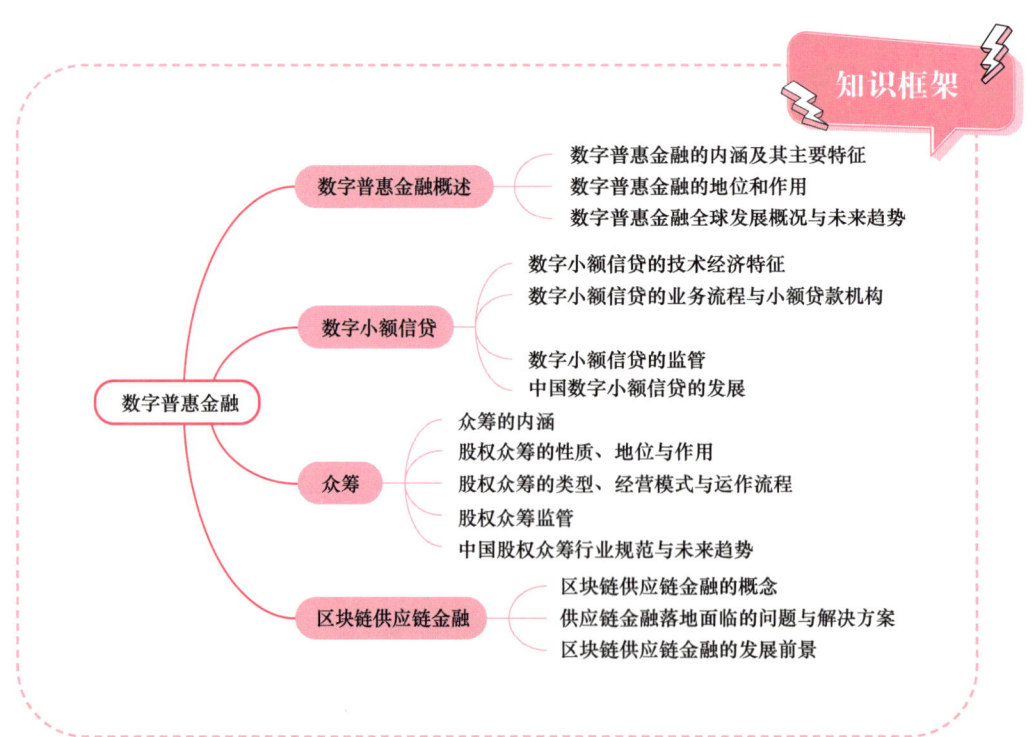

马背上的"指尖"支付

数字普惠金融是数字技术与普惠金融相融合的产物,移动货币是数字普惠金融的一种实现形式。本案例给出了一个移动货币推动残疾人金融包容性的事实,由此我们将切入数字普惠金融的不同业态。

在过去10年中,移动货币在撒哈拉以南非洲地区的普及一直是推动数百万传统银行服务不足的人实现金融包容的催化剂。全球超过一半的活跃移动货币账户现在位于该地区,肯尼亚和加纳是世界上最大的两个移动货币市场。此外,国际金融公司将加纳列为非洲增长最快的移动货币市场,大大提高了服务欠缺社区的金融包容性。

考虑到这一增长轨迹及通过手机进行交易的便利性,移动货币和其他数字金融解决方案有可能显著改善残疾人的金融包容性。

今天,全球有15%的人口患有至少一种残疾,其中80%生活在低收入和中等收入国家,尽管这一人口比例很高,但残疾人在获得金融服务方面仍然受到限制。鉴于这一现实,移动货币可以为残疾人提供更加公平的机会。

资料来源:作者根据相关资料整理编写。

6.1 数字普惠金融概述

6.1.1 数字普惠金融的内涵及其主要特征

数字普惠金融(Digital Financial Inclusion,DFI)概念在2016年杭州G20峰会上首次被正式提出。根据普惠金融全球合作伙伴(Global Partnership for Financial Inclusion,GPFI)的定义,数字普惠金融泛指一切通过数字金融服务促进普惠金融的行动。它的目的是运用数字技术为无法获得金融服务或缺乏金融服务的群体提供一系列正规金融服务。其具体内容包括各类金融产品和服务,如支付、转账、储蓄、信贷、保险、证券、理财、银行对账单等服务,通过数字化或电子化技术进行交易。

数字普惠金融是普惠金融与移动通信、大数据、人工智能等尖端数字技术的深度融合结果。普惠金融致力于确保个人及小微企业(MSE)能够获取并利用一系列适宜的金融产品和服务,这些服务对消费者来说既便捷又安全,同时对于服务提供者而言,也具备商业可持续性。与普惠金融的宗旨一致,数字普惠金融同样将小微企业、农民以及城镇低收入群体等社会弱势群体作为核心服务对象,旨在以合理的成本满足他们的金融需求。然而,相较于传统的普惠金融,数字普惠金融展现出以下显著特点。

1. 数字技术支撑

近年来,普惠金融与数字技术的融合日益紧密,这一趋势极大地加速了普惠金融的进程,催生了数字普惠金融这一新型金融业态。2010年,《G20创新性普惠金融原则》的制定,为初期的努力

① G20.二十国集团数字普惠金融高级原则[EB/OL].[2025-04-09].http://www.pbc.gov.cn/goutongjiaoliu/113456/113469/3142307/20160914190744184496.pdf.
② 中国人民银行,世界银行集团.全球视野下的中国普惠金融:实践、经验与挑战[R/OL].https://www.pbc.gov.cn/goutongjiaoliu/113456/113469/3481224/index.html.

与政策推动奠定了坚实基础。在此基础上，2016年推出的《二十国集团数字普惠金融高级原则》进一步鼓励各国结合自身实际情况，制订并实施国家行动计划，旨在充分挖掘数字技术为金融服务带来的巨大潜能。因此，数字技术赋能成为数字普惠金融的核心特征。只有积极且高效地运用前沿数字技术，才能有效推动数字普惠金融稳健而迅速地发展。此外，数字普惠金融的蓬勃发展还依赖国家信息通信技术（ICT）的不断进步。

2. 成本经济

依据G20普惠金融全球合作伙伴（GPFI）准则，数字普惠金融所提供的金融服务旨在满足弱势群体的需求，且以负责任、成本可承受的方式实施，同时确保对服务提供商而言具有可持续性。这凸显了成本经济性作为数字普惠金融的核心要求。反观传统金融领域，长期以来存在的金融排斥现象在很大程度上源于成本效益的不经济性。联合国相关调查显示，多数未开设账户或不使用正规金融服务的人群，主要原因在于难以承担高昂的资金与时间成本。因此，金融机构在向弱势群体提供普惠金融服务时，必须确保服务成本对他们而言是可负担的，避免高利贷、过度服务等违背普惠金融初衷的行为。同时，金融机构自身也需承担服务成本，以保障其能够持续发展，进而持续推动普惠金融事业的进步。而移动互联网、卫星通信及大数据技术的运用，可以显著降低普惠金融的准入门槛和运营成本。由此可见，信息和通信技术已成为推动数字普惠金融发展的关键要素。

3. 全面、方便、快捷

传统的普惠金融虽致力于服务弱势群体，但受限于技术与物理网点的覆盖范围，其服务往往难以被广泛触及，且手工操作方式难以满足现代金融服务对便捷性的高要求。然而，数字普惠金融凭借技术的强大支持，能够高效、全面且便捷地服务社会各阶层与群体。数字服务渠道打破了时空的局限，使得金融机构能够以较低的成本将服务延伸至更广泛的区域，特别是那些分散且数量众多的小微企业等普惠服务对象。通过大数据的综合运用，金融机构能够更准确地了解客户信息，实现精细化客户画像，从而降低信息不对称。此外，模型与算法的应用推动了风险控制的线上化、标准化与智能化，显著提升了金融机构在整个业务流程中的风险管理能力。借助数字化技术，金融机构能够融入各类场景构建生态系统，从而更加贴近客户、深入了解客户需求，并提供"一站式"服务，全面满足客户的多样化需求。实际上，在过去的十多年里，数字金融已经显著提高了G20国家及非G20国家的妇女、贫困人口、年轻人、老年人、农民等群体及中小企业这些未被充分服务的消费者的金融服务可获得性。

6.1.2 数字普惠金融的地位和作用

数字普惠金融是对传统金融的有益补充，在扩大金融服务覆盖面、减缓贫困、缓解小微企业融资难、降低消费者支付成本等方面都发挥着积极作用，发展数字普惠金融是减缓贫困和实现联合国可持续发展目标的关键。

数字普惠金融的地位和作用具体体现在以下几个方面：

（1）数字普惠金融拓宽了传统金融的服务对象，改变了"穷人缺少信用，不会管理资金"的传统偏见，增加了穷人金融服务的可得性，有助于缓解扶贫领域的精英俘获[①]所带来的不平等问题，是对传统金融的有益补充。

---

① 精英俘获，指的是本应该瞄准贫困人口的扶贫项目和资源，却被村庄内的富裕精英群体获得的现象。

（2）数字普惠金融加快了数字技术的运用，为普惠金融的持续发展提供了新路径。

（3）数字普惠金融蕴含着人类命运共同体金融理念，由此在促进全球均衡发展的基础上，将为发展中国家及落后地区带来难得的发展机遇，推动国际金融体系变革，让世界各国、各阶层都能共享数字金融的成果。从全球视角来看，数字普惠金融体现了以人为本的原则，与全球包容性发展方向一致。

（4）数字普惠金融增加了金融发展的新方式。在数字化浪潮推动下，银行、保险、金融科技公司等机构创新出多样化的普惠金融产品，这些多样且适当的产品为健全现今金融体系贡献力量，成为全球金融结构性改革的重要因素。

（5）数字普惠金融为信用风险管理领域带来了创新的解决方案。传统金融领域中的"二八法则"之所以盛行，很大程度上是因为80%的客户缺乏足够的信用记录，且抵押担保条件不足。以中国为例，据统计，中国小微企业总数已超过8000万户，其中大部分企业属于缺乏信用记录的"白户"，或近乎"白户"的状态，这类企业往往难以从银行获得信贷支持。中国数字普惠金融的实践则通过大数据风控技术和征信平台来破解这一难题。具体而言，中国在普惠金融的发展过程中，积极推动地方征信平台的建设，将原本分散在地方政府各部门的工商、税务、进出口、社保、公积金等与企业相关的数据进行整合与应用，为金融机构提供强有力的信息支撑。这一举措实现了小微企业数据的有效流动与利用，真正做到了"数据跑路、信息证实、信用发声"。同时，中国还通过建设小微企业数字征信实验区，开展征信链应用平台的试点工作，逐步推进"数据互联、征信互通、协同互信、监管互动"的目标。这些努力旨在打破"信息孤岛"，提升信用信息的透明度与共享度，从而为小微企业创造更加公平、高效的融资环境。

总之，数字普惠金融进一步提高了普惠金融服务的便捷性与可得性，扩大了金融服务覆盖范围。努力推广数字金融普惠将助力实现联合国可持续发展目标——消除贫困。在世界范围内，积极发展数字普惠金融越来越成为多国政府的政策目标。中国政府也采取了积极政策支持普惠金融的可持续发展。

6.1.3 数字普惠金融全球发展概况与未来趋势

自2008年国际金融危机爆发以来，全球数字普惠金融取得了长足发展。近年来，全球性健康危机的发生推动了普惠金融发展，呈现出新的发展动向。

6.1.3.1 发展概况

1. 账户拥有率持续增长

2021年，全球金融包容性指数数据库（Global Findex）显示，正规金融服务的扩张创造了新的经济机会，缩小了账户拥有率方面的性别差距，提高了居民家庭应对金融冲击的韧性。

截至2021年末，全球76%的成年人在银行、其他金融机构或移动货币（Mobile Money）服务商处拥有账户，相较2011年的51%及2017年的68%呈现进一步提升态势。不仅如此，拥有账户人数的增长分布更为均衡，更多国家出现增长情况。而在过去10年里，Findex开展的数轮调查中，

---
① 宗良. 数字普惠金融将成全球潮流[N]. 经济日报, 2021-10-27.
② 中国人民银行. 中国普惠金融指标分析报告（2020年）[R/OL]. http://www.pbc.gov.cn/goutongjiaoliu/113456/113469/4335821/2021090816343161697.pdf.

此前有账户人数的增长主要聚焦于印度与中国。2021年，发展中经济体成年人账户拥有率已经达到71%，比10年前的42%提高了29个百分点。

在电子支付方面，甚至包括许多非洲国家、南亚和中东国家，已经有超过20%的人口拥有移动支付账户。另外，发展中经济体的男性和女性账户拥有率差距首次下降，从原来相差9个百分点降到6个百分点。在非洲、中东和拉丁美洲，手机钱包的使用人数正在迅速攀升。截至2019年末，79%的肯尼亚成年人开通了手机钱包账户。肯尼亚的手机钱包（M-Pesa）和类似的应用程序允许用户通过各种手机收款或付款，并可以通过服务提供商获得小额贷款、开立储蓄账户等服务。移动货币账户推动了撒哈拉以南非洲地区普惠金融大幅增长。

2. 数字支付迅速增加

2020年开始，数字支付的使用数量迅速增加。数字支付包括通过电子钱包进行的消费支付、金融支付、个人支付及其他支付交易。作为数字普惠金融的主要实施工具，数字支付尤其适合小额支付。目前全球有2/3的成年人以数字形式收款或付款，而在发展中经济体，这一比例从2014年的35%增长到2021年的57%。①

截至2023年，中国数字支付依旧在全球保持领先地位且规模持续扩大。中国人民银行发布的《2023年支付体系运行总体情况》报告等相关资料显示，近年来中国数字支付交易规模呈现稳步增长态势。例如在2021年，非银行支付机构处理网络支付业务金额达112.6万亿元。②

蚂蚁集团的支付宝用户量已经达到了13亿人，腾讯的微信支付用户量也达到了9亿人。这些基于移动界面和二维码技术的支付程序，为众多金融服务如小额贷款、货币市场基金及健康保险（如"相互保"）等铺平了道路。

2019—2022年，中国的数字支付系统发挥了至关重要的作用，它不仅维持了经济的正常运转，还有效实现了"无接触式数字支付"，如面部识别、二维码扫描及近场通信（NFC）支付等，在销售点（POS）的应用，大大降低了现金交易传播接触的风险。同时，这些支付方式也确保了消费者能够足不出户地购买生活必需品，从而帮助小型企业在经济动荡时期维持并增加收入。此外，在线支付还能够迅速地将经济刺激资金发放到消费者手中。例如，中国的一些地方政府通过微信支付向民众发放了代金券，以此鼓励他们进行即时消费。这些支付方式不仅让小型企业能够持续收款，也让个人能够以快速且低成本的方式向亲属转账或汇款。

在除中国以外的低收入和中等收入经济体中，2022年之后，数字支付使用率增长了40%，在所有中低收入经济体中，超过1/3的人直接通过正规账户支付公用事业账单。在菲律宾，从2020年3月中旬到4月底，远程开设的支付账户数量达到了400万。在印度，超过8000万成年人在新冠疫情开始后首次使用数字支付方式向商户付款；而在中国，这一数字更是超过了1亿。在秘鲁，通过移动钱包进行的支付项目将该国最大的移动运营商和银行完全整合在一起。在泰国，政府的快捷支付系统"即时支付"（PromptPay）也达到了同样的目的。

3. 数字信贷：从支付数据到小额信贷

随着数字支付的普及和增长，数字信贷也逐渐兴起并发展成为普惠金融的重要组成部分。在一些国家和地区，数字普惠金融正在从"支付"向"借贷"延伸。

---

① 新冠疫情推动全球数字支付迅猛发展[J]. 财经界，2022（22）：32-33.
② 中国人民银行. 2023年支付体系运行总体情况.[R/OL].[2025-04-11]. http://www.pbc.gov.cn/goutongjiaoliu/113456/113469/5314683/20240328152359l4509.pdf.

全球范围内，市场借贷作为数字借贷的一种来源，其规模虽然较小，但增长迅速。从 2015 年到 2017 年，市场借贷的规模翻了一番，达到了 4000 亿美元。尽管在大多数国家中，市场贷款所占 GDP 的比例不到 0.5%，但其增长潜力不容忽视。

总体上，虽然与整个金融系统相比，数字信贷规模较小，但在一些经济体中，数字信贷已经具有一定的经济规模，尤其在中国，政策实施与银行数字化加速，极大地推动了数字信贷的规模化。中国人民银行数据显示，截至 2021 年末，人民币普惠金融领域的贷款余额已经高达 26.52 万亿元，同比增长 23.2%；全年增加 5.02 万亿元，同比增加 7819 亿元。普惠小微贷款余额为 19.23 万亿元，同比增长 27.3%；全年增加 4.13 万亿元，同比增加 6083 亿元。农户生产经营贷款余额为 6.84 万亿元，同比增长 14.1%；创业担保贷款余额为 2349 亿元，同比增长 6%；助学贷款余额为 1468 亿元，同比增长 12.3%。2021 年末，全国脱贫人口贷款余额为 9141 亿元，同比增长 16%，全年增加 1260 亿元。小微贷款投放规模快速上升，在帮助中小企业融资方面发挥了重要作用。

课堂互动

请学生思考并分享自己或身边人使用数字普惠金融的实例。比如，是否使用过支付宝或微信支付进行日常消费？是否通过网上银行申请过贷款？是否了解并参与过政府的数字支付项目，如电子社保卡、数字人民币红包等？分享时，请简要说明使用体验及感受。

6.1.3.2 未来趋势

就目前发展看，各国政府的政策回应将进一步推动数字金融服务的增长。2022 年后，全球数字金融的普及程度越来越高，未来，数字普惠金融的发展趋势如下：

（1）经营和政策环境进一步改善，包括增加投资改善数字普惠金融基础设施，提供廉价而实用的移动电话和可负担的互联网接入；加强消费者保护，制定良好的监管法规并维持其稳定性。

（2）建立数字身份识别系统。无法验证身份是一些人仍被排除在金融服务之外的主要原因之一。印度和菲律宾等国的经验表明，政府的身份识别项目和金融普惠项目可以协同开展，为边缘化人群提供官方身份证明文件和金融账户。政策制定者需要做出更多努力，将服务不足的群体特别是妇女和穷人纳入金融服务体系。

（3）政府支付的数字化。政府支付的数字化不仅直接有利于居民家庭，也有助于建设数字金融生态系统，因为通过账户接收资金的人更有可能利用自己的账户进行支付并使用其他金融服务。因此，政府的数字支付可以成为为社会项目收集可靠信息、识别项目覆盖缺口和重叠的基础。随着数字支付的日益普及及其成本的下降，更多私营企业将以电子方式向员工和供应商付款。在当前各国政府预算约束收紧的形势下，促进数字支付有助于减少避税逃税，增加政府收入。

（4）降低跨境付款（尤其是汇款）成本。跨境汇款是低收入国家家庭的重要支撑，当前跨境汇款的成本虽然正在缓慢下降，但仍接近 7%，依然高于联合国可持续发展目标设定的 3% 的目标。数字金融在促进更加负担得起的跨境交易（如汇款）方面具有巨大潜力。

（5）数字信贷规模化。中国的数字信贷规模化领先全球，这为发展中经济体提供了良好借鉴。

---

① 中国普惠金融研究院. 金融科技的前景：后疫情时代的普惠金融 [R/OL]. https://zhuanlan.zhihu.com/p/334636784.
② 中国人民银行. 2021 年金融机构贷款投向统计报告 [R/OL]. [2025-04-11]. http://www.pbc.gov.cn/goutongjiaoliu/113456/113469/4464086/2022013010434016509.pdf.

自 2020 年以来，数字信贷成为中国服务实体经济的"新利器"，从根本上改善了对小微企业、个体工商户和农户的贷款服务。世界银行坚决致力于通过数字化扩大金融包容性。在示范效应和世界银行推动下，发展中经济体将会加快数字信贷发展。

此外，从短期来看，国家之间和国家内部数字普惠金融进展的鸿沟可能会扩大。一方面，发展数字基础设施需要花费资源和时间，将使那些难以获得数字普惠金融的国家无法迅速扩大规模，因为它们需要将其更加广泛地用于卫生和经济支持方面的支出。另一方面，由于潜在的更高的需求和当局实施的相关支持措施，已经拥有大量数字金融服务机会的国家可能将进一步加快数字金融服务的采用。

6.2 数字小额信贷

6.2.1 数字小额信贷的技术经济特征

数字信贷是指利用数字技术开展信贷业务，其中既包括传统金融机构利用数字技术开发的信贷产品，也包括大科技公司提供的"大科技信贷"。数字小额信贷则是数字信贷在小额信贷领域的具体应用。作为小额信贷的一个分支，数字小额信贷同样面向穷人和小微企业，但其借贷机制与传统小额信贷有所不同。数字小额信贷借助数字技术管理信贷规模，并对小额信贷的风险进行评估与定价。其强大的数据分析技术能够有效突破抵押的技术壁垒。凭借数字技术的赋能，数字小额信贷以更低的获客成本和贷款管理成本，在全球范围内逐渐占据主导地位，部分或完全取代了传统小额信贷。

传统小额信贷为了应对这一挑战，采用了集体借贷模式，这是一种创新的解决方案，旨在通过集体责任和同伴压力来降低违约风险。

在集体借贷模式下，一组借款人共同申请贷款，并相互承诺对彼此的还款责任负责。这种模式的核心理念是，通过集体的力量来增强个体的还款意愿和能力。一旦某个小组成员违约，其他小组成员将承担连带责任，需要补足该成员的还款额。这种机制利用了同伴间的社会压力和责任感，有效地提高了贷款的偿还率。

然而，数字小额信贷则主要依赖数字技术，通过移动电话与计算机系统的交互来发起贷款请求、接收贷款及偿还贷款。整个贷款流程仅涉及有限的面对面接触，大大简化了贷款流程。同时借助计算机数据处理技术，尤其是大数据技术，数字小额信贷能够更全面地了解客户背景，从而帮助克服抵押的技术门槛。这种新型的数字贷款机制为贫困阶层提供了更加便捷、高效的金融服务。基于数字技术，数字小额贷款衍生出不同于传统小额贷款的其他属性和特征。

（1）即时性。基于客户数据的可用性和数字通信速度，数字信贷可以即时发放。从申请到做出信贷决定的过程在几秒钟或最多 24 小时内完成。贷款给付和催收以数字方式进行，因此非常迅速。贷款服务的即时性意味着它可以新的方式进行配置，以便在需要时提供帮助，并在消费者适当的时候偿还贷款；即时性也意味着贷款期限可以很短，在某些情况下，贷款期限只有几天，甚至几个小时。

---

① 黄卓，胡诗云．数字金融服务实体经济：信息的视角 [J]．保险研究，2024(11):3-14.

（2）数字化、自动化。客户从注册到申请，再到最终还款的整个过程，需要有关信用额度、客户管理和收款的决策。数字信贷服务依据预设参数，将上述每一个决策过程数字化。这些参数虽然可能随着时间的推移而演变，但个案决策是高度自动化的，自动化允许服务快速移动并快速扩展。

贷款决策是数字化的，并利用非传统数字数据：在缺乏征信机构数据和许多潜在借款人正式财务记录的情况下替代数字数据源，如语音、通话时间、移动货币使用，有时甚至是社交媒体和公用事业支付数据，被用于通知初始信用决策。这些变量被组装成计算机化的决策树，并替代人工决策过程。

贷款资格是通过现有的数字访问实现的：数字支付和通信渠道构成了数字信贷交付的关键渠道。虽然不需要以前金融账户的所有权和信用记录，但许多数字信贷部署的先决条件都是现有的手机和移动货币服务订购。

（1）远程性。贷款的数字化性质解决了传统信贷产品的地理准入障碍，并增加了对服务不足和未得到服务客户的潜在影响。客户无须前往银行分行，可以远程进行贷款申请、交付和还款（或存款）等数字信贷交易。借助已经建立的强大的国家数字身份基础设施，信贷机构可以允许远程开户，通过消息和呼叫中心用电话处理与客户的通信，包括还款提醒和部分还款，这些在传统的信贷交付模式中难以实现。对于数字信贷机构来说，远程验证也是一个关键的风险管理工具，因为在提供初始信贷之前，信贷机构通常缺乏关于借款人的可靠信息。同时，由于大多数交易是通过数字渠道进行的，因此借款人和贷款人之间的面对面互动在数字信贷交付方面受到限制。

（2）小微化。数字信贷的财务动态与传统的消费贷款或小额信贷产品有着根本的不同，通常数字信贷的贷款规模较小且贷款期限较短。由于贷款规模较小，贷款成本与较高的贷款损失风险和较高的贷款成本比率有关，因此年化利率非常高。

上述不同于传统小额信贷的强大的新属性使数字小额信贷快速扩展，获得新的无银行账户客户，而无须构建昂贵的实体基础设施，极大地提升了小额贷款的可得性。

扩展阅读

小额信贷

小额信贷是一项金融服务，旨在以优惠的利率向贫困线以下的人群提供小额资金，助力他们成为个体经营者，也就是扶持小企业家开创自己的事业。现代小额信贷通常被认为起源于1983年在孟加拉国成立的格莱珉银行。作为小微金融或普惠金融的组成部分，小额信贷不仅提供贷款服务，还扩大了贫困人群获取金融服务的范围，特别是为他们开设了储蓄账户。许多传统银行随后引入了小额信贷，尽管最初存在疑虑，但事实证明，即便没有抵押物，穷人也能可靠地偿还贷款，这显示了小额信贷作为一项业务的潜在可行性。

联合国将2005年定为国际小额信贷年。截至2012年，小额信贷在发展中国家得到了广泛的推广和应用，被视为"具有巨大潜力的扶贫工具"，并被认为可能有助于减轻女性贫困问题的手段。

资料来源：作者根据相关资料整理编写。

6.2.2 数字小额信贷的业务流程与小额贷款机构

1. 数字小额信贷的业务流程

M-Shwari是一种在世界若干地区得到广泛采用的小额信贷服务，其业务模式具有代表意义，

尤其在欠发达国家和地区具有典型性。

M-Shwari 是 2012 年在肯尼亚推出的第一个完全基于手机的数字信贷账户，由非洲商业银行 (CBA) 和肯尼亚电信运营商 Safaricom 联合推出。之后的头两年内，M-Shwari 非常成功地赢得了 200 万客户。M-Shwari 贷款为短期贷款，可以用来管理现金流；储蓄账户为客户提供有竞争力的利率。对 M-Shwari 用户的调查证实，他们主要通过储蓄和借贷来管理现金流波动和应对意外需求。

M-Shwari 的账户由 CBA 发行，但必须与 Safaricom 提供的移动货币 M-Pesa 相关联。CBA 在肯尼亚没有零售业务，因此无法推广或服务新账户。为了开设 M-Shwari 账户，CBA 将使用 Safaricom 的客户身份数据。它们具有与 M-Pesa 本身相同的交易和余额限制，因为两者都需要通过委托给 M-Pesa 代理进行客户身份验证。

M-Shwari 的客户必须为 M-Pesa 平台的活跃用户。使用 M-Shwari 需要注册 M-Shwari 账户，但它没有开户费或月费，也不设最低账户余额。注册方式很简单，只需打开手机，访问 M-Pesa 菜单，在菜单上选择 M-Shwari，再选择激活 (Activate Account) 就完成了整个注册过程。客户打开和操作 M-Shwari 账户，无须访问任何银行，填写银行开户手续。申请服务时，需要输入用户手机 SIM 卡的个人识别密码 (PIN)；然后阅读条款，同意选择 OK，否则选择 Back (退回)。若选择同意，则发送申请，等待 M-Pesa 回复。M-Pesa 回复：你的 M-Shwari 申请已经收到，即将处理。处理回复：你的 M-Shwari 账户已经创建。若未收到菜单，请致电询问。M-Shwari 菜单内容：①对 M-Shwari 发送请求；②从 M-Shwari 取款；③贷款；④查询余额；⑤交易记录。

注册后，用户可以访问一个全面运作的银行账户，该账户提供存款、取款、应计利息储蓄和信贷等关键服务。客户可以直接在手机上申请贷款，并自动获得评分和批准。申请贷款的程序很简单，只需在用户手机上执行以下操作：①访问 M-Pesa 菜单；②选择贷款和储蓄；③选择 M-Shwari；④选择贷款；⑤请求贷款；⑥输入金额；⑦输入用户 M-Pesa PIN。

贷款申请批准后，贷款支付 (Disbursement) 存入客户的移动货币账户，既可以在代理处兑现，也可以保留在移动货币账户中以执行交易，如 P2P 转账、账单支付和商家支付。付款是通过手机 (将现金转换为电子货币的代理) 进行的，将资金从移动货币账户推送到数字信贷账户。客户存款可以通过 M-Pesa 账户转入 M-Shwari 储蓄账户，M-Pesa 和 M-Shwari 账户之间的转账是免费的。

使用 M-Shwari 应用程序，客户可以在几分钟内申请并获得小额贷款。程序系统会根据每个客户 Safaricom 通信、M-Pesa 使用情况，M-Shwari 储蓄余额和 M-Shwari 贷款偿还情况的历史记录，给予其特定贷款金额的授信。特定贷款金额介于 100~20000 肯尼亚先令 (1.25~235 美元) 之间，平均规模约为 4.8 美元，个人贷款为期 1 个月。M-Shwari 贷款没有利率，但有 7.5% 的"便利费"，这是对贷款征收的一次性费率。贷款有 30 天的还款期，在此期间必须偿还贷款和"便利费"，违约的后果是递增的。如果用户在还款期结束时有未偿还余额，贷款将再延长 30 天，并对未偿还余额征收 7.5% 的"展期"费用。除此之外，M-Shwai 账户中的任何储蓄、未偿贷款余额都将被冻结。因此，M-Shwari 的储蓄在某种程度上充当了贷款的抵质押品。如果贷款未在 90 天内全部偿还，用户将因拖欠贷款而被列入"信用参考局"的黑名单。客户如果不偿还贷款，将会收到手机被停机的惩罚。鉴于 Safaricom 在肯尼亚的市场主导地位，人们并不想冒手机被停机的风险。这样，手机通信成了贷款的真正抵质押品。

M-Shwari 为客户提供锁定储蓄账户 (Lock Savings Account) 功能。锁定储蓄账户到期日由客户在开户时确定，期限为 1~12 个月。但是，锁存期内客户可以从账户中提取资金，提款申请在 48 小时内处理。账户没有月费，最低储蓄金额为 500 肯尼亚先令，投资期内利率固定，每日计算，到期支付。锁定储蓄账户存款按日计息，按月支付利率，随存款金额不同而分不同档次：1~20000 肯尼亚先令，年率 3%；20001~50000 肯尼亚先令，年率 5%；大于 50001 肯尼亚先令，年率 6%。M-Shwari 储蓄账户适合寻求较高利率存款期限需求为 1~6 个月的客户。

2. 数字小额贷款机构

贷款机构在小额贷款中扮演着主导角色，其中小额信贷机构是专门向个人及企业提供小额信贷服务与产品的经济组织。与银行相似，小额信贷机构同样扮演着信贷提供者的角色。然而，它们的服务范围不仅限于为初创企业或小商人提供资金支持，还涵盖了正规金融部门忽视的贫困群体，为他们提供类似金融的服务。

小额贷款行业在全球范围内持续扩大其市场规模，且仍然保持着活跃的发展态势，这些机构在组织形态、规模大小、运营经验、法律法规遵循、战略定位及预算安排等方面均存在显著差异。从组织类型来看，小额信贷机构涵盖了储蓄与信用合作社、非政府组织、国际组织设立的项目、经法律认可的小额信贷机构及小额信贷银行等多种形态。在资金来源方面，非政府组织主要依赖政府补贴和银行贷款，且不得接受借款人的储蓄；信用合作社则主要依赖客户储蓄；而非银行业金融机构虽可接受部分储蓄存款，但其资金主要来源于股东出资。

在规模上，小额信贷机构的服务对象数量从 100 个客户到数百万个客户不等。其中，一些规模较大的机构除了提供贷款产品、储蓄账户和保险等基本金融服务外，还涉足培训、教育等非金融服务领域，或推出针对当地问题的特定解决方案。例如，中国小额信贷市场上的领军企业蚂蚁金服，已发展成为一家综合性金融集团公司。

实际上，许多小额信贷机构最初都是以非营利性组织的身份出现，依靠政府资金或私人补贴维持运营。受到格莱珉银行成功模式的启发，20 世纪 80 年代全球范围内新成立的小额信贷机构数量迅速增长，其中不少由非政府组织发起，并依靠公共和私人来源的赠款与补贴提供资金支持。随着各国对小额信贷作为扶贫工具价值的认可，小额信贷机构的重点逐渐从非政府组织模式转向促进可持续发展的行业，旨在以公平的价格为穷人提供金融服务，同时为商业投资者带来合理的回报。因此，如今许多小额信贷机构已转型为独立银行，基于市场利率发放贷款，并更加重视储蓄计划的推广。

6.2.3 数字小额信贷的监管

数字小额信贷仍处于早期阶段，其商业模式尚未定型，与之相关的监管也因各国国情不同而存在重大差别。整体而言，由于小额信贷伴随数字化进程从最初的单纯非营利性扶贫项目转向商业化模式，这就带来了相应的金融监管问题，因此尽管各国监管法律、监管机构各具特色，但在维护小额信贷稳健发展这一任务面前又是相同的，都需要监管机构在其中发挥引导和风险防范作用。

监管机构面临以下三个重要问题：

（1）监管缺失。数字信贷的准入门槛低，而且扩张速度迅猛，以致很难跟踪谁向谁贷款。由于在该领域运营着大量不受监管的贷方，以及所使用的渠道范围广泛，如 SIM 卡工具包、非结构化补充数据业务（Unstructured Supplementary Service Data，USSD）、应用程序和网络浏览器等，这使得情况变得更加复杂。

（2）道德风险。随着小额信贷的快速发展，发展中国家普遍面临社会信用体系不完善问题。不完善的信用体系往往会放大信息不对称的负面影响，进而可能滋生道德风险。一方面，对于小额信贷机构来说，借款人信息准确性难以把握、欺诈行为难以有效识别，借款人无法到期偿还本金和利息，从而带来了贷款损失的隐患。另一方面，受利益驱使，小额信贷公司在缺乏监管的情况下野蛮生长，暴力催收、非法吸储现象频现。

（3）普惠金融目标与商业行为冲突，二者之间的平衡并不总是容易实现。小额信贷的初衷是金融普惠，但随着小额信贷公司的全球化发展，其商业持续性（小额信贷机构必须保持足够的盈利才能继续运营）与普惠金融非营利性组织的目标日益背离。

针对上述突出问题，监管机构需要更好地了解和管理新兴数字信贷市场中的消费者保护和其他风险，应用数字技术提升监管效率。具体做法如下：

（1）利用支付数据监控市场增长和投资组合质量。监管机构可以使用移动货币支付数据来构建数字信贷组合的快照，包括使用这种受监管支付渠道中不受监管的数字贷方的快照。例如，监管者可以要求电子货币发行人提供在数字贷方使用的支付单号，或批量支付账户上进行的所有支付的报告，其将显示所有交易、时间戳，并链接到借款人账户，通过现有的监督机构提供关于借款人数量、贷款金额、还款率和模式的见解。

（2）收集有关数字借款人的需求方证据。为了补充支付数据，当局应当询问消费者在数字信贷方面的经验。这可以作为一项独立调查来完成，也可以通过在国家调查中添加一些数字信贷特定问题来完成。这些问题可以帮助回答有多少消费者从多个数字贷方借款，消费者使用这些贷款的目的，以及他们对成本和关键条款的理解程度。

（3）跨部门协调解决初级消费者保护风险。金融部门、电信、信息通信技术和竞争主管部门之间的协调有助于整合权威机构，就关键的消费者保护问题采取协调行动。例如，当金融监管机构仅监督市场中的某些贷方类型时，在数字信贷中应用定价透明度规则是一项挑战。审查和执行标准形式合同的透明度和价格披露标准，这些标准可适用于市场上所有数字贷方。同样，数据隐私授权可以确保数据收集和使用的最低标准。通过规范信息处理和提供收集、使用和披露个人信息的流程来保护隐私。这需要与金融和电信当局协调，以监控数字信贷产品中的数据隐私。

课堂互动

假设你是一位小额信贷机构的负责人，你会如何平衡普惠金融目标与商业行为之间的冲突？在保证服务覆盖广泛的同时，如何确保机构的盈利和持续发展？请大家讨论一下。

6.2.4 中国数字小额信贷的发展

同普惠金融的发展趋势相一致，中国的数字小额信贷发展也走在世界前列。在国家一系列相关政策支持下，银行业金融机构、中国的互联网电商在第三方支付、农村助农取款点电子银行等领域大量应用了新型数字技术，积极推动数字小额信贷。

1. 市场发展

经过十多年的发展，中国形成了一个以银行业金融机构为中心，以互联网平台企业为引领、小额贷款公司为辅的数字小额信贷市场格局。

首先，以银行业为主体的金融机构不断深化金融科技应用，推动普惠小微贷款快速发展。针对小微企业、农户、新型农业生产经营主体等普惠金融重点领域"短、小、频、急"的金融需求，金融机构不断改进服务方式，打造专属产品服务体系。

（1）运用新型信息技术手段，拓展银行服务渠道。网上银行、手机银行等服务发展迅猛，截至2023年末，全国共开立银行账户2144.65亿户，同比增长2.11%。这一数据反映了银行账户数量的整体增长趋势。多家国有大银行年报数据显示，手机银行用户规模庞大。例如，工商银行手机银行客户达5.52亿户，农业银行掌上银行月活跃客户达2.13亿户，建设银行线上个人用户达5.43亿户（其中"双子星"月活跃用户超2亿户）。这些数据表明，手机银行用户数量在持续增长。

（2）通过互联网、大数据等金融科技手段，银行业金融机构在提供线上信贷服务、提升服务质量和效率方面都取得了显著成果，并涌现出一批依托新技术的创新普惠金融产品。微众银行与网商银行作为数字金融的先锋，正通过大数据风控、人工智能等前沿技术，为中小企业和个人提供创新的普惠金融服务。微众银行凭借微粒贷等产品的升级，优化了信用评估与用户体验；网商银行则与农业农村部合作，引入农业大数据与卫星遥感技术，实现了小农户贷款的秒批秒贷，截至2024年9月，其资产总额已达4888.85亿元，前三季度贷款发放量高达2985.13亿元。建设银行也不甘落后，其全流程线上融资模式"小微快贷"通过与核心企业、平台系统对接，实现了信息的实时交互，为客户提供全流程在线的网络金融服务，2024年个人及小微企业最高贷款额度分别提升至30万元和50万元，进一步彰显了其在普惠金融领域的强大实力。

 扩展阅读

微众银行、网商银行

微众银行、网商银行分别由中国互联网平台企业腾讯和阿里巴巴发起设立，在中国数字小额信贷市场占据最大份额。

微众银行，于2014年正式开业，总部位于广东深圳，是国内首家互联网银行。其主要业务有微粒贷、微业贷、微车贷、微众银行App、微众企业爱普App、小鹅花钱、We2000等产品，服务的个人客户已突破2.5亿人，企业法人客户超过170万家。

网商银行，于2015年6月25日正式开业，是由蚂蚁集团发起，中国银监会批准成立的中国首批民营银行之一，同时也是中国银行业百强中的成员，被誉为"世界领先的数字银行"。网商银行不设线下网点，借助实践多年的无接触贷款"310"模式（3分钟申请、1秒钟放款、全程0人工干预），为更多小微经营者提供纯线上的金融服务，让每一部手机都能成为便捷的银行网点。截至2022年6月底，累计超过4900万小微经营者使用过网商银行的数字信贷服务，并用于经营与发展，他们中的80%过去从未获得银行经营性贷款。

资料来源：作者根据相关资料整理编写。

（3）开展续贷业务，创新续贷产品，缓解小微企业贷款到期后的资金周转难题，提高贷款资金使用效率。目前，大型银行、股份制银行及邮政储蓄银行等金融机构均已积极开展续贷业务，通过优化贷款流程、创新续贷产品等方式，为小微企业提供更加便捷、高效的融资服务。这些创新举措不仅帮助小微企业解决了贷款到期后的资金周转问题，还提高了贷款资金的使用效率，促进了小微企业的健康发展。

（4）发展供应链金融，与核心企业合作，对供应链上下游小微企业进行批量授信、批量开发。农业银行的"数据网贷"通过"核心企业推荐+历史数据分析"，向核心企业上下游小微集群客户提供全流程线上化的供应链融资服务。

（5）完善贷款审批流程，探索运用零售业务管理技术，优化小微企业贷款审批政策和流程，压缩获得信贷时间。中国银行"信贷工厂"模式将授信流程从200多个骤减少至23个，审批时间从2~3个月缩短为5~7个工作日，最快当天即可完成审批。

（6）丰富抵质押品类型。在农村地区开展了农村承包土地的经营权、农民住房财产权和农村集体经营性建设用地使用权抵押贷款试点，开展林权抵押贷款，开展注册商标专用权、专利权、著作权等知识产权抵质押品贷款，缓解"缺担保"难题。

（7）银行业金融机构广泛设立科技支行与专营机构，截至2023年末已超千家，彰显了对科技金融的重视。科技型中小企业贷款支持力度持续加大，贷款余额远超2017年水平。同时，科创企业贷款余额快速增长，2023年末已有21.2万家企业获贷，获贷率提升至46.8%。外部投贷联动等创新融资模式也推动了科创企业贷款余额的显著增长，远超2017年规模。①

在数字科技的推动下，小微金融服务模式正朝着数字化方向不断革新。从国内外银行对小微信贷业务的实践情况来看，根据线上化在信贷全流程的参与程度，可大致划分为3类小微信贷模式，即"全手动""半自动"及"全自动"。其中，以网商银行与微众银行为代表的互联网银行采用的是"全自动"模式。中国众多传统商业银行也在不断探索小微信贷全流程的自动化作业发展路径。中国银行业小微信贷业务的3种主要模式见表6-1。

表6-1 中国银行业小微信贷业务的主要模式

小微信贷模式	主要运作原理	信贷技术应用	代表银行
"全手动"	由信贷员人工采集客户信息，包括各种未书面化的"软信息"，基于经验判断做出信贷决策，贷前贷后的具体业务流程以全人工方式开展	德国IPC技术	传统商业银行
"半自动"	小微信贷产品实现全流程标准化，对贷款申请、审批、发放与贷后管理等环节进行高度标准化改造，整个流程就像工厂流水线，因此被形象地称为"信贷工厂"。然而，在贷前调查环节仍需人工采集信息，并形成打分卡等评分模型，作为信贷审批依据	信贷工厂打分卡技术	中国银行、建设银行
"全自动"	基于大数据与云计算等技术，实现数据采集、获客、征信、放款、回款等全流程线上化。信贷全流程基本无人工干预，但这种模式基于支付宝、微信等互联网平台的海量客户数据信息，大部分金融机构尚无这种体量的数据，因此实践中限制这一类模式的推广	新兴数字技术	网商银行、微众银行

其次，以数字技术为底层支撑的小额贷款公司，成为中国数字小额信贷市场不可或缺的辅助力量。在中国，小额贷款公司是由地方金融监管部门审批、监管，由自然人、企业法人与其他社会组织投资设立，不吸收公众存款，经营小额贷款业务的有限责任公司或股份有限公司。小额贷款是以个人或企业为核心的综合消费贷款，贷款的金额一般为1万元以上20万元以下。小额贷款公司上游资金来源主要为股东缴纳本金、股东捐赠资金及金融机构的融入资金。

小额贷款公司按照股东背景划分，可以分为国有控股小额贷款公司和民营控股小额贷款公司；

---

① 中国银行保险报.商业银行科技企业信贷规模持续增长[EB/OL].（2024-09-11）[2025-04-11].http://www.ebimc.cn/content/2024-09/11/content_529179.html.

按照经营地域范围划分，可以分为区域性小额贷款公司和全国性小额贷款公司；按照经营模式划分，可以分为传统小额贷款公司和互联网小额贷款公司。

小额贷款公司通过向贷款人发放贷款的方式获得收益，其贷款利率幅度依据中国人民银行相关利率规定。贷款多采取质押、抵押和保证方式，信用贷款额度较低。

小额贷款自 1994 年引入我国以来，由于切合了市场经济的需求，发展迅速。自 2008 年中国银监会和中国人民银行联合颁布的《关于小额贷款公司试点的指导意见》实施之后，国内小额贷款行业进入了高速增长阶段，全国小额贷款公司数量增长显著，与此同时，全国小额贷款余额也日益攀升。2015 年，中国小额贷款公司数量达到 8910 家的巅峰。截至 2022 年末，小额贷款公司的数量已连续下降超过 5 年，数量降至 5958 家。2010 年—2022 年中国小额贷款公司数量变化如图 6-1 所示。

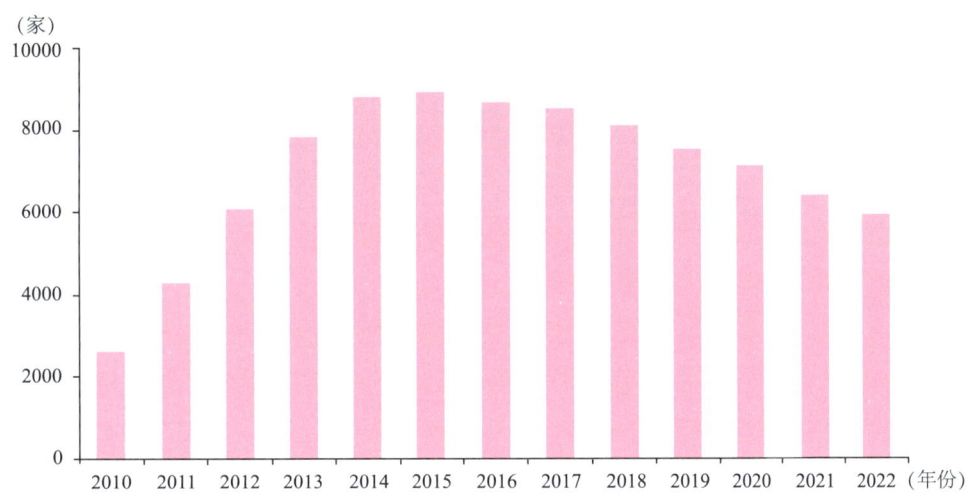

图 6-1　2010—2022 年中国小额贷款公司数量

资料来源：前瞻产业研究院。

中国互联网小额贷款公司的小额信贷服务大致可以分为以下 3 种类型：

（1）为网店经营者提供融资服务。例如，蚂蚁金服①在 2010 年试运行对淘宝店主提供贷款。许多淘宝店主需要金融服务的支持，于是蚂蚁金服上线了淘宝信用贷。基于网购者在支付宝和淘宝上给店主的评价，淘宝对店主进行授信评分，信用合格的店主可从支付宝直接获得贷款，贷款过程方便、快捷。这些贷款对促进在线交易的第三方存管制度有很强的推动作用，在等待货款到达期间，店主可利用这些贷款满足短期资金需求。

（2）为网购者提供小额贷款。例如，"蚂蚁花呗"（现已更名为"信用购"）是服务网购消费者的金融产品。网购者可通过购物页面的支付链接直接在线申请融资，蚂蚁金服通过大数据对融资申请者的信用进行评估，从而加快贷款发放速度。

（3）给农户提供小额贷款。利用互联网和移动平台发放的小额贷款可以帮助农户解决生产中的融资问题，如蚂蚁金服（通过蚂蚁小贷）和京东（通过京东小贷）两家互联网企业也向农村地区提供小额贷款服务。在这种模式中，给农民提供的贷款通常被用于购买种子、化肥和其他生产投入。生产出的产品要求在淘宝或京东等电商平台上售卖，产生的收益将用于偿还贷款。

---

① 蚂蚁金服是蚂蚁金融服务集团的简称（原为浙江蚂蚁小微金融服务集团股份有限公司，2020 年 6 月变更为现名），由中国互联网电商平台企业阿里巴巴集团辖下金融服务分拆而来。

2. 问题与挑战

近10年来，数字小额信贷在中国获得了快速发展。其主要原因有：①互联网在中国的高速发展，使人们可以运用互联网技术进行小额贷款操作，降低了小额贷款的发放成本；②电商的发展衍生出了网络小额贷款的新型需求主体，如网购者、网店店主等；③电商的发展和信息技术的进步，为相关机构提供了获取数据的新来源，可用于评价潜在借款者的支付能力。例如，与电商平台相关的出借方可根据借款人的网店交易记录评价其信用情况。这些因素降低了小额贷款的发放成本，提高了发放效率，使用户可以更为便捷地获取小额贷款。

不过，中国数字小额信贷仍然存在以下4个方面的问题，并有待在进一步发展中加以解决。

（1）信贷服务仍然是农村贫困地区普惠金融服务的难点。与其他发展中国家不同，中国农民储蓄户覆盖率较高，已达到89%，政府对农户的补贴发放已实现数字化，但农村信贷服务仍是难点。具体表现在三个方面：一是银行服务农村地区存在重存款轻贷款、重抵质押贷款轻信用贷款的现象，导致"三农"关键领域缺少资金支持；二是银行对一般农户的小额普惠贷款发放较多，对小型农业合作社、家庭农场等新型农业经营主体的投放不足；三是银行之间在服务乡村振兴方面各自出招，信贷投放较为分散，不能形成合力，一些需要大量资金支持的农村基础设施建设、乡村产业融合发展项目的资金缺口较大，容易陷入推进不畅的境地等。

（2）银行金融机构在小额信贷领域的发展主要依赖政策驱动，目前尚未构建出可持续的商业模式。特别是在2019—2022年期间，金融监管机构积极倡导加大对首贷户、供应链金融及纯线上信用贷款的支持力度。得益于这一政策的扶持，银行金融机构对小微企业的贷款投放量已提高至万亿元级别。然而，如此庞大的贷款规模，其本金和利息的回收保障是否稳固，目前仍是一个悬而未决的问题。此外，由于银行业金融机构缺乏互联网电商平台所提供的客户消费行为大数据，以及由此产生的网络效应，它们在发展数字小额信贷业务时面临着一定的客观限制。

（3）众多银行App中的小微信贷产品仍然沿用了传统的线下审批方式，如要求提供抵质押品和担保等"硬性条件"，这使得大部分小微企业对此望而却步。尽管商业银行在小微金融领域尝试运用大数据、人工智能等前沿技术，但这些创新并未能像消费信贷领域那样实现业务流程的全面重塑和深刻变革。举例来说，尽管许多商业银行在形式上已经实现了信贷业务的线上化，但在实际操作中，它们普遍缺乏与小微企业进行线上场景互动的能力，从而难以准确掌握小微企业的真实经营状况。

（4）小额贷款公司在法律上的地位尚待进一步明确界定。从理论层面来看，小额贷款公司被归类于民间借贷的范畴。自2005年人民银行启动小额贷款公司试点工作以来，其在法律上的主体身份一直处于不明确的状态。而在实际操作过程中，随着外部环境的不断变化，小额贷款组织机构的法律地位模糊问题越发凸显，这无疑对小额贷款公司的健康发展及其持续提供金融服务的能力产生了不利影响。2020年12月29日，最高人民法院印发的《关于新民间借贷司法解释适用范围问题的批复》中明确表示，小额贷款公司等7类地方金融组织属于经地方金融办(局)批准设立的金融机构，不适用新民间借贷司法解释。小额贷款公司在司法解释中被认定为金融机构，有助于对小额贷款公司的司法监管，但在司法解释中被认定为金融机构，并不等同于小额贷款公司在法律上就是金融机构，因此小额贷款公司的法律地位目前仍然存在争议，尚需以专门法律予以明确。

6.3 众筹

众筹是世界银行提倡的一种普惠金融形式，具有受众广、金额小、成本低的特点，近年来得以不断成长，逐渐成为促进中小企业创新发展的新兴筹资方式。针对行业发展进程中的问题和风险，各国采取了不同的监管规范，引导行业健康发展，同时加强投资者的教育和保护。

6.3.1 众筹的内涵

众筹又称大众筹资或群众筹资，是指普通大众以互联网为平台集中多笔小额资金，用来支持某个项目或实体。

数字众筹的兴起源于美国网站 Kickstarter，该网站通过搭建网络平台面对公众筹资。这种模式的兴起打破了传统的融资模式，每一位普通人都可以通过其获得从事某项创作或活动的资金，使投资者不再局限于风投等机构，而是可以来源于大众。

根据募集资金的性质，众筹可划分为 4 种类型：①捐赠。个人以捐款、慈善、赞助的形式为项目或企业提供财务资助，不求实质性财务回报。典型的例子有赈灾救助、政治选举、电影制作、免费软件开发等。②奖励。是指投资人通过众筹得到实物或者服务作为回馈。不同于不提供任何回报的捐款，通常情况下筹资者需要向投资者提供一定数量的"奖品"。③借贷。个人借钱给一个项目或企业，预期得到偿还，并希望得到一定的财务回报。由于出借人是个人，借款人也是个人，这种借贷模式通常称为 P2P 借贷。④股权。个人投资于一个实体以期获得实体的股份或分享实体未来的利润，这仅限于企业初创资本筹措的目的。

众筹的优点主要在于，融资成本低、参与门槛低、流程简单，便于企业融资目标的实现。对于初创企业而言，众筹提供了一个独特的筹资机会，而没有传统贷款产品或其他形式信贷所具有的挑战——这些信贷产品可能很昂贵且包含不灵活的条款。同时，对于投资者而言，众筹仅需少量资金，这使得无法负担许多投资产品的高筹资金额的人可以实现投资。

根据世界银行预测，到 2025 年，全球众筹市场规模将达到 3000 亿美元，发展中国家市场规模也将达到 960 亿美元，其中有 500 亿美元在中国。

特别值得一提的是，根据剑桥另类金融中心（Cambridge Centre for Alternative Finance，CCAF）的数据，非洲、尼日利亚、南非和肯尼亚在 CCAF 报告中被列为众筹的 3 个主要市场。预测显示，到 2025 年，撒哈拉以南非洲的众筹可能达到 25 亿美元。

2021 年，全球众筹市场规模为 185.6 亿美元，预计到 2028 年将达到 441.2 亿美元，预测期内复合年增长率为 17.04%。股权众筹在 2021 年占最大份额，因为种子资本是企业长期营运的重要考虑因素，初创企业在盈利前阶段需要大量资金，选择股权众筹筹集资金能吸引投资者加入企业。

目前，欧美众筹市场居于世界领先位置，预计交易量年增长率为 2.71%，预计到 2027 年总金额将达到 12.9 亿美元。从全球比较的角度来看，美国的交易额最高（2022 年为 4.454 亿美元）。

6.3.2 股权众筹的性质、地位与作用

1. 股权众筹及其性质

股权众筹也称众筹或投资众筹，是初创公司和早期公司使用的一种筹集资金的方法。本质上，股权众筹将公司证券提供给许多潜在投资者以换取融资，投资者获得与其投资成比例的公司股份。

股权众筹通常包括高风险、高收益的创新型科技项目，这些项目处于发展早期，正寻求种子和天使投资[①]。投资者可以根据融资活动风险及其自身风险承受能力，做出相应投资决策。融资平台可以包括领投人和跟投人，并对投资者资格做出限定。平台费率有所不同，收费方式包括收取融资额一定的百分比、股权或增值服务费等。

股权众筹有两种形式：一种是指非公开的股权融资形式；另一种是指通过互联网渠道进行公开小额股权融资的活动。这个意义上的股权众筹具有公开、小额、大众的特征，涉及社会公共利益和经济金融安全。本质上，这与一般意义上的发行股票融资并无二致，通常由政府证券管理部门负责监管。

2. 股权众筹的业务框架与参与主体

股权众筹的基本业务框架如图6-2所示，股权众筹的市场参与主体有3个：股权众筹平台、投资者和融资者。其中，股权众筹平台为"通过互联网平台（互联网网站或其他类似电子媒介）为股权众筹投、融资双方提供信息发布、需求对接、协助资金划转等相关服务的中介机构"。其基本职能是为股投众筹的投、融资双方提供中介信息服务，如融资项目展示与融资信息披露等。

图6-2 股权众筹的基本业务框架

投资者和融资者应当为股权众筹平台核实的实名注册用户。融资者为出售公司股权换取投资者资金的行为人，证券发售对象通常为不超过200人的特定对象。投资者是指以自有资金换取众筹项目股份的行为人，应具备相应风险识别能力和风险承担能力，满足合格投资者条件，并履行相关职责。

3. 股权众筹的地位与作用

实践经验表明，中小企业融资难、融资贵的困境难以通过传统融资途径得到有效解决，而股权融资为这一难题提供了破解之道。在全球范围内，无论是美国的微软、雅虎、谷歌，还是中国的腾讯、阿里、百度，这些科技巨头的初创资金都并非源自银行贷款，而是依赖股权融资，特别是在其发展初期获得天使投资的资金支持，从而逐步成长壮大，而那些早期投资机构也因此收获了丰厚的回报。例如，阿里巴巴于2014年在纽交所上市，原始投资的软银获得了超过2800倍的收益。

股权众筹可以被视为"私募股权的互联网版本"，它与传统的天使投资、风险投资在本质上并无二致，同样属于风险投资的一种形式。相比之下，股权众筹的投资目标更具针对性，主要服务创新型、小众化及专注细分市场的企业。由于股权众筹的投资对象多为初创期的草根小微企业，其资

---

① 种子投资是指投资于技术中试阶段的投资，天使投资是指投资人对原创项目或小型初创企业进行的一次性前期投资。

金需求规模相对较小，而每位投资者的投资金额也较为分散且数额不大，这恰好满足了小微企业创业者的融资需求，因此股权众筹打破了传统融资模式对投融资双方的限制，使得更多个体能够利用这一模式筹集所需资金或进行项目投资。

此外，股权众筹的筹款人还可以利用众筹平台进行市场测试，特别是在产品定价方面。在某些情况下，投资者甚至有机会从新企业中提前预订商品。因此，筹款人可以通过观察市场价格，以及在限定时间内的预售数量来预测企业的潜在市场表现。

6.3.3 股权众筹的类型、经营模式与运作流程

6.3.3.1 股权众筹的类型

按照不同的标准，股权众筹可以划分为不同的类型。

（1）按照股权众筹的性质划分，可分为私募股权众筹和公募股权众筹。前者是指把众筹行为界定为私募行为的股权众筹，可以说我国股权众筹平台都是私募性质。与之相反，像美国、英国等股权众筹发展较快的国家，则是将众筹行为界定为公募性质，众筹平台可向公众进行募集。

（2）按照众筹有无担保来划分，可分为有担保的股权众筹和无担保的股权众筹。有担保的股权众筹是指在股权众筹业务中加入了担保成分，由推荐项目并对项目进行担保的众筹投资人或机构作为保荐人，当众筹项目一年之内失败时，保荐人赠付全额投资款，这里的保荐人即为担保人。无担保的股权众筹是指不含担保元素的股权众筹，中国股权众筹平台多属于此。

（3）按照股权众筹业务开展的渠道划分，可分为线上股权众筹和线下股权众筹。线上股权众筹主要是指融资人、投资人及股权众筹平台之间所有的信息展示、交易往来都是通过互联网完成的，包括当下许多股权众筹平台的绝大多数流程都通过在线完成。线下股权众筹又称圈子众筹，主要是指在线下基于同学、朋友等熟人圈子开展的一些小型众筹活动。

（4）按照融资项目所处阶段划分，可分为种子类平台、天使类平台和成长类平台。按照融资项目所处的种子、天使和成长3个不同阶段设置不同的股权众筹平台，最终实现股权众筹平台的"递进式"发展。

（5）按照众筹平台的经营范围划分，可分为综合型股权众筹平台和垂直型股权众筹平台。综合型股权众筹平台的经营范围较广，基本很少涉及具体行业的划分。目前，我国发展较大的股权众筹平台基本都是综合型股权众筹平台。垂直型股权众筹平台，其经营范围有明确的行业划分。

6.3.3.2 股权众筹的经营模式

在国际上股权众筹主要有两种经营模式：基金模式与合投模式。

1. 基金模式

基金模式下，投资者的资金会被委托给众筹平台保管，投资者则专注选择心仪的项目进行投资。一旦项目成功融资，众筹平台就会设立一个新的、独立的小基金，作为单一股东持有公司股份，并负责后续的监督管理和代表投资者行事。

众筹平台提供了"一站式"的在线投融资服务，包括项目审核、资金托管、投后管理等各个环节。为了保障项目质量，众筹平台会对融资项目进行严格的筛选和审核。同时，投资者也需要通过众筹平台的资质审核。审核通过后，投资者可以将资金托管给平台。随后，投资者可以在平台的网

站上浏览正在融资的项目，并通过平台获取更多关于项目和公司的详细信息。因为平台已经对这些项目和融资公司进行了深入的调研和分析，一旦选定项目，投资者就可以直接在平台上进行投资操作。投资完成后在线签署投资协议，经融资公司确认后，投资即告生效，整个过程均在线完成。

项目融资完成后，众筹平台会将所筹集的资金整合起来，设立一个新的、独立的小基金，作为单一股东持有创业公司股份。而分散的投资者不享有投票权等权利，由平台方代表他们进行后续管理。投资者需要等到公司被并购或上市后才能实现退出。

这种模式的优势在于，众筹平台为投资者和融资者提供了极大的便利，降低了投资和融资成本。平台负责从项目审核、挑选到资金托管、投后管理等投资全程的相关服务。对于创业企业而言，面对单一股东（即众筹平台设立的小基金）可以降低股东众多、股权分散带来的协调成本，有利于企业的管理和决策。投资者则通过与具有公信力的众筹平台打交道，使投资更加安全可靠。此外，众筹平台通过严格的筛选和审核机制，以及自身的创业孵化器[1]优势，保证了项目质量，降低了投资者的投资风险，提高了平台的项目融资成功率。

2. 合投模式

合投模式也常被称作天使合投，实质上是一种联合投资的形式。它指的是天使投资人（即合格投资者）将看好的项目推荐给其他相关领域的同行，最终由多位天使投资人共同出资，旨在分散投资风险。这种模式在国内广泛流行，通常采取"领投＋跟投"的架构。在此模式下，经过认证的个别天使投资人能够联合其他众多投资者共同投资，而这些投资人属于特定群体，并非面向广大普通民众。

在合投模式中，领投人扮演着至关重要的角色。他们负责项目的筛选与审核，并首先投入一定比例的融资额，剩余部分则由其他联合投资人共同参与。融资成功后，领投人还负责将投资人的资金注入融资公司，并承担后续的监督与管理职责。作为回报，领投人通常会获得投资收益的20%作为报酬，而平台方股东也会从投资收益中抽取一定比例作为收益。

这种模式具有诸多优势。对于天使投资人而言，通过联合投资，他们可以降低个人的投资额度，有效分散投资风险，同时还能像传统风险投资那样获得额外的收益。而对于跟投人来说，他们往往是众多非专业的个人投资者，无须承担项目审核与挑选的成本，只需跟随专业天使投资人的脚步进行投资，从而降低了投资风险。与传统风险投资不同，跟投人无须向领投人支付管理费，传统风险投资通常需要支付约2%的管理费，这也进一步降低了跟投人的投资成本。

从实践来看，目前中国的股权众筹平台大多采用合投模式，最具代表性的是天使汇[2]。天使汇联合多家机构共同发布了《中国天使众筹领投人规则》，建立了完善的"领投＋跟投"机制，规定了领投人和跟投人的责任、权利、义务，同时也规定了领投规则和平台方天使汇的服务等。

在盈利模式上，目前主要为"佣金＋增值服务费"。比如，美国的在线创业投资众筹平台Wefunder主要有两个收入来源：一是从每一个成功项目中收取融资总额10%的费用；二是根据投资额度收取小额资金托管费，包括监管申报和会计等相关费用。但是，目前国内股权众筹平台的收入主要为佣金，一般为融资额的5%，向融资方收取，也有同时向投资者收取的。

课堂互动

假设你是一位初创企业的创始人，你会选择哪种股权众筹类型来筹集资金？为什么？

---

[1] 创业孵化器（Incubator）是指为创业之初的公司提供办公场地、设备，甚至是咨询意见和资金的企业。

[2] 天使汇是国内早期天使合投平台之一，是北京天使汇金融信息服务有限公司的简称，于2014年成立。

6.3.3.3 股权众筹的运作流程

股权众筹的运作流程如下：

（1）筹资者发起项目。筹资者作为项目发起人，在众筹平台上申请项目。项目经审批通过后，平台网站建立专门的项目页面，用来向潜在投资者展示。

（2）投资者评估项目。潜在投资者在平台上发现自己感兴趣的项目。股权众筹就像股票一样，需要投资者考察项目未来发展的收益情况。众筹项目短期内并没有实际的回报，所以在支持一个众筹项目之前，需要认真考虑项目的可行性。

（3）投资者选定项目。可通过自己的第三方支付平台或银行卡，将需要投资的金额转移到众筹平台的专门账户中。

（4）众筹平台转移投资款。多数众筹平台对项目筹资会给予一定的期限要求，如 30 天到 60 天不等。该项目若在规定期限内达到筹资目标或高于筹资目标(多数平台允许高于筹资目标)，则众筹成功，资金将被划拨到筹资者账户。反之则项目失败，项目款项被退回至出资人，发起人则需要开始新一轮的筹资或宣告筹资失败。但也有平台不约定筹资期限，或者即使在规定的期限内未达到筹资目标，筹资者也可以选择降低筹资金额以获得该笔众筹资金。

（5）投资者对项目或公司进行投资，获得其一定比例的股权。

（6）回报。众筹项目筹资成功，筹资者获得众筹资金后，需要在众筹平台上按时披露项目进展。同时，平台会监督筹资者对所筹资金的使用、辅助项目的运营并协助披露项目成果等。待众筹项目成功实施后，筹资者需要按项目约定的股利分配方式将回报反馈给投资者。通常，众筹项目达到筹资目标即意味着筹资成功，而后向所有的投资者交付所约定的回报，即宣告一个众筹项目的成功发布。在获取回报方式上，投资人可以选择不同的退出方式。只有完成了有效的退出才能将初创企业成长所带来的账面增值转换为投资实际收益。

股权众筹可以选择在公司不同发展阶段退出。股权投资根据阶段的不同，可以分为天使投资、风险／创业投资 (Venture Capital，VC)、私募基金／私募股权投资 (Private Equity，PE) 等 3 个阶段。这 3 个不同的投资阶段涉及企业的不同成长阶段：初始阶段、成长阶段、快速发展阶段、稳定发展阶段、成熟阶段。初始阶段为天使投资阶段，此时公司有了初步的商业模式和产品样式；成长至稳定发展阶段为 VC 投资阶段，此时公司产品成熟，有了盈利来源；稳定发展至成熟阶段为私募股权投资阶段，这一阶段公司开始盈利和获得较大发展，除了拓展新业务，还准备上市。一般而言，股权众筹在公司开始盈利、获得较大发展之前很少退出，在此之后有合适的机会可以考虑退出，但好的项目一般会跟到最后。按照惯例，天使投资在退出时通常会有一定的折扣，折扣部分以现金或等值股份给予创始团队或以老股形式卖给下轮投资人。因此，天使投资在前期阶段退出的话收益不高。

6.3.4　股权众筹监管

股权众筹实质上是一种证券融资活动，世界不同国家针对这一新型投融资形式进行了不同程度的监管。

作为股权众筹的先行者，欧美各国率先采取措施对众筹进行监管，目的是在促进初创企业发展与投资者保护两大目标之间寻求适当的平衡。针对众筹的风险投资性质，欧美各国主要通过立法进行监管。相关众筹立法对不同行为主体区别对待，对于融资方，众筹平台采取适当的监管措施，明

确二者的职责和义务，而对投资者主要进行保护。

1. 众筹立法

股权众筹本质上是一种证券融资活动，因此必然受到法律的规制。美国在2012年出台了《创业企业扶助法案》(Junpstart Our Business Startups Act, JOBS)，正式确立了股权众筹的合法性。随后，意大利、英国、法国及日本等国家也相继推出了相关的法律法规，而韩国、加拿大等国则发布了新法的征求意见稿，以规范股权众筹的发展。

这些法律法规的共同之处在于，为股权众筹提供了一定的豁免政策。首先，股权众筹的公开发行豁免。美国在JOBS法案中为符合条件的股权众筹项目设立了新的豁免条款，允许其公开发行，仅需承担较轻的信息披露义务。其次，小额公开发行豁免。欧盟的《金融工具市场指令》（Markets in Financial Instrumerts Directire，MiFID）允许各成员国根据自身情况，设定一个低于500万欧元的小额公开发行豁免上限，欧洲多数国家在这一原则下开展众筹活动，无须发布招股说明书。最后，私募发行豁免。英国适当降低了对合格投资者资产的要求，但强调了投资者应具备风险识别能力，向这类投资者进行的股权众筹私募发行可以豁免注册。

在法律适用方面，美国根据金融产品和服务的性质来确定适用的法律及监管机构。所有为初创企业和大公司筹集资金的股权众筹平台，都必须接受美国证券交易委员会（Securities and Exchange Commission，SEC）的监管，债权性质的众筹也需遵循相关的证券监管规定。欧盟和英国则主要遵循审慎监管原则，其中英国明确了众筹的最低资本水平等审慎监管指标，并要求投资类众筹加入英国金融服务补偿计划，类似商业银行的金融安全网设计，其监管方式以信息披露为核心；而法国将P2P借贷业务视为银行业务，适用银行监管的相关规定。

2. 股权众筹的监管

股权众筹平台作为监管重点，应从市场准入、功能定位、宣传推介三个方面加以监管。

（1）市场准入方面，采用牌照管理的方式。例如，美国为股权众筹平台新设"集资门户"牌照类型。相对普通金融机构，股权众筹平台对资本金要求明显降低，但不得开展承销、投资顾问、投资咨询等传统证券类业务。

（2）功能定位方面，要求开展一定程度的尽职调查。几乎所有国家都要求平台开展一定程度的尽职调查，重点包括核实发行人的真实身份、关联方和利益冲突、资金用途等。这被认为股权众筹平台的核心职能之一，类似但要求低于证券公司办理企业上市的尽职调查。

（3）宣传推介方面，要求坚持中立、透明原则。平台不得提供有偏向的投资建议，且平台必须披露从发行人处获得的报酬，以便投资者评估投资建议的独立性和真实性。

3. 以投资者保护为核心的监管措施

众筹的具体监管措施主要包括以下几个方面：

（1）注册许可。众筹平台与筹资企业均需向证券交易委员会注册；平台经营者需获取监管当局认可，符合最低资本规定；所有受监管的众筹交易都必须通过在SEC注册的中介机构(经纪自营商或融资门户网站)在线进行。

（2）筹资金额。注册企业在12个月内，在众筹平台筹募资金不得超过法定限额100万美元。

（3）信息披露。平台经营者需通过网上通报系统，向监管当局提交定期报告；筹资企业需向投资者披露企业基本资料，包括资本结构、董事及高级人员、业务计划和风险、资金拟定用途，以及定期披露财务报表。

（4）投资上限。所有公民均可参与众筹投资，但不得超过法定投资金额上限。要进行投资，潜在投资者必须在众筹中介机构（经纪自营商或融资门户网站）开立账户。

（5）风险确认和撤销权。众筹投资者需以书面形式确认投资潜在风险；同时，享有一项无条件限制的撤回投资权利，可在发行人发售资料订明限期之前 48 小时内，以任何理由撤回有关投资。

就当前趋势看，与金融科技的监管一致，众筹也将受到全面监管。美国 JOBS 相关法案的支持者提倡受监管的众筹，投资者和潜在的初创企业现在可以使用受监管的众筹，并已成为一种日益增长的全球现象。欧美各国都趋于尽量将监管科技与数字金融同步，在强化平台监督、服务与技术标准化的同时，推动众筹监管规则的制定和完善。

6.3.5 中国股权众筹行业规范与未来趋势

2011 年股权众筹融资平台开始在我国出现，2014 年、2015 年平台数量快速增加，之后该行业进入调整规范期。股权众筹具有内在的生命力，在未来将有较大发展空间。

根据权威机构统计，截至 2023 年底，中国众筹市场规模已达到 3000 亿元，同比增长超过 25%。这一显著增长主要得益于互联网技术的快速发展和人们对创新项目的持续关注。其中，股权众筹、产品众筹、公益众筹等不同类型的众筹模式均有所贡献。

截至 2023 年底，中国在运营状态的众筹平台数量超过 400 家，涵盖了股权众筹、产品众筹、公益众筹等多个领域。这些平台为各类项目提供了丰富的融资渠道，满足了不同项目的融资需求。从平台类型来看，首先，股权众筹平台数量最多，约占总平台数的 45%；其次是产品众筹平台，约占总平台数的 20%；最后是公益众筹平台，数量相对较少，但也在稳步增长。

中研产业研究院发布的《2024—2029 年众筹产业现状及未来发展趋势分析报告》显示，中国众筹行业涉及的领域广泛，包括互联网金融、文化娱乐、大健康、智能硬件、汽车服务、电商等 30 余个行业。其中，互联网金融和文化娱乐领域是众筹行业的主要发展方向。据统计，互联网金融领域众筹项目数量占比达到 30%，融资额占比达到 40%；文化娱乐领域众筹项目数量占比达到 20%，融资额占比达到 25%。

相对国外市场的发展，国内的各个众筹模式还处于初期阶段，未来还有较大的发展空间。根据我国 2015 年出台的《关于促进互联网金融健康发展的指导意见》中对互联网金融监管责任的分工，中国证监会负责制定股权众筹的监管规则。随着股权众筹概念的界定日渐清晰和监管政策框架的不断完善，中国股权众筹仍然具有一定的发展前景。

6.4 区块链供应链金融

区块链供应链金融是一种新型普惠金融服务，可以提升传统供应链金融的效率，为供应链上的中小微企业提供平等、高效、低成本资金。

6.4.1 区块链供应链金融的概念

区块链供应链金融是一种创新的金融服务模式，它依托电子信用凭证，运用区块链技术，为供应链上下游的中小企业供应商提供平等、高效且成本较低的普惠金融服务。这种服务模式通过金融服务供应商搭建的区块链供应链平台，进一步优化了传统供应链金融的操作流程。

传统供应链金融，即通常所说的供应链金融，是由供应链金融服务商将核心企业与上下游的中小企业紧密联结起来，提供的一种应收账款融资模式。它围绕银行和核心企业，对供应链上下游的中小企业的资金流和物流进行管理，从而降低了传统单个企业抵押融资的风险。然而，在实际操作中，传统供应链金融业务的开展并不尽如人意，主要问题在于确权①和贸易真实性调查两个核心难题在传统技术框架下难以得到有效解决。

针对这两个难题，区块链凭借其不可篡改、可追溯和高透明度的特性，能够将供应链上的各级供应商、核心企业及经销商紧密串联起来。它能够有效解决供应链金融中的确权与贸易真实性问题，通过建立高效且透明的信任机制，在确保供应链金融生态体系顺畅运行的同时，降低成本、提高效率。

扩展阅读

供应链金融

供应链金融（Supply Chain Finance，SCF）是指"从供应链产业链整体出发，运用金融科技手段，整合物流、资金流、信息流等信息，在真实交易背景下，构建供应链中占主导地位的核心企业与上下游企业一体化的金融供给体系和风险评估体系，提供系统性的金融解决方案，以快速响应产业链上企业的结算、融资、财务管理等综合需求，降低企业成本，提升产业链各方价值"。

在各类企业形成的产业供应链条中，下游企业交货前后，由于支出和收入存在时差，因此形成了资金缺口，借助供应链上核心企业的信用，金融服务商在资金出现时差时期提供融资服务，这就形成了供应链金融。

供应链金融的实质是为处在核心企业上下游的中小企业提供融资便利。通过核心企业的信用背书和其上下游交易的真实性，金融机构能够有效合理地控制风险，愿意为处在核心企业供应链上的中小企业提供融资服务。

根据融资担保的不同，供应链金融可以划分为不同的模式。不同的融资模式对应企业交易流程的不同环节，由此也对应着不同的风险。通常来说，供应链金融包含以下3种模式：应收账款融资（应收账款质押及保理）、预付款融资及库存融资（现货质押及仓单质押）。应收账款融资由于直接确认了以信用较好的核心企业应收账款作为还款来源，所以是目前较为主要的供应链金融产品。

资料来源：作者根据相关资料整理编写。

区块链技术为行业痛点提供了有效的解决方案，特别是针对供应链多级企业间的信任传递难题，以及贸易端和资金端信息数据不可信的问题，它推动了供应链金融的突破与创新。

首先，区块链的共识机制确保了交易的真实性和债权凭证的有效性，这不仅消除了金融机构对信息可能被篡改的担忧，同时也缓解了因中小企业信誉及信息不完善而引发的融资难题。

其次，由于智能合约的加入，使得贸易行为中的各方能够严格履行约定的义务，保障了交易的顺利进行，通过固化链条上各方的资金清算路径，有效地控制了履约风险。

最后，区块链技术的应用使得传统的供应链金融不再局限于核心企业与一级供应商或经销商之

---

① 确权指的是在传统供应链金融业务中，对相关权益（尤其是应收账款等涉及融资方面的权益）明确归属、确定其合法有效性等的确认行为。

间的小范围,而是扩展到了整条供应链。在技术层面,区块链技术将各个相关方连接到一个大型平台上,通过高度冗余的确权数据存储,实现了数据的横向共享。这一改变使得核心企业的信任能够传递给整条供应链,打破了以往的"信息孤岛"状态。现在,信息在整个链条上都是畅通的,核心企业的覆盖范围也被扩展到了多级供应商,从而切实帮助中小企业解决了"融资难、融资贵"的问题。区块链供应链金融与传统供应链金融的区别见表6-2。

表6-2 区块链供应链金融与传统供应链金融的区别

类型	区块链供应链金融	传统供应链金融
信息流转	全链条贯通	信息孤岛
覆盖范围	可达多级供应商	仅达一级供应商
业务场景	全链条渗透	核心企业与一级供应商
回款控制	封闭可控	不可控
中小企业融资	更便捷、更低价	融资难、融资贵

6.4.2 供应链金融落地面临的问题与解决方案

1. 面临的问题

目前,供应链金融落地面临的问题主要体现在以下三个方面:

(1)中小企业融资难。核心企业信用只能传递至一级供应商,上游的多级供应商难以直接获取核心企业的信用背书。由于供应链上游的中小企业单凭自身条件难以满足银行信贷融资要求,导致金融服务无法向供应链更深层次渗透,限制了供应链金融业务规模的扩展。

(2)交易真实性验证成本高。为了明确没有直接合同关系的间接供应关系,金融机构需要投入大量额外的成本来校验相关信息的真实性,导致风控成本居高不下,业务扩展范围受限。

(3)信息相互割裂、无法共享。缺乏打通供应链生态中的信息流、商流、物流和资金流的技术手段,导致信任传导困难,流程手续繁杂,增信成本高昂。

2. 解决方案

利用区块链技术实现供应链上下游的信用穿透,解决上游多级供应商融资难、融资贵的问题。基于区块链的解决方案主要由数据与业务两部分组成,相关流程如图6-3所示。

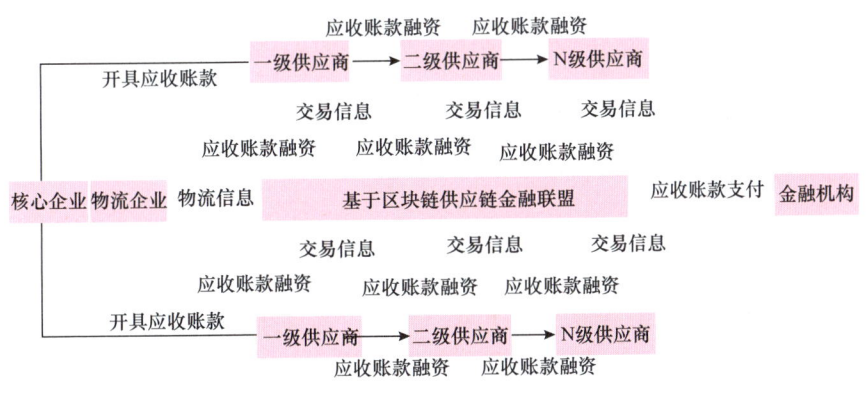

图6-3 供应链金融解决方案的流程

在数据方面，将业务流程中供应链的"四流"（信息流、商流、物流和资金流）数据与融资数据上链，利用区块链难以篡改与分布式的特性，提高数据可信度，解决信息割裂的痛点。

在业务方面，利用区块链难篡改、可溯源的特性，将核心企业的信用（票据、授信额度或应付款项确权）转化为数字凭证，使信用可沿供应链条有效传导，降低合作成本，实现信用打通。同时，通过智能合约还可以实现数字凭证的多级拆分和流转，极大地提高了资金的利用率，降低了金融机构风控难度，解决了中小企业融资难、融资贵等问题。

区块链新型供应链金融在一定程度上实现了实体产业经营信息向金融机构准确传递的机制，推动解决了小微企业的融资困境，推动了金融更好地为实体经济服务，有效防止票据、合同造假，扩大了金融机构业务来源、获客渠道及业务规模，实现了小微企业、核心企业、金融机构的多方共赢。

课堂互动

请大家思考一下，在你的生活中有哪些场景可以应用到区块链供应链金融？它又是如何解决人们日常生活中的哪些问题呢？

6.4.3 区块链供应链金融的发展前景

区块链供应链金融是一种新型普惠金融服务，具有广阔的发展前景，其主要依据如下：

（1）政策支持。国务院办公厅印发的《关于积极推进供应链创新与应用的指导意见》、中国人民银行印发的《关于深入开展中小微企业金融服务能力提升工程的通知》等政策先后出台，持续鼓励金融机构运用区块链等科技手段优化信贷业务流程，提升中小企业金融服务便利度。2020年9月，中国人民银行等八部门联合发布《关于规范发展供应链金融 支持供应链产业链稳定循环和优化升级的意见》。这是国内出台的首个关于供应链金融发展的框架性文件，再次向市场传递了供应链金融对供应链产业发展的重要作用。

（2）需求巨大。根据中国人民银行发布的统计数据，我国普惠金融领域贷款持续保持较快增长。截至2024年末，普惠小微贷款余额32.93万亿元，同比增长14.6%，贷款增速高于同期各项贷款平均增速，普惠小微授信户数超过6000万户，已经覆盖了约1/3的经营主体。但是，从小微企业个体工商户等市场主体的感受来看，融资难，特别是信用贷款难、首贷难的问题依然不容忽视。

（3）技术先进。利用区块链难篡改、可溯源的特性，将供应链企业核心信用信息实时上链，能有效地向金融机构传导可信信息，实现企业融资、金融机构增量扩面等多方共赢。

潜在的巨大供应量、中小企业贸易融资需求、先进可行的技术与国家政策支持，将综合推动区块链供应链金融的茁壮发育和健康成长。

德育微课堂

广西工商职业技术学院组织开展2023年暑期"三下乡"社会实践活动

为引导和帮助广大青年学生在与现实相结合的"大思政课"中"受教育、长才干、作贡献"，引领学生立志做有理想、敢担当、能吃苦、肯奋斗的新时代好青年。2023年7—8月，广西工商职业技术学院组织青年大学生开展暑期"三下乡"社会实践活动。青年大学生探寻红色足迹，走进乡村、社区，走进乡镇企业，用实际行动践行当代青年的责任与担当。

一、探索红色足迹坚定理想信念

7月8—10日,粮油康旅学院师生团队赴桂林市兴安县、全州县开展"探寻革命足迹 传承红色基因"暑期大学生"三下乡"社会实践活动。师生团队通过参观学习湘江战役纪念馆,走访烈士陵园、光华铺阻击战旧址、界首渡口等地,深入了解湘江战役革命历史,聆听那段激荡人心的红色岁月……通过一幅幅历史照片、一件件革命文物,爬雪山、过草地等场景模拟,全面了解历史,深刻感受红军战士们展现的"勇于胜利、勇于突破、勇于牺牲"的崇高精神。同时,为了加深学生对历史的认识,通过体验式学习——重走红军路,感受红军不怕困难、顽强坚毅的长征精神。在全州县小龙井村,实践队寻访、慰问老党员,听取他们的亲身经历和宝贵教诲,通过亲身体验和交流,学生们感受到了革命先辈们为国家和人民作出的牺牲和奉献,更加珍惜今天来之不易的幸福生活,进一步坚定理想信念,筑牢精神基石。

二、发挥学科专业优势赋能乡村振兴

暑假期间,经贸学院"点亮非遗——点亮南疆乡村振兴之路"实践队开展以"守护非遗——发展庭院小经济,助力乡村大振兴"为主题的"三下乡"社会实践活动。实践队队员前往都安县民族博物馆参观,直观、深刻地感受到了都安瑶族自治县在脱贫攻坚战中取得的成果,提高青年学子对巩固拓展脱贫攻坚成果同乡村振兴有效衔接的认识。

都安是著名的"中国竹藤草芒编织工艺品之乡",竹藤草芒编织工艺历史悠久,都安藤编产品逐步成为具有地方民族特色的工艺品。8月23—25日,实践队来到都安藤编之乡——地苏镇,深入了解当地农业农村藤编产业现状,根据所学专业知识提出了一系列针对性的藤编文创和营销建议。为了更好地助力乡村产业振兴,推广藤编文化,实践队成员充分发挥所学专业优势,在藤编家庭手工作坊开展线上直播宣传活动,让更多的人了解到都安藤编产品,以实际行动促进村民增收。

三、送知识下乡进社区助力儿童健康成长

乡村留守儿童的健康成长是实现乡村全面振兴的关键之一。为了更好地帮助留守儿童健康成长,学院团委"纸"望"童"行志愿服务队在广西贺州市昭平县昭平镇塘山村小学开展为期一周的暑期"三下乡"志愿服务活动。志愿者们开设心理健康课程、美育课程、体育课程等,给留守儿童带去知识、送去温暖,用自己的实际行动彰显当代青年的责任与担当。7月14日,会计学院"青春献礼二十大,共筑七彩假期梦"社会实践服务队与广西北部湾银行相思湖支行的工作人员在南宁市相思湖社区开展"识别真假币、传播金融知识"宣讲活动。在活动中,服务队队员通过视频讲解,以及金融常识有奖竞猜等方式讲解人民币的来源、种类及真假币识别、金融常识等相关知识,向孩子们普及人民币的发展史、种类,新版人民币的主要防伪特征、辨识真假币的方法,提升青少年儿童的金融知识。此次活动不仅让孩子们学习了金融知识,还帮助他们树立正确的金钱观,助力其健康成长。

四、感受非遗魅力传承民族文化

"好一朵美丽的茉莉花,芬芳美丽满枝丫,又香又白人人夸。"2012年,茉莉花茶因其独特的制作技艺入选为第四批自治区非物质文化遗产名录。7月10—12日,会计学院暑期"三下乡"社会实践队来到中国茉莉之乡——横州市,体验横州茉莉花茶制作技艺的非遗魅力。在横州市那阳镇政华村,实践队前往宝华山南山茶园与采茶工人一起采茶。在采茶过程中,

实践队队员与采茶工人进行交流,深入了解茉莉花茶叶的品质和产地特点,了解乡村的茶叶种植、制作工艺、茶文化传统等方面的特色,收集相关的历史故事、传说和人物,切身感受到茶叶制作过程的艰辛,为打造独特的地方茶文化IP做准备,以更好地传承茶文化。

此外,学院团委"'非'在行动—'遗'贵传承"服务队,针对壮锦文化、壮族山歌开展了学习交流。在交流过程中,队员们了解了壮族服饰、绣球、背带、饰品、挂件、绣包、绣画等民族工艺品,体验有趣的壮锦刺绣,学唱壮族山歌,进一步加强了青年大学生对壮族文化学习的自觉意识,增强了对壮乡传统文化及非遗文化的保护和传承的责任感。

青春一脉相承,青年服务国家。作为新时代青年,广商院学子们在党和国家的号召下紧密结合专业知识,服务乡村振兴,在祖国需要的地方书写下了青年人的责任和担当。让我们以梦为马,继续逐梦前行,让青春在全面建设现代化国家的火热实践中绽放绚丽之花,为强国建设、民族复兴贡献青春力量。

资料来源:肩负时代责任、彰显青年担当——广西工商职业技术学院组织青年大学生开展2023年暑期"三下乡"社会实践活动[EB/OL].人民网,2023-09-01.(有改动)

 本章小结

本章全面介绍了数字普惠金融的内涵、特征、地位、作用及全球发展概况与未来趋势。通过深入探讨数字小额信贷、众筹和区块链供应链金融等数字普惠金融的主要类型,可以了解到数字普惠金融在促进金融包容性、降低交易成本、提高金融服务效率等方面的重要作用。同时,也关注了这些新兴金融模式的监管问题,以及中国在这些领域的实践与发展。随着技术的不断进步和监管体系的完善,数字普惠金融将为实现金融公平与可持续发展贡献力量。

 课后思考题

1. 简述数字普惠金融的概念。
2. 数字普惠金融有哪些鲜明特点?并分别说明。
3. 简述数字小额信贷的内涵、特点与技术经济特征。
4. 简述股权众筹的运作流程。
5. 简要说明区块链供应链金融的业务流程。

 微课资源

微课视频

第7章 数字金融风险防控

学习目标

★ 掌握数字金融风险的内涵与基本特征。
★ 了解数字金融风险的主要类型,学会分析各类风险的成因、影响及防范措施。
★ 掌握数字金融风险防控的基本方法。

素养目标

★ 增强对数字金融风险危害的认识,树立风险防控的紧迫感和责任感。
★ 培养在复杂多变的金融环境中快速响应和有效应对风险的能力。

知识框架

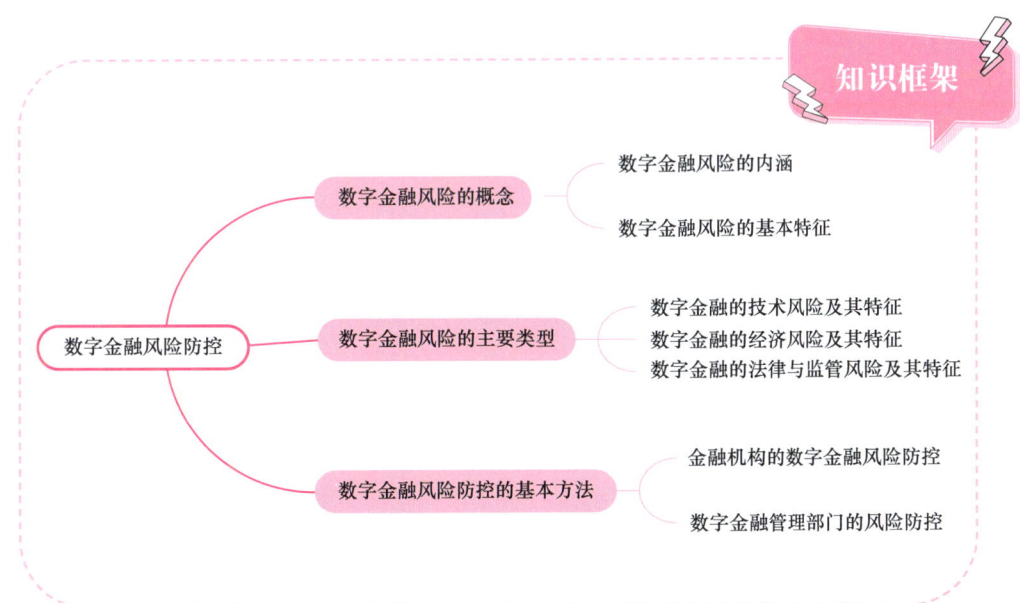

美国燃油管道遭黑客攻击关闭

2021年5月7日，美国最大的燃油管道商Colonial Pipeline遭到勒索软件攻击，由于Colonial Pipeline负责美国东岸多达45%的燃料供应，因此该攻击事件导致该公司暂停了所有的管道作业网络，并于晚间关闭一条主要的燃料传输管道。而这条横跨了得克萨斯州和新泽西州之间长达8851千米的运输管道，将墨西哥湾沿岸的炼油厂与美国南部和东部的5000多万人连接起来，关闭也意味着这5000多万人的日常生活将受到影响。黑客的这一行为甚至让美国宣布进入国家紧急状态。令人担忧的是，此类事件绝非孤例，尤其是金融这类高价值互联系统，每时每刻都在全球黑客的环伺之中。如何有效提高风险防控效率，已经成为数字金融发展需要重点关注的当务之急。

资料来源：作者根据相关资料整理编写。

7.1 数字金融风险的概念

7.1.1 数字金融风险的内涵

所谓数字金融风险，是指在数字金融不断演进过程中蕴含及衍生的金融风险。这些风险与金融活动息息相关，涵盖了金融市场风险、金融产品风险及金融机构风险等多个层面。金融的数字化进程并未消除这些风险，反而可能催生出新的风险类型。要深入理解这一概念，需着重把握以下两点。

1. 数字金融本质上仍属于金融范畴，内含着金融风险

从根本上讲，金融不过是建立在人与人之间信用关系基础上的，这种信用关系本质上是一种社会联系，无法单纯通过技术手段加以改变。所以，尽管数字技术的运用能够改变信用关系的表现形式，如连接方式和载体，但它无法触及信用关系的核心，即债权人与债务人之间基于承诺和合约的履约行为。这种履约行为是否得到遵守，主要取决于当事人的信用品质和行为模式，而非数字技术的介入所能改变。这就意味着，数字技术的应用并不能颠覆金融的本质和功能属性，数字金融依然是金融，必然会带有金融固有的各类风险特征：一是不确定性，即影响金融风险的因素难以在事前被全面预见；二是关联性，由于金融机构经营的是货币这一特殊商品，因此与经济和社会紧密相连；三是高杠杆性，金融企业的高负债率和财务杠杆导致负外部性显著，加之金融工具的创新，特别是衍生金融工具，伴随着高度的金融风险；四是传染性，个别金融机构的风险往往超出自身范围，若因经营不善而陷入危机，可能对整个金融体系的稳健构成威胁，进而引发系统性风险。一旦系统性风险发生，金融体系运转受阻，就会引发社会经济秩序的混乱，甚至可能导致严重的政治危机。此外，大数据、云计算、人工智能等高新技术的广泛应用，不仅深刻改变了传统金融风险的表现和传播路径，还增加了识别这些风险的难度。

2. 作为技术创新驱动的金融创新，数字金融将催生出新的金融风险

从金融创新的角度来看，数字金融包含两层含义：一是静态层面，即数字金融产品和服务所构成的多样化数字金融业态；二是动态层面，即数字技术与金融融合，对金融业务的前、中、后台进行数字化重构的过程。从这两个层面来看，无论是静态还是动态，数字金融都与金融风险存在着内在联系，并因此具有衍生出各种新型金融风险的可能性。一方面，从数字金融业态来看，其已经覆盖了支付、银行信贷、保险、证券等各个金融子领域，为各种金融消费者和使用者提供了丰富的金融产品和服务，这为不同形式的金融风险提供了发生和作用的场景；另一方面，随着数字化转型的深入，移动互联网、大数据、人工智能、云计算、5G等新技术在金融行业的广泛应用，催生了移动金融、开放金融等新的经营模式，这些新模式不仅改变了传统金融业务的期限转换、信用转换、收益转换和风险转换，也改变了金融体系自身的风险特征，引入了各种难以预见的潜在风险。同时，数字金融风险会随着数字化生态、业务和服务模式的不断发展持续演变。在新的技术经济环境下，新型金融风险可能以更加隐蔽、突发和易于传染的形式出现。

总之，数字技术与金融的融合并未消除风险，数字金融风险包括传统金融风险与新型金融风险。在技术赋能下，新旧两种风险相互交织在一起，呈现出各种新的形态。

7.1.2 数字金融风险的基本特征

与传统金融风险相比，数字金融风险具有以下3个突出特征。

1. 复杂性

金融的数字化进程深刻重塑了行业的业务流程，提升了系统的复杂程度。经历了从以账户为核心的数字金融1.0时代（互联网金融）到以客户为中心的数字金融2.0时代（金融科技）的演变，数字金融现已迈入以场景为主导的3.0阶段。在这一新阶段，金融与科技的深度融合使得金融服务与人们的日常生活场景紧密相连，金融机构将金融服务无缝嵌入衣食住行、医疗健康、教育培训、电子商务等民生领域，通过技术赋能实现了场景化金融服务的即时可得。在理念层面，"场景即金融"已成为商业银行零售业务转型的广泛共识；在实践层面，商业银行积极与各大消费场景平台合作，通过批量获取用户流量，成为其拓展金融服务的重要策略。

然而，这种以场景为中心的金融服务新模式在极大地提升客户便利性的同时，也使得数字金融业态所隐含的风险变得更加复杂且多样化。这些风险涵盖了场景内外的客户风险、场景运营风险、交易风险、欺诈风险、客户群体偏差风险，以及特定风险等多个层面和维度。例如，近年来，一些看似能够实现银行、平台、消费者三方共赢的金融模式，却频繁遭遇风险事件。长租公寓、教育培训机构、汽车金融服务商等平台的"爆雷"事件，一度将原本期望的"三方共赢"局面转变为复杂的"三角债务"关系。

微课视频

---

① 周道许，张冀飞，黎恩银. 关于金融科技安全的认识与思考[J]. 清华金融评论，2021（9）.
② 张艳芬. 接二连三"踩雷"场景金融：银行的错？模式的祸？[N]. 上海证券报，2021-03-24（4）.

扩展阅读

成都市长租公寓资金链断裂

长租公寓平台的运营模式是先在市场上寻找零散房源，与房东达成协议后再转租给目标租客，正常应以转租差价作为营利来源。但是，目前长租公寓市场实际呈现出"高进低出、长收短付"的运营模式，期待能以此种方式取得市场地位。

2020年，长租公寓资金链断裂的新闻接连出现。仅在7月、8月，全国就有20余家长租公寓相继出现资金链断裂，北京、上海、杭州、深圳等多地发生了房东断水、断电、换锁、驱赶租客等情况，甚至出现一些社会不稳定的风险。四川省成都市也是长租房资金链断裂的"重灾区"，2020年超过27家经营长租房的公司资金链断裂，涉及房东和租客约12万人，矛盾一度非常激化。"巢客遇家"跑路、"连合之家"资金链断裂……一时间，成都市长租公寓市场风雨飘摇，相继有房屋租赁中介资金链断裂。成都几十万房东、租客人心惶惶。经过成都市警方调查，"巢客遇家"涉及成都地区房源10322套，涉案房租金额达2.27亿元；"连合之家"涉案房源2000余套，涉案金额达6300万元。两家公司均涉嫌合同诈骗。

长租公寓资金链断裂源自高杠杆风险。长租公寓平台以期限错配的方式实质上控制了大部分租客资金的使用，并以此进一步实现市场扩张，第三方银行的引入也使房屋租赁业务出现了金融衍生品的特征，过高的杠杆比例埋下了资金链断裂的高风险。

资料来源：作者根据相关资料整理编写。

2. 强外部性

数字普惠金融致力于将金融服务延伸至广大城乡区域，覆盖了大量传统金融体系难以触及的长尾客户群体，从而展现出显著的外部效应。这部分通过互联网金融参与金融活动的人群具有以下特征：首先，他们普遍缺乏足够的金融知识，风险识别能力相对不足，且风险承受能力较弱，因此更容易受到误导或欺诈等不公平待遇。其次，他们的投资金额虽然小而分散，但个体往往因精力有限且监督成本高昂，难以有效监督互联网金融机构的行为。最后，这类人群在投资决策上极易出现个体非理性，甚至可能引发集体非理性的现象。从影响范围和社会后果来看，与传统金融风险相比，互联网金融风险对社会的负面外部影响更为显著。

3. 强关联性

随着数字金融的迅猛推进，众多金融工具、机构及市场间的业务界限日益模糊，它们之间的关系转变为一种有机整合，而非简单的数量累积。因此，一旦某个环节爆发风险，如果缺乏有效的风险隔离和保险机制，风险就会迅速蔓延至其他金融场景，甚至在整个金融体系中放大，最终可能演变为系统性风险。

数字金融风险的复杂性、强外部性及强关联性并非孤立存在，而是通过整个数字生态系统紧密相连，相互作用。这种相互作用能够迅速引发小范围、单一类型金融商品和服务风险的累积放大效应，对金融稳定及金融监管构成了新的挑战。

7.2 数字金融风险的主要类型

从风险本源看，数字金融风险可以分为技术风险、经济风险、法律与监管风险三大类型，不同类型的风险具有不同的特点。

7.2.1 数字金融的技术风险及其特征

数字金融与传统金融的重要区别之一是对新型数字技术的应用，数字技术本身既可以大幅度提高金融效率，同时也增加了安全隐患，衍生出数字金融技术风险。数字金融的技术风险主要包括网络安全风险、数据风险、算法风险等。

7.2.1.1 网络安全风险

网络安全风险是指因网络脆弱性遭受网络攻击所带来的风险。近年来，云计算、人工智能等新兴技术的发展，加速了数据价值的发现和流通，同时也使数据安全问题不断凸显。具体而言，目前网络安全风险主要有以下几个方面。

1. 系统漏洞

系统漏洞指的是在计算机系统、认证系统或应用程序软件中，因逻辑设计上的瑕疵或错误而形成的薄弱环节。这些漏洞可能被不法分子利用，通过网络植入恶意软件（如木马、病毒等），进而控制整个计算机系统，窃取其中的重要资料和信息，甚至对系统造成破坏。值得注意的是，不同类型的软硬件设备、同一设备的不同版本、由不同设备组成的系统，以及同一系统在不同配置下，都可能存在各自独特的安全漏洞。

值得关注的是，一些金融科技公司的平台软件，其基础架构往往源自第三方。如果这些公司自身的技术能力有限，且对安全漏洞的重视程度不够，那么原有框架中的原生系统漏洞就可能无法得到及时修复。这将使得这些平台极易成为黑客的攻击目标，一旦这些平台的后台数据被黑客破解，就会直接导致用户数据的泄露，进而威胁到投资人的资金安全。

2. 系统传染风险

计算机病毒能够借助互联网实现快速扩散与感染。与拥有高度独立通信网络的传统商业银行相比，金融科技企业置身于开放的网络通信环境中。TCP/IP 协议的安全性一直备受争议，加之当前的密钥管理和加密技术尚不完善，使得金融科技平台极易成为计算机病毒和网络黑客的攻击目标。一旦某个程序感染病毒，不仅整台计算机面临威胁，整个交易网络也可能因此陷入风险之中。

在传统金融业务中，电脑技术风险通常只会带来局部的影响和损失，然而在金融科技领域，技术风险却可能引发整个体系的崩溃。此外，金融科技平台在某些特殊时刻，如因技术缺陷而无法及时应对短时间内突发的大规模交易，也会带来严重的后果。这种风险在节假日等传统电商打折促销日尤为突出，由于这些日子网上交易量巨大，且往往集中在一天，甚至某个特定时段，数据量远超日常水平，因此极易导致系统不稳定、服务器出现故障等问题。届时，用户可能会遇到页面崩溃、下单系统无法访问、银行支付系统拥堵等困扰。

3. 新生态系统风险

数字金融是一个融合了技术、参与主体及多样化业态的复杂商业生态系统。在这个生态系统中，网络入侵和系统性风险有可能趁机渗透。举例来说，金融机构通过合作伙伴关系和外包服务可能更容易受到不良行为、风险蔓延及模型失误的影响。此外，那些在系统中占据重要地位的技术和

数据提供商，一旦发生故障，就会成为整个系统的脆弱点，引发单点失效的风险。

7.2.1.2 数据风险

数据风险（Data Risk）是指在数据的收集、处理、传输和存储等全生命周期中可能发生的意外事件或情况，这些事件或情况会导致数据的不安全、泄露、损坏或滥用，进而可能对企业的运营、个人的隐私，乃至国家安全造成不利影响。这一风险主要有数据泄露，数据渗漏，数据勒索，数据采集、集中与垄断四种类型。

1. 数据泄露

数据泄露是指将机密信息、私人信息或其他敏感信息发布到不安全的环境中，数据泄露是数字经济的首要风险。随着人们对数字金融服务的依赖性日益增强，网络攻击的数量在过去10年中增长了2倍。从位于天津的国家计算机病毒应急处理中心了解到，2023年第一季度，我国发生的数据泄露事件仍呈现高发态势，受影响较大的行业包括教育、卫生健康、金融等。其中，单次泄露数据量在10万~100万条的占比最高，接近总量的一半。

对金融机构而言，发生数据泄露可能导致严重的直接或间接损失。发生数据泄露后，组织的声誉将受到严重影响，泄露的数据也可能被用于犯罪活动，而该组织需要付出时间和经济成本进行事故调查与善后处理。

2. 数据渗漏

数据渗漏（Data Exfiltration）作为一种比普通数据泄露更为隐秘且技术含量更高的手段，意指数据的隐秘渗出、导出或窃取行为，本质上是指未经合法授权，擅自从计算机或其他电子设备中传输数据，旨在非法获取组织的核心数据资源。

数据渗漏的实施方式多样，既可以是由能够物理接触到计算机的个人通过手动操作完成，也可以是通过网络途径，利用恶意编程实现的自动化过程。无论是通过物理手段的直接窃取，还是通过受感染的内部设备进行的数字数据传输，一旦敏感数据发生丢失，都将对企业的运营造成灾难性的后果。

3. 数据勒索

数据勒索（Data Ransom）又称为"赎金木马"，是指利用勒索软件通过对目标数据强行加密，导致组织核心业务停摆，以此要挟受害者支付赎金进行解密的非法活动。

勒索软件，又称勒索病毒，是一种特殊的恶意软件，又被归类为"阻断访问式攻击"（Denial-of-access Attack）。勒索软件与其他病毒最大的不同在于手法及中毒方式。勒索攻击者利用尚未被发现的网络攻击策略、技术和程序，不仅可以将后门偷偷嵌入代码中，而且可以与被感染系统通信而不被发现。这些策略、技术和程序隐藏极深，且很难完全从受感染网络中删除，给攻击活动细节的调查取证和后续的清除工作带来巨大的挑战。

勒索攻击一般具有明确的攻击目标和强烈的勒索目的。近年来，勒索目的由获取钱财转向窃取商业数据和政治机密，勒索攻击造成的风险不断上升，勒索攻击事件已经成为世界各国最需要关注的安全风险之一。《2023年全球勒索软件态势报告》显示，2023年全球勒索软件攻击次数达到4832起，相较于2022年的2640起，增长幅度惊人。在中国，根据瑞星发布《2023年中国网络安全报告》统计，中国全年捕获的勒索病毒软件样本数量为65.59万个，相比2022年上涨了13.24%。同时，报告还指出，这些勒索软件样本的感染次数为19.68万次，与2022年相比上涨了0.95%。

4. 数据采集、集中与垄断

数据采集风险是指数据科技公司在提供平台服务过程中对用户信息过度采集且未能切实保护所带来的风险。在数字金融领域，更多的数据有助于提升信用评估的效率，但大技术公司过度采集客户数据，有可能侵犯客户隐私。威胁猎人数据泄露风险监测平台数据显示，中国某金融企业的用户贷款信息等被泄露在某知名中文暗网上，泄露数据量级超过 72000 条。

数据集中风险是指数据集中存储可能遭遇的外泄风险。随着数据的爆炸式增长，海量数据集中存储，能够方便数据的分析、处理，但安全管理不当，极易造成信息的泄露、丢失、损坏。互联网和信息技术日益发达，对信息的窃取已不再需要物理、强制性地侵入系统，因此对大数据的安全管理能力也提出了更高的要求。2024 年，Change Healthcare 公司遭受勒索软件攻击，因安全措施不足导致大量敏感数据失窃。此次攻击影响了该公司的医院运营，导致部分医院停摆。联合健康支付赎金后获取的数据副本显示，约 1/3 美国人的信息可能已泄露，具体影响仍在评估中。2024 年 6 月 13 日，香港中文大学的"Moodle 网上学习平台"遭到了黑客攻击，泄露数据涉及 20870 个 Moodle 账户，数据类型包括教师、学生、校友、访客的姓名、电子邮件地址和学号，这些信息疑似在暗网 BreachForums 上被售卖。

数据垄断风险，是指在数字经济环境中，市场主体通过控制海量数据、数据基础设施或数据处理能力，形成排他性优势，进而对市场竞争、用户权益、社会公共利益等造成损害的潜在危险。科技公司不但可以依靠社交、游戏等采集大量数据，还能不断拓展新的数据来源，利用大数据技术分析客户偏好、习惯和需求，进而提供定制化的金融产品。相比之下，传统银行的客户规模和产品种类有限，汇集利用信息的能力较弱。一旦科技公司在数据领域确立了主导和垄断地位，将客户个人信息用于信用评估，就可以进行价格歧视，影响信贷的公平性。

7.2.1.3 算法风险

算法风险是指计算机算法的广泛应用带来的风险。随着算法的深度应用，依赖算法的潜在风险也与日俱增。

算法是"一种有限、确定、有效并适合用计算机程序来实现的解决问题的方法"。随着算法的深度应用，人类正进入算法经济时代。算法经济的特点是以数据为核心、以算法为驱动、以算力为保障，构建强大的数据分析能力，以算法模式为客户提供量身定制的服务和产品。算法经济虽然可以大幅改善资源匹配的效率和交易成本，但也隐藏着风险和作恶的可能。

在金融领域，算法经济的表现形式是算法金融。算法金融就是通过算法模式来开展智能营销、智能风控、智能投顾、智能理赔等数字金融业态。算法金融同样存在算法风险，主要包括算法滥用、算法偏见、算法错误三种形式。

1. 算法滥用

算法运作的核心驱动力是商业利益的考量。在追求利益最大化的过程中，算法可能会背离社会公平原则、道德准则及人性关怀，具体表现为大数据"杀熟"现象，即老客户在面对相同商品或服务时，往往需要支付高于新客户的价格。算法倾向推荐那些能为商家带来潜在商业利益的产品，而非最符合用户需求、最为贴切的选择。更有甚者，算法可能滥用人类心理的弱点，通过过度刺激、说服及诱导，使消费者逐渐习惯被动接受，并对算法推荐的产品产生过度依赖乃至上瘾。这种仅注重算法逻

① SEDGEWICK R, WAYNE K. 算法：第 4 版 [M]. 谢路云，译. 北京：人民邮电出版社，2021.

辑而忽视人性因素的做法，导致人被"物化"，被简化为数据、商品和工具。而算法的具体机制与参数，通常只有企业内部极少数人能够掌握，这有可能滋生利益侵占的问题。部分企业可能利用算法进行不当行为，如为了吸引更多流量，推送耸人听闻的虚假资讯，或是推荐假冒伪劣产品。

2. 算法偏见

算法偏见并非源于人为的刻意为之，而是根植于数据本身的特性。首先，大数据并不等同于全面数据。算法所依赖的数据可能并不完整，这种片面性直接导致了算法结果中的某种偏见。其次，算法的设计和开发离不开人的参与，因此算法设计者的个人偏见，乃至企业管理层的价值观偏见，都可能在无形中渗透进算法之中。最后，算法的"技术权威"往往使人盲目相信其"科学性"。但实际上，某些算法的可解释性相当有限，如同"黑箱"一般的机器学习算法便是其典型例子。这类算法侧重相关性分析，而非因果分析，因此可能产生误导性的关联与判断。此外，基于历史数据的机器学习算法隐含着一个前提，即"过去预示未来"，它用历史数据定义和标签个体，这在某种程度上也构成了一种偏见。[①]

3. 算法错误

算法错误指的是由于参数配置不当导致的算法模型异常。这类失误引发的损失案例众多，不胜枚举。例如，一家国外企业利用模拟交易数据开发出新的交易算法，但由于技术瑕疵，致使数百万笔交易出错，造成一家投资公司在短短45分钟内蒙受了4.55亿美元的巨额损失。另有一家公司因搜索算法系统中存在"算法诽谤"问题，错误地将人或群体进行关联，进而影响了其精准广告投放业务的准确性。[②] 算法一旦出现失误，不仅会带来风险与损失这一棘手问题，而且能否迅速找到应对策略也成为亟待解决的难题。算法本身的复杂性决定了解决策略的复杂性：算法越复杂，就意味着需要投入越多的人力资源、时间和成本来研究错误的算法并寻求解决方案。

算法风险的影响是多维度的，它不仅会对企业的运营层面造成冲击，还会在企业声誉、监管合规、战略实施等多个方面产生不利影响。然而，在算法风险认知方面，金融机构尚处于初级阶段，远远滞后于算法的实际应用水平。此外，随着渠道、产品和业务流程的数字化程度不断提升，欺诈风险的影响也日益加剧，而金融机构的欺诈风险管理能力却未能与其数字化程度相匹配。因此，金融机构在应对算法风险和欺诈风险方面面临着严峻的挑战。

7.2.2 数字金融的经济风险及其特征

数字金融的经济风险是指数字金融活动给当事人带来的预期收入遭受损失的可能性。数字金融的经济风险可以分为信息不对称风险、信用与流动性风险、市场风险、操作风险、欺诈风险。

7.2.2.1 信息不对称风险

信息不对称风险是指在数字金融市场中，交易双方在信息获取和理解上的不平等导致的风险。这种不平等意味着一方比另一方拥有更多的信息或者对信息的理解更加深入，从而引发一系列问题和风险。

1. 金融信息需要成本

数字科技企业不会为用户提供免费的午餐，因为数字科技企业需要为有用的信息付出成本代价，因而会直接或间接地向客户收费，客户因付费不同会产生信息消费和传输的差异，由此造成信

---

① 姚前. 算法监管的六个方面 [EB/OL]. （2021-09-03）[2025-04-12]. https://finance.sina.com.cn/hy/hyjz/2021-09-03/doc-iktzqtyt3916045.shtml.

② 德勤. 大数据时代"算法风险"的思考 [EB/OL]. （2018-04-16）[2025-04-12]. https://www2.deloitte.com/cn/zh/pages/risk/articles/algorithmic-risk-in-big-data-era.html.

息不对称。例如，不同用户使用不同的带宽，仅信息的及时性上就存在巨大差异。股票交易中散户使用的交易频道与大户、专业机构的通道显然不在同一个级别。金融市场高频交易者可以利用时滞效应套利也是一个人所共知的事实。

2. 信息认知与利用能力

金融作为一种直接与行为人经济利益和损失相关联的特殊的复杂信息产品，需要用户对产品包含的风险和收益信息有充分的认知能力。在此方面，金融机构与平台企业无疑有着比普通投融资客户高得多的信息优势。在金融领域，委托代理问题是始终存在的，也很难通过技术手段解决。技术虽然能够解决获取数据和处理数据的问题，但不能解决投资者获取和处理数据能力不同的问题，也不能解决拥有数据垄断力量的人滥用权力的问题。

3. 噪声过滤能力

金融市场充满着千百万个决策变量，每日每时都在产生无穷尽的海量信息，由此带来市场大量的交易噪声（错误信息），这就需要市场参与者具有强大的噪声过滤能力。显然，普通投资者与金融科技机构在交易信息噪声过滤能力上不在一个量级。金融科技的虚拟性会加重信息不对称，主要体现在身份确定、资金流向、信用评价等方面，甚至会影响大数据分析，导致严重的信息噪声。

4. 信息被滥用或失明的风险

（1）客户信用信息容易被滥用。平台企业通过数据挖掘与数据分析，获得个人与企业的信用信息，并将其用作信用评级的主要依据。倘若此类信息管理不当，将造成信息泄密，给客户带来潜在损失或实际损失。

（2）信息真伪与信息透明度问题。在数字金融监管不到位、不及时的状态下，还会产生由谁验证最终借款人提供资料的真实性、有无独立第三方能够对此进行风险管控，以及如何防范金融平台企业自身的监守自盗行为等风险问题。

扩展阅读

金融市场的噪声交易者

金融市场的噪声交易者（Noise Trader）是指无法获得内部信息，非理性地把噪声当作信息进行交易的投资者。市场选择理论的代表人物 Fama 和 Friedman 认为，噪声交易者在市场的预期收益为负，总是处于亏损的状态，因此无法长期存在。而行为金融理论的最新研究成果则提出了相反的观点，De Long、Shleifer、Summers 和 Waldman（1990）提出的 DSSW 模型证明了噪声交易者可以获得正的预期收益。但是，某次或某几次交易中能够获得正的预期收益并不意味着他们能够获得更多的长期财富，具有长期生存的能力。迄今为止，De Long 等（1991）建立的资产组合配置模型和 Kogan 模型（2003）较好地说明了噪声交易者的长期生存能力问题。

噪声交易者在金融市场中长期生存既得到了理论上的证明，也是现实中各国证券市场普遍存在的现象，噪声交易会引起市场的不正常波动，不利于证券市场的稳定。

资料来源：作者根据相关资料整理编写。

7.2.2.2 信用风险与流动性风险

1. 信用风险

数字金融的核心同样是建立在信用基础之上，这意味着它同样伴随着信用风险。无论是互联网

企业涉足金融领域所催生的新型业务模式，如第三方支付、网络借贷和股权众筹融资，还是传统金融机构通过互联网技术改造后的业务模式，如网络银行和互联网基金销售，在业务运营过程中都可能因交易对手的违约行为而蒙受损失，这就是所谓的信用风险。由于网络交易中的信息传递、支付结算等活动均在虚拟环境中进行，交易双方无须面对面交流，仅通过互联网建立联系，因此在身份确认和信用评估方面存在严重的信息不对称问题，这极大地增加了信用风险。在中国互联网金融的发展历程中，P2P 行业的爆雷事件就是一个典型的例子。这些事件往往源于信息披露的不当，加之监管机构难以及时发现和纠正信息披露中的问题，最终导致广大投资者遭受重大损失，同时也对行业声誉造成了极其恶劣的影响。

2. 流动性风险

金融机构的一大功能就是将短期资金转化为长期资金，因此金融机构普遍面临期限错配的问题，而且问题的关键在于错配的程度。数字金融领域同样面临这一挑战。具体而言，互联网理财产品通常投资期限较长的资产，其负债期限却相对较短。若负债到期时无法顺利滚动续期，就可能触发流动性风险。例如，当货币市场基金大规模集中提取协议存款时，银行将直接面临流动性的巨大压力。另外，金融机构在遭遇流动性困境时，往往会选择出售资产以迅速回笼资金，增强其流动性。然而，短期内大规模抛售资产会导致资产价格下跌，在极端情况下，甚至可能引发恐慌性抛售，进一步压低资产价格，从而形成恶性循环。

面对信用风险与流动性风险，更需警惕的是：虽然商业银行的理财产品也面临信用违约风险与流动性风险，但商业银行最终能够获得中央银行最后贷款人的支持；相比之下，网络借贷等虽然运营成本较低，但由于缺乏最后贷款人的保护，一旦金融产品违约，风险就会面临无人最终承担。

7.2.2.3 市场风险

市场风险可细分为利率风险、汇率风险、股票价格风险及商品价格风险，这些风险分别源于利率、汇率、股票价格和商品价格发生不利变动。在数字金融领域，无论是交易业务还是非交易业务，市场风险都普遍存在，影响着表内及表外的资产负债，难以避免市场资产负债价格变动的冲击。举例来说，无论是网络借贷平台还是众筹融资项目，都有可能因金融资产市场价格的不稳定波动而面临损失的风险。

7.2.2.4 操作风险

操作风险是指因操作上的失误而直接或间接引发损失的风险，这种风险主要潜藏于对借款人的信用评估环节，以及人工操作失误或信息系统出现故障等情形。操作风险带来的损失，有时甚至可能超过市场风险和信用风险造成的损害。随着数字金融的迅猛发展，各种业务模式尚处于不断探索之中，企业与员工之间在管理上还未形成充分的默契，加之部分企业员工缺乏必要的培训，导致操作风险大量潜伏。

7.2.2.5 欺诈风险

欺诈风险是指在金融交易或服务过程中，由于一方故意提供虚假信息、隐瞒真相或采取其他不正当手段，导致另一方遭受经济损失的风险。这种风险不仅损害了受害者的利益，也破坏了金融市场的公平性和信任基础。同时，欺诈活动呈现出专业程度高、隐蔽性强、有组织作案、内外勾结、形式多样和持续演化等 6 个典型特征，这些都给风险防控带来了挑战。

7.2.3 数字金融的法律与监管风险及其特征

数字金融的法律与监管风险是指在数字金融活动中，由于法律法规的不完善、监管措施的不到位或市场主体对法律法规和监管要求的忽视，导致当事人面临法律纠纷、监管处罚或经济损失的可能性。例如，反洗钱/打击恐怖主义融资、了解您的客户、数据隐私、账户和交易限额、信托账户，以及有关使用代理的法规。

7.2.3.1 合规性风险

合规性风险源于数字金融创新对现有监管框架的冲击。

一方面，由于政策法规往往滞后于新兴行业的发展，导致监管真空的出现。在数字金融的快速发展过程中，一些新业态和新模式在功能和法律界定上具有独特性和复杂性，难以被归类到已有的业务类型中，也无法纳入现有的监管框架。例如，关于科技公司的金融市场准入标准、运作方式的合法性，以及交易者身份认证等方面，目前尚缺乏系统而严格的法律规范。这种状况使得一些数字科技企业能够在法律盲区和监管漏洞中游离，进行监管套利、违规经营，甚至进行非法吸收公众存款、非法集资等违法行为。特别是那些打着新科技旗号的另类金融业务，如 P2P 贷款、众筹、数字资产等，很容易涉及非法集资，面临政策风险。一些所谓的"金融创新"虽然声称是由技术和数据驱动，但实际上是在利用相对滞后的制度规则逃避监管。此外，不同国家对于非主权数字货币的监管态度也存在差异，如日本修改法律，承认数字货币为合法支付手段，而中国则持谨慎态度，明确禁止虚拟货币交易和数字代币发行等。

另一方面，过于追求监管合规也可能导致风险增加。随着数字金融的快速发展，世界各国监管机构纷纷发布新的法律和监管规则，但这些规则处于不同的成熟阶段，并且可能与现行商业惯例相冲突。为了适应新一代数字经济消费者对便利性和功能性的需求，金融服务业已经从传统的实体模式转变为数字空间模式。然而，技术和客户情绪的变化速度可能远远超过政府针对日新月异数字化功能的监管要求。因此，金融服务机构需要在满足客户需求和遵守滞后的法律法规之间找到平衡，这无疑是一个巨大的挑战。如果安全防护流程过于烦琐，导致用户体验感不佳，客户就会寻找更便捷的方式来满足自己的需求。即便是最具创新性和前瞻性的公司，要维持这种微妙的平衡也是一项艰巨的任务。此外，金融服务业的新进入者也在迅速填补市场空白，不断向成熟的金融机构发起挑战，以保持自身的竞争力。

7.2.3.2 监管适用性风险

监管适用性风险主要源于数字金融业态与监管体系的发展步伐不一致、不匹配。这种风险体现在金融机构全面向数字化转型的过程中，数字技术已成为支撑经济金融发展的新基石，导致传统以风险为导向的监管指标逐渐失去适用性。

首先，从客户营销到风险控制，再到日常运营，金融服务的各个环节都在逐步向线上化、数字化的新型模式转变。这一转变使得传统监管框架中基于线下模式设计的风险控制手段逐渐失去适配性。

其次，随着金融机构数字化转型的快速发展，目前为防范机构风险和系统性风险设定的监管工具及指标也逐渐显露出其局限性，难以完全适应新的数字化环境。

最后，数字金融领域的关键技术持续取得突破，产业化应用也在加速推进，金融业的底层技术架构正在经历深刻的重塑。在这种背景下，单纯以风险为导向的监管框架已经不足以应对新技术在金融领域产业化应用过程中带来的各种挑战。

随着行业创新的日新月异，传统监管工具的局限性越发凸显。这些工具主要依赖金融机构自行报送的数据，在数据的时效性、穿透性及标准统一性方面存在一定的不足。同时，金融与科技的深度融合使得金融监管机构在准确识别金融风险方面面临更大的挑战，监管工作也因此变得更加复杂和困难。

7.2.3.3　平台风险

平台风险是指大型互联网平台隐含的系统重要性风险，这种风险不仅关乎平台自身的稳定与发展，更对整个经济体系的安全与稳定产生深远影响。

（1）大型互联网平台的系统重要性风险首先体现在规模上，一旦大型互联网平台出现技术故障或其他风险，影响就非常广泛，甚至容易引发重大社会问题。

（2）如果平台的某些交易者对经济运行的预期产生偏差，就可能由于平台用户的趋同性而放大，对经济造成重大冲击。

（3）大型互联网平台在经济上的重要性还将导致"大而不能倒"的道德风险。大型互联网平台的系统重要性还体现在结构复杂性上。双边乃至多边的客户结构和多样化的业务类型都意味着风险源和传染渠道更为多样和复杂，而其影响力常常被平台所低估。并且，大型平台企业在反垄断、个人信息保护、反不正当竞争、知识产权、投融资、反腐败等多个领域都存在不同程度的合规风险。

7.2.3.4　监管协同风险

监管协同风险是指在金融数字化转型不断加深的背景下，金融与科技之间的界限日益模糊，金融机构与科技企业之间的合作越发广泛且深入，由此带来的跨行业、跨机构、跨国界的监管协同缺失或不足的风险。以数字支付为例，它推动了新型全球支付网络的快速发展，加速了全球支付基础设施的竞争性变革，这迫切需要更加广泛的国际监管协同与合作。然而，尽管巴塞尔银行监管委员会、金融稳定委员会等国际组织正积极推动监管协调机制的建立，但总体来看，数字金融领域的跨境监管合作与计划仍然明显滞后于跨境业务的拓展步伐。

此外，随着数据开放共享与跨境数据流动成为新常态，监管层面也面临着新的挑战。如何构建一个有效的跨境数据治理机制以确保数据安全与隐私保护，如何统一区域间的数据标准，以及如何认定跨境身份等问题，都是当前监管机构需要深入思考和亟待解决的问题。

7.2.3.5　货币信贷调控难度增大的监管风险

一方面，金融科技的革新对传统中央银行的货币政策中间目标构成了一系列挑战。例如，关于虚拟货币是否应纳入狭义货币供应量（M1）的考量，以及如何看待传统货币与虚拟货币的相互作用与转换等问题变得尤为突出。若虚拟货币游离于法定监管之外，可能会因信用过度扩张而引发通货膨胀。

另一方面，支付方式的非现金化趋势也导致了货币购买力统计的失真。在第三方支付迅速普及、传统金融机构积极部署扫码支付、金融科技技术不断进步的背景下，无现金社会的步伐正在加快。这种非现金化的支付方式将引起货币统计标准的变动。在无现金化社会的进程中，流通中的现金（M2）占比将持续下降，其作为统计指标的重要性也将日益减弱。

以我国数字金融实践为例，若银行卡成为主要的电子支付手段，则对应的是M1；若第三方支付账户中的货币基金如余额宝、零钱宝等成为主流的支付工具，则对应的是M2中的非存款类金融机构存款；若信用卡及蚂蚁花呗、苏宁任性付等消费金融产品成为主流支付手段，则这些并不被包含在人民银行的货币统计范围内。从实际情况来看，消费金融产品成为主流支付工具的可能性更大，而这些工具并未被纳入人民银行的货币统计口径，导致货币统计口径与社会真实购买力之间产生脱节，统计口径小于实际购买力。货币统计口径的失真可能使人民银行低估实际的货币供给量，从而隐含着潜在的通胀风险。

此外，实际购买力结构的变化还会对现有的货币政策传导机制产生影响。人民银行通常通过调整基础货币和货币乘数两个手段来调节货币供应量，主要影响的是银行存款。然而，在无现金社会中，真实的购买力更多地隐藏在消费金融产品而非银行存款中，这可能导致人民银行的数量型工具在特定情境下失效。

另外，数字金融的发展还削弱了中央政府的信贷政策效果。例如，当房地产开发商的传统融资渠道受到限制时，他们可能转向网贷平台进行融资。

综上所述，数字金融并未消除金融本身的固有风险，新数字技术对金融领域的广泛介入和渗透，只是使传统金融风险获得了新的内容和形式，并由此产生了新的风险类别，形成了新的风险特征。尽管大数据、云计算、人工智能、区块链等新信息科技的应用有可能在某些方面提高金融处理不确定性与风险的能力，但在其他新的方面又扩大或提升了不确定性风险的维度和量级。在一个不完善的世界里，构建在互联网基础上的数字金融正在形成新型复杂动态金融系统，不可避免地意味着新的风险和挑战。

课堂互动

2023年3月10日，美国硅谷银行（Silicon Valley Bank）因资不抵债而被金融监管部门关闭。美国加利福尼亚州金融保护和创新局当日宣布，已依法接管主要服务初创企业的区域性银行——硅谷银行，并指派美国联邦储蓄保险公司为硅谷银行进行清算管理。请学生收集案例相关资料并展开讨论：美国硅谷银行破产的原因是什么？

7.3 数字金融风险防控的基本方法

风险控制是金融的核心。数字金融风险防控的目的是降低数字金融风险的经济影响。数字金融风险防控包括金融机构风险防控与金融管理部门的系统性风险防控两大类型。

7.3.1 金融机构的数字金融风险防控

金融机构的数字金融风险防控是指金融机构通过各种内部风险管理措施，达到缓释风险的目的。金融机构内部风险防控又称内部风险管理（简称"风险管理"），是指针对风险的识别、评估，以及风险响应的规划与实施等任务，系统地运用相应原则、方法和流程的过程。与数字金融风险类别相对应，金融机构风险防控方法大致可分为以下两类。

7.3.1.1 技术风险的防控方法

1. 增加投入，确保网络安全

为了有效应对网络技术风险，金融机构需从硬件设施和网络运营两个层面着手改进。在硬件设施方面，应增加对安全措施的投入，强化计算机系统的病毒防御与抗攻击能力，确保数字金融的硬件环境坚如磐石。在网络运营层面，通过实施分级授权与身份认证登录机制，有效遏制非法用户登录行为；同时，利用数字证书为交易主体筑起安全防线。此外，还需积极研发数字签名技术、密钥管理技术及互联网加密技术，以进一步降低技术选择带来的风险。

在人才队伍建设方面，数字金融作为新兴领域，专业人才匮乏的问题尤为突出，特别是在我国，相较数字金融的迅猛发展，相关人才的培养显得相对滞后。因此，企业需加大在职培训力度，构建自身的风险控制人才储备库。人们必须认识到，风险控制是数字金融生存与发展的基石。无论是传统金融机构还是新兴金融机构，掌握风险控制技能都是构建健康数字金融生态的关键所在。因此，风险控制是推进数字金融发展过程中最值得投入财力、人力和物力的环节。

2. 创新风险管理技术

强化风险管理能力。应对数字金融新型风险，无论是数字化转型领先金融机构还是跟随机构，都需要提升专业化的风险管理能力，创新风险管理技术。其内容涉及等级保护、审计、电子银行安全、风险管理、企业内控等多个领域。企业应当基于内外部审计及监管要求，建立网络控制评估框架，识别潜在网络风险，实施风险处置计划，持续监控网络风险状况，制订风险处置计划，设计各岗分离的业务流程；同时，运用科技手段全流程控制业务风险，完善各业务条线的风险管理组织机构，通过设立风险管理委员会、风险总监、风险官和风险经理，实现对金融业风险的多级监控；引入发达风控技术中的信息交叉检验方法，实现企业非财务信息内部、财务信息内部、非财务信息与财务信息间的多重逻辑验证。

与此同时，金融机构也应合理利用新兴技术，如机器人流程自动化、人工智能、自然语言处理及机器学习等，这些技术不仅可以降低成本，还可预见新型风险。金融机构应整合应对新的监管要求，摒弃此前孤立的应对方法，借助监管科技（RegTech）解决方案的力量，更加灵活快速地应对新的发展趋势，并提供分析技术以支持更有效的风险管理。

3. 更新风险管理框架

面对数字化转型步伐的不断加快，金融机构或许需要重新考量传统的风险管理体系。这一需求的产生，主要源于数字化转型导致传统风险领域的复杂性显著提升，具体涉及以下关键因素：

（1）关于系统与数据的逻辑访问权限问题。随着交付团队职责的不断拓展，成员们在设计、研发、测试、环境监控、发布管理及应用运维等多个方面的角色界限日益模糊。这引发了一个关键问题：当个体需扮演多重角色时，传统的"基于角色"访问控制策略是否仍然有效。

（2）变革管理的挑战。随着数字化产业的日益复杂化，对变革的需求越发迫切，此时若仍采用"一刀切"的变革管理方式，很可能成为阻碍进展的瓶颈。

（3）事件管理的难题。随着代码部署、发布管理等传统流程在不同团队间的自动化程度日益加深，如何在事件发生时明确责任主体，成为一个亟待解决的问题。

（4）数据治理的重要性。数字化渠道为客户行为分析提供了丰富的数据源，而数据质量对于商业成功至关重要。同时，随着监管要求和道德规范的日益复杂，如何确保数据治理的合规性和道德性，也成为金融机构必须面对的挑战。

7.3.1.2 经济风险的控制方法

1. 内控机制建设

金融机构有效管理经济风险的核心在于构建并强化内部控制体系，以实现对数字金融风险的早期预警、过程控制、后期补救与调整。

首先，需成立专业的风险管理机构。金融机构应当组建一个专注风险管理的部门，通过运用大数据分析技术或采纳外部专业咨询服务，构建信用评估体系，开发内部风险预测模型，并设立数字金融风险的预警系统，指派专职人员实施不间断的监控与风险识别。

其次，严格规范新金融产品的设计流程。鉴于金融产品本质上融合了风险与收益，而网络交易的隐秘性和匿名性进一步加剧了数字金融产品的风险水平，因此金融机构在设计新产品时，需优先考虑资金的安全保障与流动性管理，审慎决定投资的方向与模式，力求在产品的预期收益与潜在风险之间找到恰当的平衡点，从源头上预防因集中赎回可能引发的流动性挤兑危机。

最后，要健全风险准备金的提取机制。金融机构应结合自身规模、产品特性及风险承受能力等因素，合理设定风险准备金的规模，并确保足额提取，以此作为坚实的财务缓冲和较高的资本支撑，有效应对潜在的流动性风险。

2. 合规性建设

金融机构应依据自身实际需要和可能，利用权威专业咨询公司服务，发现金融机构网络架构、内部制度和外部政策、法规等方面的各项差异，建立统一的、符合各方面监管要求的网络运行风险管理体系。

首先，进行网络监管要求的识别。金融机构需清晰地确定所遵循的合规性标准与要求，然后将这些标准与要求整合起来，形成一个网络控制要求的矩阵。在此基础上，识别出需要进行内部沟通与协调的相关部门，并设立合规性评审组织，同时开发网络合规性评估工具。

其次，进行差距分析。金融机构需要明确相关资产的控制目标，然后依据评估矩阵和有效样本，对当前的风险控制状况进行细致的评审。接下来，基于风险的影响程度和发生的可能性进行风险评估，识别出可接受的风险，并确定需要采取应对措施的风险级别。

最后，基于以上步骤中识别的风险，金融机构需要设计一个全面的合规体系，旨在以高效且低成本的方式，满足各方的监管要求。

3. 改进风险管理方法

面对风险复杂多变的现实，金融机构需从根本上重新思考风险管理策略，变革风险管理手段，以提高风险管理效率。这要求金融机构间进行协调，抓住战略、人员、三道防线模式及与技术相关的机遇。

（1）加强对战略风险的关注。鉴于法律法规与金融环境未来的不确定性，以及数字金融初创企业可能对传统金融业务带来的颠覆性影响，金融机构必须更加聚焦战略风险，并提升识别风险的能力。应广泛收集国内外金融机构因战略风险失控而遭受损失的案例，以及与自身运营相关的信息，深入分析这些信息对金融机构可能产生的潜在影响。通过这样的方式，金融机构能够加强战略风险管理能力，提升洞察深度，进而实现战略风险管理的目标。

（2）重新思考三道防线模式。三道防线机制是一个涵盖数字化转型带来的变革速度、与第三方的关系，以及数字化风险管理流程三个维度的风险管理框架。面对数字风险管理的新形势，金融机构需要重新审视并协调三道防线的工作，对三道防线进行重构，并消除其中存在的职责重叠现象。尤为重要的是，要确保业务部门充分掌握并管理其内部风险；同时，风险管理部门也应通过监管和质询的方式，对风险控制给予持续关注。

数字化转型推动商业模式、技术实施方法、流程和工作方式的革故鼎新，以及组织结构的不断演变。这种持续性变化对确定风险归属及问责制，以及执行核心风险管理流程，并将这些流程应用于机构内部系统的不同环节提出了挑战。传统的风险管理功能模式也需相应地进行调整。

在组织结构上，金融机构可建立风险管理三道防线，即各有关职能部门和业务单位为第一道防线，风险管理职能部门和董事会下设的风险管理委员会为第二道防线，内部审计部门和董事会下设的审计委员会为第三道防线。

需要注意的是，金融机构还需要提升面向未来的风险管理能力，对前数字化时代设计的风控模式进行变革，以适应现在与未来风险管理的需求，这就需要金融机构获得新的风险管理能力。

7.3.2 数字金融管理部门的风险防控

数字金融的系统性风险防控是指国家宏观经济与技术管理部门对数字金融可能引发的系统性风险进行防控，同样包括技术风险防控与经济风险防控两方面内容。

7.3.2.1 技术风险防控

技术风险防控的目的是国家通过信息基础设施建设与监管，预防数字金融的整体技术风险，确保数字金融在宏观层面的网络安全。

数字金融技术风险防控的目标首先是保证网络安全。根据国际货币基金组织（International Monetary Fund，IMF）的分析，各国金融体系应采取措施做好准备应对攻击，在全球范围内大力加强网络安全和提高金融稳定性。针对网络安全风险可施行以下 6 大战略：

1. "网络测绘"和风险量化

通过掌握全球金融体系在运行和技术上的互联性，以及关键基础设施的重要情况（"网络测绘"），可以更好地理解全球金融体系的相互依赖性。将网络风险更好地纳入金融稳定分析，有助于监管当局提高能力，更好地理解、降低整个系统面临的风险。对潜在影响进行量化，有助于加强应对措施的针对性，促进各方对这一问题做出更有力的承诺。这一领域的工作刚刚起步，部分原因是关于网络事件影响的数据比较短缺且建模具有挑战性，但考虑到其重要性日益提升，还需要加快推进。

2. 统一监管

在国际层面上，应加强国际协调，实行统一监管。在国际层面实现更为一致的监管将降低合规成本，并为加强跨境合作搭建平台。多家国际机构包括金融稳定理事会（FSB）、支付与市场基础设施委员会（CPMI）、巴塞尔银行监管委员会，已开始加强协调，促进监管的统一。各国当局需要共同推进落实该工作。

3. 应对能力

鉴于网络攻击日益普遍，必须确保即使黑客得手，金融体系也能迅速恢复运行，从而维护金融稳定。所谓的"应对和恢复战略"仍处于早期阶段，特别是在低收入国家，这些国家在制定战略时需要得到支持。因此，有必要建立国际层面的合作，为跨境机构和服务应对攻击与恢复运行提供支持。

4. 信息共享的意愿

私人部门和公共部门若能更多地分享关于网络威胁、攻击和应对措施的信息，将有助于提升有效威慑和应对的能力。然而，重大壁垒依然存在，这通常是基于国家安全考虑和数据保护法律的结果。监管机构和中央银行需制定出信息共享的协议和做法，以便在上述约束条件下仍能分享信息。建立各国认可的信息共享模板，增加共同信息平台的使用，扩大可信网络，这些都有助于减少壁垒。

5. 加强威慑

监管当局应采取有效措施，没收犯罪所得并起诉罪犯，提高网络攻击的成本和风险。加大国际社会的努力，防止、瓦解和震慑攻击者，从源头上减少威胁。为此，执法机构及关键基础设施的主管机构和安全机关应加强跨国与跨部门合作。由于黑客不受国界限制，全球性犯罪活动需要开展全球执法来应对。

6. 能力建设

发展中国家和新兴经济体应加强网络安全能力建设，以促进金融稳定和普惠金融发展。其中，低收入国家尤其易受网络风险影响。在安全稳妥的基础上利用技术，仍是实现发展的关键所在，而这要求有效解决网络风险问题。如同病毒传播一般，网络威胁在任何一国的扩散，都会使世界其他地区变得更加不安全。

7.3.2.2 经济风险防控

1. 防火墙建设

对于数字金融引起的金融混业经营，应当建立必要的风险隔离与保险制度。对于投资者和消费者而言，资金安全是否能够得到保障，是其首要关心的问题；对于数字金融来说，安全正是行业可持续发展的生命线，而要守护这条生命线，以科学合理的监管建立起牢固的"防火墙"至关重要。构筑这道数字金融的"防火墙"需要政府、行业的深度探讨，针对数字金融的新业态，制订科学合理的监管方案，建立可靠的覆盖全行业的风险防控体系。

2. 金融消费者权益保护

加强金融消费者权益保护是防范数字金融系统风险的关键环节。有关部门除了及时修订专门的消费者金融权益保护法律法规，严格执法力度之外，还应当紧紧围绕提高消费者金融素养，持续开展金融消费者教育，不断拓宽投诉渠道和增强纠纷调解处理能力，加大重点领域金融消费监管力度，着力保障金融消费者的消费安全权利，对金融机构金融消费权益保护工作进行整体评估，引导金融机构改进和完善自身工作薄弱环节。

3. 信用体系建设

社会信用体系建设可从建立电子商务身份认证体系、个人和企业信用评估体系着手，避免信息不对称造成的选择性风险。2014年国务院发布的《社会信用体系建设规划纲要（2014—2020年）》中，提出了政务信息公开、农村信用体系建设、小微企业信用体系建设3个专项工程，具有很强的针对性和现实意义。其中，直接与数字金融相关的是后两项，主要是针对"三农"领域和小微企业的融资难问题。农户和小微企业的可抵质押资产比较少，凭借自身信用进行融资是一种可行的办法。但要开展信用融资，就必须有信用记录，让金融机构充分掌握信用信息，识别信用风险并且进行合理定价。这些都需要有健全的信用体系作为基础。

4. 法制体系建设

加强数字金融风险法制体系建设，包括加大立法力度、完善现行法规、制定网络公平交易规则。加紧完善立法计算机犯罪，提高电子商务的安全性和确立电子交易的合法性，明确电子凭证和数字签名的有效性；对各交易主体的权利义务进行明确的解析；对现行的不适合数字金融的法律法规进行完善，适时加大量刑力度；对交易主体的责任、保护消费者个人信息、保持电子交易凭证、识别数字签名等做出详细的规定，保证能够有序开展数字金融业务。

5. 完善数字金融监管体系

应加强市场准入管理并完善监管体制，确定准入条件并加大数字金融创新扶持力度。由于数字金融对分业监管模式提出挑战，故应协调混业和分业监管模式，实行综合监管。我国还应更多地加强与国际同行的交流、沟通和借鉴，及时协调可能出现的国际司法管辖权。

提升金融业务风险防范能力。完善金融业务风险防控体系，运用数据挖掘、机器学习等技术优化风险防控数据指标、分析模型，精准刻画客户风险特征，有效甄别高风险交易，提高金融业务风险识别和处置的准确性。健全风险监测预警和早期干预机制，合理构建动态风险计量评分体系，制定分级分类风控规则，将智能风控嵌入业务流程，实现可疑交易自动化拦截与风险应急处置，提升风险防控的及时性。

组织建设统一的金融风险监控平台，引导金融机构加强金融领域App与门户网站实名制和安全管理，增强网上银行、手机银行、直销银行等业务系统的安全监测防护水平，提升对仿冒App、钓鱼网站的识别处置能力。构建跨行业、跨部门的风险联防联控机制，加强风险信息披露和共享，加大联合惩戒力度，防止风险交叉传染，实现风险早识别、早预警、早处置，提升金融风险整体防控水平。

此外，国家宏观经济管理部门还应加强产业政策、财政政策、货币政策、投资政策、汇率政策等政策调整对数字金融活动的影响研判，对数字金融可能出现的风险进行提前预警，做好预案，以防调整过激产生系统风险。

香江观澜：国家奥运健儿访港激发港人国民身份认同

中国内地奥运健儿代表团过去三日访问香港，与香港各界人士会面交流，再次体现国家对香港的重视和关爱。他们所到之处无不洋溢喜悦欢笑，为香港社会注入正能量。

此次是香港回归以来，国家第七次在夏季奥运会后安排内地奥运健儿代表团访港，获得香港最高规格迎接。与此前数次相比，本次无论是媒体的关注度、香港市民的热情、代表团的行程精彩程度，都有增无减，体现了香港人民对国家的认同，以及对国家体育事业取得重大发展的自豪。

事实上，奥运会一直激发港人的国民身份认同。笔者还记得2008年北京奥运会，当时港人的国民身份认同大幅跃升至新台阶，几乎人人都为国家首次主办奥运而骄傲，不少人更是每日守在电视机旁边为国家及香港健儿打气。一项调查显示，2024年巴黎奥运会，有超过八成香港市民为中国代表团和中国香港代表团的表现感到自豪。

本次访港的中国内地奥运健儿代表团中有多位2024年巴黎奥运会金牌得主和港人喜爱的国家队新生代运动员，阵容鼎盛。他们在巴黎奥运会结束不久便来港，表达了对香港的喜爱和支持，也延续了香港的奥运气氛。

港人也以实际行动表达爱国情怀。数日来，香港掀起一股体育"追星"热潮，大批市民"抢票"，亲临交流会现场，近距离观看国家奥运健儿的"水花消失术"和霹雳舞等表演，与他们交流互动，全场掌声、喝彩声不绝。有人更是到健儿到访地点"蹲点"，期望见上偶像一面。

其间，不少运动员享用香港美食，用粤语与港人问好交谈，拉近了彼此距离，正好呼应了香港特区行政长官李家超在代表团抵港欢迎会上所说："希望代表团在香港访问的行程能给大家带来我们是一家人的感觉。"

中国国家队在2024年巴黎奥运会夺得40金、27银、24铜共91枚奖牌，创下夏季奥运会境外参赛历史最好成绩。访港期间，跳水运动员全红婵鼓励香港青少年"有热爱就去追，不要害怕失败"，游泳健将潘展乐也说"要不怕苦、不怕累，为国争光"。他们是香港年轻人的榜样，其奋斗精神激励着香港年轻人奋勇争先、积极融入国家发展大局。

随着国家在体育事业不断取得新突破，香港全力推进体育普及化、精英化、盛事化、专业化和产业化，相信内地与香港的体育交流也将持续热络，体育必定继续成为连接港人与国家的纽带，从而帮助港人建立起更深厚的家国情怀。

资料来源：香江观澜：国家奥运健儿访港激发港人国民身份认同［EB/OL］．中国新闻网，2024-09-01．

本章小结

本章主要介绍了数字金融风险防控的相关内容。首先，概述了数字金融风险的内涵和基本特征，明确了其复杂性和多变性。其次，详细探讨了数字金融风险的主要类型，包括技术风险、经济风险及法律与监管风险，每种风险都有其独特的特征和表现形式。最后，阐述了数字金融风险防控的基本方法，从金融机构和数字金融管理部门两个角度提出了具体的防控策略。通过本章的学习，学生可以更好地理解数字金融风险，掌握有效的防控方法，为数字金融的健康发展提供有力保障。

课后思考题

1. 数字金融风险有哪几个突出特征？
2. 简述数字金融的技术风险及其特征。
3. 简述数字金融的经济风险及其特征。
4. 简述数字金融的法律与监管风险及其特征。
5. 数字金融机构风险防控的方法有哪些？

微课资源

微课视频

第8章 数字金融监管

学习目标
★ 掌握数字金融监管的含义、目标、原则及其在实践中的应用。
★ 了解数字金融监管政策体系、法律法规、监管标准等。
★ 了解监管沙盒的概念、运作机制及其在金融创新监管中的应用。

素养目标
★ 增强对数字金融监管重要性的认识,形成自觉遵守监管规定的意识。
★ 提高在数字金融领域进行合规操作和风险管理的能力。

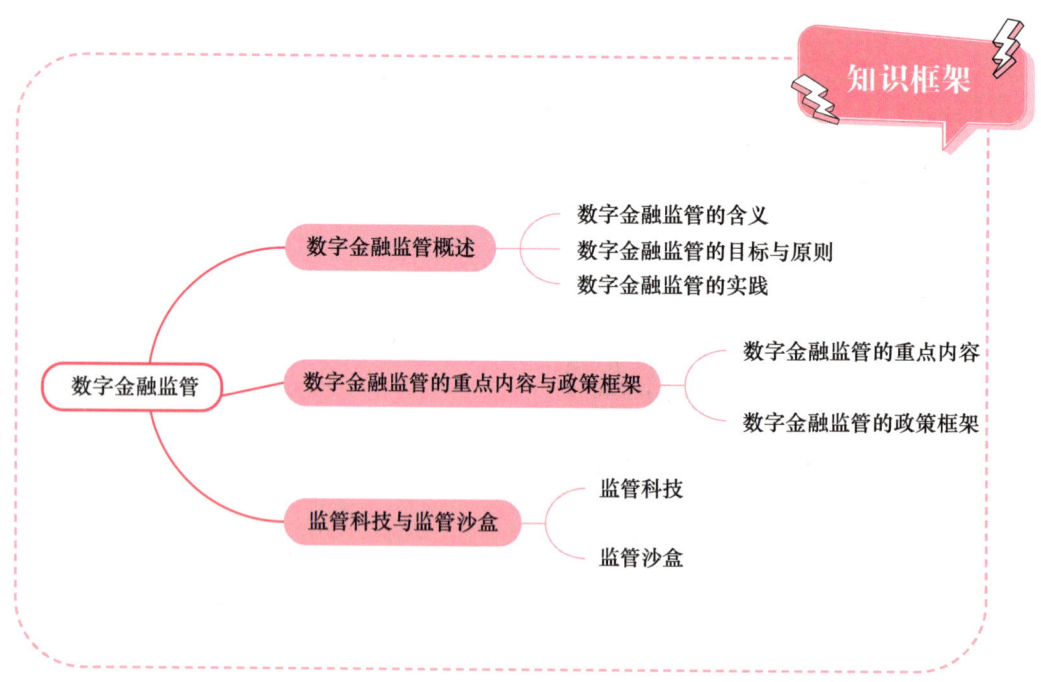

蚂蚁金服被罚的背后

2020年，蚂蚁金服计划在科创板和港交所上市，这一消息引起了广泛关注。然而，就在其上市前夕，蚂蚁金服因监管问题被暂停上市，这一事件引起了市场的震动。

在其上市前夕，监管部门对蚂蚁金服进行了全面的调查和审查，发现其在公司治理、金融消费者保护、参与银行保险机构业务活动等方面存在一些问题。这些问题不仅增加了金融的风险，还威胁了金融的稳定。因此，监管部门决定暂停蚂蚁金服的上市计划，并要求其整改。

蚂蚁金服被迫对其业务进行了大幅调整，包括加强合规建设，优化业务流程，提升服务质量等。同时，蚂蚁金服也加强了与监管机构的沟通与合作，以确保业务合规，降低监管风险。这一事件不仅影响了蚂蚁金服的上市计划，也对整个金融科技行业产生了深远的影响。

资料来源：孟永辉. 蚂蚁金服被罚的背后［EB/OL］. https://news.qq.com/rain/a/20230709A00NV700.

8.1 数字金融监管概述

8.1.1 数字金融监管的含义

数字金融监管是指对数字金融领域内的金融机构、业务、产品和技术等进行监督和管理，以确保数字金融的健康发展、防范金融风险、保护消费者权益和维护金融稳定。

数字金融的快速发展可以从不同维度影响金融稳定，因此发展数字金融必须以有效监管为前提。对待各种形式的数字金融业态，从规范业务发展、防范化解金融风险的角度，必须对其中承担风险的业务环节进行金融监管，并且遵循金融监管的一般规律。所有的数字金融业态都应当被纳入监管，无论其称谓是"移动金融""互联网金融""金融科技"，还是"数字金融""智能金融"，其本质上都是金融，因此同类业务适用同等监管的一致性原则。

传统上，金融监管的对象是银行业金融机构和非银行业金融机构，但随着金融活动的不断创新，金融监管的对象逐步扩大到业务性质与银行类似的准金融机构。数字金融作为一个科技推动的金融创新产物，全面改变了金融的业态，其中的市场行为主体已经不再限于传统金融机构，数字科技公司、电子商务平台也广泛涉足支付、小额信贷、基金买卖、转账汇款等金融业务。因此，数字金融的监管对象不应只限于从事数字金融活动的金融机构，还应当包括介入数字金融活动的数字科技公司，尤其是金融科技的服务商、电子商务平台及其相关金融业务和产品。以往，对商业银行的监管是金融监管的重点，主要内容包括市场准入与机构合并、银行业务范围、风险控制、流动性管理、资本充足率、存款保护及危机处理等，但针对数字金融发展的现实，大型科技公司金融科技服务集中度过高所带来的操作风险和网络风险，大型金融科技公司"赢者通吃"的属性可能引发的市场垄断，降低创新效率等新情况，促使大型科技公司也应成为新的监管重点。

8.1.2 数字金融监管的目标和原则

数字金融监管的主要目的是防范和化解各类数字金融的隐含风险与显性风险，维护数字金融的平稳运行，并在此基础上促进数字金融创新的规范发展。

从全球实践来看，金融监管的目标是在4个方面寻求平衡：包容性、稳定性、合规发展和消费者保护。这一监管框架同样适用于数字金融监管，但是数字金融的发展赋予了这一目标框架新的内涵。具体而言，包容性要求推动普惠金融发展，即所有个人和企业都能获得负担得起、负责任和可持续的金融服务；稳定性要求加强宏观审慎监管，防范系统性风险，维护金融体系的稳健和平稳运行；合规发展要求对金融科技市场的新进入者，不因特定的技术而豁免监管要求；消费者保护要求保护个人隐私，维护客户的资金安全，免受信息欺诈、技术缺陷、算法歧视和网络攻击的伤害。

为实现上述监管目标，需要明确以下相应的监管原则。

1. 依法监管原则

依法监管原则意味着金融监管机构在执行监管职能时，必须严格遵循相关法律、行政法规及规章制度，确保其监管行为不与这些法律法规相冲突。此原则包含两个核心要点：一是金融监管机构的设立及其监管权力的获得，均需有法律作为依据；二是金融监管机构在行使监管权力时，必须严格依法办事。

针对我国数字金融迅猛发展的现状，应研究制定金融消费者隐私保护特别立法。同时，还需全面审视并适时修订金融领域的关键法律，以有效遏制监管套利行为。此外，加强数字金融领域的法律法规建设同样至关重要，需明确金融创新的根本原则、监管手段及适用的法律框架，从而构建金融创新与金融监管之间的良性互动机制，确保金融业的稳定与健康发展。

2. 审慎监管与基于风险的原则

审慎监管又被称为持续性监管，是指金融机构在获得市场准入并开始业务运营后，金融监管机构对其日常运营情况进行不间断的监控。这一监管模式涵盖了合规性监管和风险性监管两个维度。然而，随着金融创新业务的不断涌现，合规性监管在全面揭示金融业风险方面显得力不从心。因此，基于风险性监管的审慎监管原则逐渐获得了广泛的认可。

所谓风险导向的金融监管，是指根据《巴塞尔资本协议》的相关要求，明确主要的风险来源，并据此构建合理的监管体系，同时制定出一套规范的风险评估流程。这一流程的核心在于，准确识别被监管对象各类风险的主要类型、风险水平及其发展趋势。

3. 技术中性的原则

技术中性被全球公认为互联网政策的一项重要共识，在数字金融监管领域内也获得了广泛的接受。所谓技术中性，指的是技术本身并不具备固有的正面或负面属性，因此监管机构在对待技术时应保持客观中立的态度。在制定和实施监管政策的过程中，监管机构应当专注于金融活动的本质特征及其伴随的风险，而不是基于某项新技术的采用而给予不合理的豁免或提出额外的要求。

4. 基于行为的监管原则

近年来，全球金融监管体系的改革趋势逐渐聚焦构建"审慎监管与市场行为监管"并重的双支柱模式。该模式将监管职责划分为两个核心领域：

（1）由一个专门的监管机构负责审慎性监管，主要关注银行、保险公司及养老金基金等金融机构的财务稳健状况。

（2）由另一个独立的监管机构负责市场行为监管，其监管范围涵盖所有持有金融服务牌照的企业，重点在于保护消费者权益及确保其合规操作。

① 吴晓灵，丁安华. 平台金融新时代 [M]. 北京：中信出版集团，2021.

2017 年，中国第五次全国金融工作会议着重强调了防控金融风险与强化金融监管的重要性，并特别指出要"更加重视市场行为监管"。这一方针对于优化和调整我国数字金融监管框架具有重要的战略指导意义。

5. 功能监管的原则

功能监管是一种基于金融业务性质的监管模式，它将金融业务细分为银行业务、证券业务和保险业务等类别，并据此对业务本身进行监管，而不考虑从事这些业务的机构类型。相比之下，我国传统的监管模式为机构监管，在分业经营的框架下，各监管部门对其管辖范围内的金融机构，包括市场准入、日常运营、风险管理、风险处置及市场退出等各个环节进行监管。这一模式至今虽依然具有实际应用价值，但也存在进一步提升和改进的空间。

然而，在金融科技公司跨行业、跨市场融合发展的趋势下，机构监管模式已难以适应新的监管需求，这一点已成为市场共识。因此，未来的改革方向应是结合功能监管与机构监管的优势，并特别加强对功能监管的重视。

6. 一致性原则

一致性原则是指按照风险程度使用统一的监管框架和标准，令金融创新参与主体能公平竞争，避免因为规范不同而出现监管套利的情况。在监管实践中，需特别注意克服现有监管体系可能阻碍一致性原则实现的问题，避免对不同对象的行为约束出现不一致的情况。为此，应实施统一的约束标准，确保所有金融创新活动都在同一监管原则下接受监督。否则，若仅对金融机构主导的金融创新进行监管，而忽视其他市场主体的金融创新活动，将导致市场秩序混乱与无序竞争。

7. 预警与处罚并重原则

金融监管的主要任务就是及时、准确地判断和预警金融风险的状况及深度。在执行监管任务时，需预警与处罚并重。具体而言，监管机构需在监管对象面临问题和危机爆发前，及时发出预警信号；一旦发现问题，就需迅速采取有效应对措施，同时加大处罚力度，以遏制风险和危机的进一步蔓延与恶化，从而有效化解系统性风险。

8.1.3 数字金融监管的实践

8.1.3.1 数字金融监管的国际进展

随着地缘政治紧张局势加剧，金融监管割裂问题或将加剧。多国正致力于按照国家议程对数据、技术和气候问题进行监管，导致监管工作复杂性进一步增强。2024 年初安永①发布的《2024 全球金融监管展望》认为，2024 年金融监管机构将面临更为复杂的局面。主要国家在数字金融监管领域的探索与实践，不仅反映了在全球金融科技快速发展的背景下，各国对新兴金融业态的监管态度与策略，也体现了各国在维护金融稳定、促进金融创新及保护消费者权益之间寻求平衡的努力。以下是对美国、英国及新加坡在数字金融监管模式上的介绍。

1. 美国：严格的"归口监管"模式

美国作为全球金融业的领航者，在数字金融监管上采取了严格的"归口监管"模式。这一模式的核心在于，将数字金融业务，如网络信贷、移动支付/第三方支付、金融理财管理等，按照业务

---
① 安永（Ernst & Young）成立于 1989 年，全称是安永会计师事务所，总部位于英国伦敦，是一家跨国性专业服务公司，为国际四大会计师事务所之一。

性质和风险特征，分类归入现有的金融监管框架内，由相应的监管机构进行统一管理。例如，网络信贷业务可能由联邦存款保险公司或相关州监管机构负责，而移动支付和第三方支付可能受到美联储或消费者金融保护局的监管。这种模式的优势在于，能够充分利用现有监管体系的资源和经验，快速响应市场变化，同时确保监管的一致性和有效性。

在监管政策上，美国强调以消费者保护为核心原则，要求数字金融机构在提供服务时必须遵循公平、透明、无歧视的原则，保障消费者权益不受侵害。此外，随着大数据、人工智能等技术在金融领域的广泛应用，美国监管机构也开始加强对数据安全和隐私保护的监管，确保数字金融活动在合法合规的轨道上运行。①

2. 英国：创新与审慎并重的"双峰监管"模式

英国对数字金融的监管采取了更为灵活和具有前瞻性的"双峰监管"模式。该模式通过设置审慎监管局（PRA）和金融行为局（Financial Conduct Authority，FCA）两个独立机构，实现了对金融稳定与消费者权益保护的双重关注。其中，FCA负责数字金融监管，其监管策略既鼓励创新，又强调风险防控，体现了监管的包容性和前瞻性。

英国在数字金融监管方面的一大亮点是监管沙盒的引入。监管沙盒是一个既允许数字金融企业在真实市场环境下测试其产品或服务，又在有限范围内进行风险控制的监管环境。这一创新工具为初创企业提供了宝贵的实验机会，降低了其因监管不确定性而面临的成本，同时也为监管机构提供了观察和评估新技术、新业务模式的窗口，有助于提前识别和应对潜在风险。

3. 新加坡：宽松灵活，鼓励数字货币创新

新加坡作为亚洲金融中心，对数字金融的监管采取了更为开放和灵活的态度。新加坡金融管理局（Monetary Authority of Singapore，MAS）成立了专门机构负责数字金融监管，旨在通过提供一个有利于创新的监管环境，吸引更多的金融科技企业和投资，特别是数字货币领域的创新与发展。

新加坡的监管政策整体上较为宽松，为数字货币的创新和发展提供了较大的政策倾斜。MAS不仅积极支持区块链技术的应用，还推出了数字支付牌照等监管措施，以促进数字货币和区块链技术在金融领域的广泛应用。同时，MAS也强调了对数字金融活动的风险管理和消费者保护，确保市场的健康有序发展。

8.1.3.2 中国数字金融监管实践

针对数字金融创新发展新形势，我国金融管理部门积极探索符合新事物内在发展规律、高度适配我国国情的数字金融监管路径，全面提升监管效能：①划定刚性底线，以现有法律法规、部门规章、基础性标准规则等为准绳，明确创新红线；②设置柔性边界，平衡好安全与效率的关系，运用信息披露、公众监督等方式，让消费者参与数字金融治理，为数字金融创新营造良好的发展环境；③预留创新空间，在固守安全底线的基础上包容合理创新，使持牌金融机构享有平等参与创新的机会。

2019年12月，北京市率先启动金融科技创新监管试点；2020年，在上海市、成渝地区、粤港澳大湾区、河北雄安新区、杭州市和苏州市等地扩大试点范围。截至2020年8月末，已推出60个试点项目，既有商业银行、清算机构等持牌金融机构牵头申请，也有电信运营商、金融科技公司等

---

①②吴信坤.策略专题报告：海外主流数字金融监管模式的实践[R/OL].（2024-09-13）[2025-04-13].https://stock.finance.sina.com.cn/stock/go.php/vReport_Show/kind/lastest/rptid/779541670789/index.phtml.

科技企业直接申报。试点项目呈现出金融科技多元融合、多向赋能的特点，聚焦人工智能、大数据、区块链、物联网、5G等前沿技术，涵盖数字金融、普惠金融、供应链金融等场景，纾解小微民营企业融资难融资贵、金融服务"最后一公里"等痛点和难点。

2023年5月18日，国家金融监督管理总局在北京正式揭牌，标志着运行了5年的银保监会正式退出历史舞台。我国金融监管体系由"一行两会"格局进入"一行一局一会"新格局。依据2023年中共中央、国务院印发的《党和国家机构改革方案》，金融监督管理总局将承担起除证券业外所有金融领域的监管职责，同时加强对机构的监管、行为的监督、功能的把控、穿透式的监管及持续性的管理，全面负责金融消费者权益的维护工作，强化风险管理和防范应对，依法严厉打击违法违规行为。

金融监督管理总局的成立，无疑是对我国金融监管体系架构的一次重要完善，进一步明确了监管的职责边界，确保所有金融主体及其活动都能被纳入当前的监管网络中，有效防止监管空白和监管套利现象，实现了对金融活动的全面覆盖。在当前金融综合经营趋势日益明显、金融创新步伐不断加快的背景下，推进以构建现代金融监管框架为核心的金融监督管理体制改革已成为一项紧迫的现实任务。通过调整金融监督管理体系，深化统筹协调监管，不仅可以更有效地防范系统性风险，还能对金融活动进行科学指导和规范。

金融监督管理总局挂牌成立后，能够针对新形势、新变化灵活调整并优化内部机构设置和部门职能，改革并派驻地方机构。同时，这也为完善地方金融监督管理体制提供了契机，有助于建立中央与地方金融监管的沟通协调机制，进一步降低系统性和区域性金融风险的发生概率。"一行一局一会"作为法定的监管机构拥有执法权，可以通过现场检查、准入审批、约谈、风险评估等多种监管手段来履行其监管职能。在数字金融领域，各项监管任务由不同的监管部门分别承担，其中中国人民银行负责监管移动支付和第三方支付等领域；金融监督管理总局负责网络借贷、网上保险和网上银行等领域的监管；证监会专注股权众筹和网上基金等领域的监管。

8.2 数字金融监管的重点内容与政策框架

8.2.1 数字金融监管的重点内容

金融监管的主要目标是维护金融稳定，因此应当在对金融机构全面监管的基础上突出重点，加强对系统重要性金融机构、大型金融科技平台与金融基础设施的监管。

1. 加强对系统重要性金融机构的监管

系统重要性金融机构（SIFI）是指一些体量巨大、业务高度复杂并广泛与其他金融机构关联的银行、保险公司或其他金融机构，当其经营陷入困难甚至失控时，可能对一国乃至金融系统的稳定和经济活动产生重大影响。

2008年国际金融危机表明，系统重要性金融机构因规模较大、结构和业务复杂及其与其他金融机构关联性强，在金融体系中居于重要地位，如果发生重大风险，将对金融体系和实体经济产生重大不利影响，甚至可能引发系统性风险。因此危机后，有关国际组织和主要经济体已就系统重要

① 徐铮. 数字金融监管法律制度研究[D]. 石家庄：河北经贸大学，2024.

性金融机构监管建立了相关制度安排，加强对这一类机构的针对性监管。特别是，数字化转型使系统重要性金融机构正在通过构建和参与数字产业生态系统、网络和平台根本性的变革，将深刻改变一国金融发展结构，因此更需要加强对数字化转型背景下系统重要性金融机构的监管。

在我国，近年来金融领域的快速发展催生了一批规模庞大、结构复杂的金融机构，它们因与其他金融机构的高度关联性而处于金融体系的中心位置，对维护我国金融体系的整体稳定性和提升服务实体经济的能力起着至关重要的作用。因此，明确政策导向，对系统重要性金融机构的识别、监管及风险处置做出系统性制度安排，填补监管空白，以确保金融体系稳健运行的需求越发迫切。2018年11月27日，中国人民银行、中国银行保险监督管理委员会（以下简称"银保监会"）、中国证券监督管理委员会（以下简称"证监会"）联合发布了《关于完善系统重要性金融机构监管的指导意见》（以下简称"指导意见"），标志着我国系统重要性金融机构监管总体制度框架的确立。

根据《指导意见》，我国的系统重要性金融机构涵盖了系统重要性银行业机构、证券业机构、保险业机构，以及由国务院金融稳定发展委员会（以下简称"金融委"）认定的其他从事金融业务且具备系统重要性的机构。此外，《指导意见》还明确指出，金融控股公司应遵循国家关于金融控股公司的监管规定，但对于金融委认定的具有系统重要性的金融控股公司，还需同时遵循本意见的相关规定。

在完善系统重要性金融机构监管方面，需从两个维度着手：①对系统重要性金融机构设定特别的监管要求，旨在提升其持续经营能力，降低发生重大风险的可能性，相关部门将采取审慎的监管措施，确保这些机构能够合理承担风险，避免盲目扩张；②建立系统重要性金融机构的特殊处置机制，推动制订恢复和处置计划，并进行可处置性评估，以确保在面临重大风险时，这些机构能够得到安全、迅速且有效的处置，保障其关键业务和服务不中断，同时有效防范"大而不能倒"的风险。

依据《指导意见》，中国人民银行将联合银保监会、证监会共同划定参评机构范围，确定评估指标，并向金融委办公室提交系统重要性金融机构的初步名单。该名单经金融委确定后，将由中国人民银行和相关监管部门联合发布，并由监管部门公布系统重要性银行的名单及其附加的监管要求。这一认定过程及相关监管制度的完善，有助于精准把握重点，有效促进金融体系的整体稳定。

2. 加强对大型金融科技平台的监管

传统上，对商业银行的监管是金融监管的重点，主要内容包括市场准入与机构合并、银行业务范围、风险控制、流动性管理、资本充足率、存款保护，以及危机处理等。但针对数字金融发展的现实，大型科技公司金融科技服务集中度过高所带来的操作风险和网络风险，大型金融科技公司"赢者通吃"的属性可能引发的市场垄断、降低创新效率等新情况，大型科技公司也应成为新的监管重点。

大型数字科技公司涉足金融业务，是中国数字金融发展中的一个典型特征。这类平台企业在推动数字普惠金融落地、提高金融产品供给效率的同时，也给中国监管当局带来了新挑战。这类平台公司带来的监管挑战主要体现在以下5个方面：

（1）存在无牌照或超出业务范围从事金融活动的情况。中国领先的平台企业在提供电商、支付、搜索等服务的同时，能够获取用户的身份信息、账户详情、交易记录、消费习惯及社交数据等大量信息，进而评估个人信用状况，并以此为基础，以"助贷"（即协助贷款）的形式与金融机构合作开展信贷业务，这实质上等同于未经授权的个人征信服务。此外，这些平台在同一平台内提供理财、信贷、保险等多元化的金融服务，增加了金融风险在不同产品、不同市场间传播的风险。

（2）支付业务存在违规操作。以往，中国平台企业旗下的支付机构能够与众多商业银行建立连接并开设账户，这带来了结算的最终性问题，甚至可能触发系统性风险。部分平台企业违规将客户备付金投资于多种金融资产的同时，平台还在支付流程中嵌入"花呗""借呗"等信贷服务，对消费者产生误导。

（3）利用市场垄断地位进行不正当竞争。平台企业天然具有"胜者为王"的特性，可能导致市场垄断，降低创新效率。国内部分平台企业通过交叉补贴等手段迅速占领市场，取得市场主导地位后实施排他性策略。例如，阻止竞争对手进入平台或提供服务，二维码支付业务仅支持集团内部相关 App 扫码等。

（4）个人隐私和信息安全受到威胁。为了获取平台企业的金融服务，中国消费者通常需要提供个人信息。然而，大型平台企业存在过度收集，甚至滥用消费者信息的情况，这对消费者的信息安全和隐私保护构成了威胁。

（5）对传统银行业的经营模式和竞争力构成挑战。一方面，中国商业银行在服务场景、渠道、客户信息及资金等方面享有明显的传统优势，但近年来，随着各类互联网金融创新产品的快速发展，这些优势受到了挑战，银行存款分流加速，但并未受到相应的监管。另一方面，中国约有 4000 家中小银行①由于资源有限，只能依赖大型科技公司提供的技术和平台进行客户维护、信用分析和风险控制，这可能削弱它们的客户获取能力和产品竞争力。

为应对上述挑战，必须对平台公司实行以下有针对性的监管：

（1）持牌监管。金融作为需要特许授权的行业，必须持有相应牌照方可运营。平台公司涉足金融业务时，应遵循"同类业务，同等监管"的原则。平台公司需彻底剥离个人征信相关业务，转而通过持有牌照的个人征信机构，为金融机构提供信用信息服务，实现信息隔断向信息共享的转变。

（2）建立防火墙。为确保金融风险不跨部门、跨行业扩散，应构建有效的风险隔离机制。在支付业务层面，应切断支付机构与商业银行之间的直接连接，以提升支付交易的透明度，跨行清算则需通过中央银行的基础设施完成。同时，应断开支付工具与其平台上其他金融产品的不合理关联，促使支付业务回归其本质功能。

（3）加强平台公司数据管理。为阻断金融信息与商业信息之间的不当联系，防止"数据—网络效应—金融业务"闭环导致的垄断，应对数据采集、存储、使用、流转等环节进行严格管理。通过制度完善和技术应用，鼓励在保护客户隐私的前提下实现数据共享，寻找平衡点，以最大化社会利益。平台公司需严格遵循合法、正当、最小必要原则，对用户信息进行收集、使用和保管，并充分保障个人隐私及消费者的知情权、同意权、异议权和投诉权等合法权益。

（4）审慎监管。从事金融业务的平台公司需依法成立金融控股公司（以下简称"金控公司"），并将集团内从事银行、证券、保险等金融活动的机构全部纳入金控公司的监管范畴。监管部门将对金控公司实施并表监管，规范关联交易，加大审慎监管力度。同时，加强对平台公司的资本约束，控制信贷规模增速和行业集中度。金控公司必须满足注册资本要求，以及借贷业务主体的融资杠杆率和出资比例标准，并通过资本约束限制互联网平台进入其他金融行业的细分领域。

① 观点机构：金融监督总局。全国共有中小银行 3912 家 总资产共 110 万亿[EB/OL].（2024-01-25）[2025-04-13].https://www.163.com/dy/article/IPAGL9/20519D45U.html a 20240125A062MW00.

（5）反垄断。监管部门应提前介入监管，以防止垄断地位的形成。同时，鼓励新市场主体进入市场，以降低市场集中度。大型互联网平台公司应开放其封闭场景，为消费者在支付方式上提供更多选择，从而为中小企业创造更多发展空间。此外，平台公司不得滥用其市场优势地位，以及通过算法歧视等新型手段垄断市场。

 扩展阅读

花呗、借呗、直连

1. 花呗

花呗的全称是蚂蚁花呗，是蚂蚁集团推出的一款消费信贷产品，用户申请开通后，将获得500~50000元不等的消费额度。花呗是在支付宝消费时使用的消费信贷产品，类似信用卡，可以让用户当月消费下月还，有免息期，并且只要按时足额还款，不使用分期功能，就不用支付其他费用。如果使用最低还款或分期，就需要支付其他费用了，具体费用以用户页面显示为准。与信用卡不同的是，花呗是不能取现的。花呗套现是支付宝明确禁止的行为，一旦出现违规套现行为，就很可能被直接封停。花呗通过关联人催收用户还款的催收方式存在争议，被质疑涉嫌侵犯用户隐私。随后，蚂蚁金服表示暂停以联系关联人提醒的方式进行催收业务，待完善后重新启动该机制。

2. 借呗

借呗是支付宝里用于个人消费的借款服务，用户可以申请将借呗额度提现至本人银行储蓄卡或支付宝余额，然后用借款支付日常消费、装修、旅游等费用。需要注意的是，借呗是按日计息的，没有免息期，利率以用户页面显示为准。借呗现名"信用贷"，是支付宝推出的贷款服务，按照芝麻分数的不同，用户可以申请的贷款额度不等。借呗的还款最长期限为12个月，贷款日利率是0.045%，随借随还。

2018年1月9日，因涉嫌杠杆过高并违反中国人民银行相关监管规定，借呗主动关闭了部分用户账号，以控制借贷余额。2021年11月8日，借呗名称变更为"信用贷"。对此，支付宝客服回应称，为了便于更清晰地了解实际消费信贷服务提供方，与蚂蚁金服合作的金融机构独立提供的消费信贷服务已更新为"信用贷"，并在"信用贷"页面展示金融机构名称。本次调整后，原有的借款、查账、还款等服务不受影响。

3. 直连

直连是指微信或支付宝直接对接各家签约银行，商家直接对接商户、直接对接微信或支付宝官方通道，交易和资金流直接由微信或支付宝处理。在全国性统一支付清算网络——网联平台成立开通之前，支付机构与银行是"直连"的，这意味着支付机构没有接入支付清算网络，而是各自和多家银行直接实现与商户、消费者的连接。由于资金信息高度不透明、风险隐患较多，直连成为监管整治的重点。

资料来源：作者根据相关资料整理编写。

3. 加强对金融基础设施的统筹监管

金融基础设施通常指为各类金融活动提供基础性公共服务的系统及制度安排，涉及支付、征信、交易、登记托管和清算、结算等多个领域。金融基础设施在金融市场运行中居于枢纽地位，具有跨机构、跨行业、跨市场的特征,是金融市场稳健高效运行的基础性保障,是实施宏观审慎管理和强化风险防控的关键所在。加强金融基础设施统筹监管,有利于保障金融市场安全高效运行和整体稳定。

近年来,在有关国际监管组织的积极倡导下,各经济体更加注重对金融基础设施建设的规划,从中央层面强调集中统筹,以保持适度竞优的总体格局。例如,美国按照《多德—弗兰克法案》有关要求,建立了金融基础设施监管体系,涵盖交易设施清算结算机构、中央证券存管机构和支付系统等,明确提出了各基础设施的监管主体、监管依据、监管方法。欧洲中央银行组织建设了欧洲统一的证券结算平台(T2S),以促进高效安全地开展跨境金融活动,欧洲多国支付系统和中央存管机构均参与其中。

经过多年建设,目前我国已形成功能比较齐全、整体运行稳健的金融基础设施体系,为货币、证券、基金、期货、外汇等金融市场交易活动提供支持。但是,随着金融市场的快速发展,特别是在当前金融业综合经营趋势明显、跨市场交易日益活跃、金融科技迅猛发展的新形势下,我国金融基础设施在安全与效率方面面临一定挑战,在法制建设、管理统筹、规划建设等方面还有待加强。例如,金融基础设施的准入与退出、日常运营、内部治理、风险管理、技术运维等方面尚缺乏统一的监管标准;部分地方交易场所和新兴科技企业(包括互联网平台)纷纷涉足类金融基础设施服务,存在蜂拥而上的现象;国际监管改革要求的统一交易报告库尚未建立,未能实现对全市场数据信息的集中收集。

针对上述问题,我国需要进一步加强金融基础设施统筹监管。统筹监管可以避免分而治之产生的弊端,以及监管真空和监管套利。例如,中国人民银行负责监管支付系统——上海清算所等中央对手方机构;证监会负责监管证券和期货市场上的中央对手方、证券结算系统等。同样作为中央对手方的上海清算所和中国金融期货交易所在监管要求、风险管理上存在较大差异。不同的监管机构之间协调性不足,容易造成监管规则和要求不统一,甚至产生监管套利现象,不利于金融市场的平稳运行。

在统筹监管的未来发展方面,从监管视角上可以考虑以下三点:

(1)从"风险导向"转向"风险—发展导向"。当前,监管部门对于金融基础设施的重视有很大程度来源于相关的风险应对。重视风险是正确的,但与此同时也需要意识到,金融基础设施在金融体系发展演变中的关键性作用,在未来的统筹监管中要把重要金融基础设施可能对未来金融业态和金融业绩效的影响纳入视野,以此优化我国金融改革与发展的路径。

(2)从"机构视角"转向"市场视角"。在更为基础的层面上,金融基础设施体系是通过市场发挥作用的,其绩效与风险不仅取决于单个机构的特征,还受制于市场结构,即金融基础设施机构之间及它们与所服务的金融机构之间的复杂互动关系。在统筹监管体系下,有必要从市场的角度对金融基础设施的作用机制做整体的考察,这也要求在相关的产业组织和市场行为方面做更深入的研究。

(3)推动国内金融市场基础设施参与跨境合作,尤其是国际支付机制合作。探索多种方式加强与国外金融基础设施的互联互通,推动国内交易、结算、清算的法律法规与国际接轨,以此作为国际金融与经济合作的一个重要抓手,在国际金融治理中扮演积极角色,塑造我国的开放形象,提升金融业的国际竞争力,也防止金融基础设施规则被利用,成为国际金融贸易的隐性壁垒。

① 杨凯生.统筹监管金融基础设施的着眼点[N].金融时报,2020-08-17.

8.2.2 数字金融监管的政策框架

数字金融监管需要有新的政策框架,在监管理念上应注重全面性和平衡性。传统的金融监管政策不能完全满足数字监管需求,应加快完善现有的监管框架,补齐监管制度的短板,减少监管套利,构建监管新生态。

1. 数字金融监管的现状及其特征

近年来,全球数字金融发展迅速,但国际范围内尚未出现较好的数字金融监管框架。中国是数字金融监管实践最丰富的国家,在监管政策实践方面,通过对P2P网贷平台的清零、对蚂蚁金服等平台公司的监管治理积累了宝贵经验,出台了一系列新的政策法规,初步构建起数字金融监管的政策框架,但是面对数字金融发展的新挑战,仍需加快完善各项制度安排,优化监管政策,构建一个开放、平衡、有弹性的监管政策框架。

全球数字金融监管呈现以下共同特征:

(1)战略上,各国积极拥抱技术,将支持金融科技发展作为提升金融市场国际竞争力的核心战略。

(2)理念上,鼓励金融与科技融合创新,守住金融风险底线,为数字金融发展营造包容、审慎的法律和监管环境。

(3)方式上,以纳入传统金融监管框架为主,对发展较快的金融科技领域进行补充立法,在保持监管框架一致性的同时提升现有监管框架有效性。

(4)路径上,践行开放银行理念,以机构合作和数据开放促进行业竞争,释放数据价值,激发创新动能。

(5)机制上,创新探索"监管沙盒",在防范风险和鼓励创新之间寻求有效平衡。

(6)工具上,鼓励监管科技和合规科技发展,积极推进监管数字化,丰富监管工具手段,提升监管效率。

课堂互动

请同学分组讨论:根据文中提到的全球数字金融监管的特征,你认为中国在哪一方面做得最好,为什么?

中国是数字金融监管实践最丰富的国家,已基本明晰"持牌机构+业务准入"的监管思路。经过多年摸索和不断监管创新,中国已经基本确定了数字金融产品标准。近年来,中国对金融科技活动执行一系列更严格、更广泛的监管。为了抑制金融科技无序增长导致的系统性风险,中国金融监管部门发布了一系列强化金融科技活动监管要求的规章制度。2019—2024年颁布的金融科技新规见表8-1。

表8-1 2019—2024年颁布的金融科技新规

发布日期	新规及征求意见稿	发布机构	受影响领域
2019年	《关于进一步规范金融营销宣传行为的通知》	中国银行保险监督管理委员会、中国人民银行	金融科技(金融营销)
2021年	《非银行支付机构客户备付金存管办法》	中国人民银行	金融科技(非银行支付机构)

续表

发布日期	新规及征求意见稿	发布机构	受影响领域
2021年	《关于规范商业银行通过互联网开展个人存款业务有关事项的通知》	中国银保监会办公厅、中国人民银行办公厅	银行、金融科技（存款业务）
2022年	《金融科技发展规划（2022—2025年）》	中国人民银行	金融数字化转型
2023年	《商业银行金融资产风险分类办法》	中国银行保险监督管理委员会、中国人民银行	金融科技（风险管理）
2024年	《推动数字金融高质量发展行动方案》	中国人民银行、国家发展改革委等七部门	数字金融业务
2025年	《银行业保险业科技金融高质量发展实施方案》	国家金融监管总局办公厅、科技部办公厅、国家发展改革委办公厅	科技信贷与保险

2. 数字金融监管面临的新挑战

数字金融迅速发展给监管带来以下6个方面的新挑战：

（1）新业态与新模式的监管难题。部分新业态、新模式在功能和法律界定上具有特殊性和复杂性，使得它们难以被划拨到已有的业务类型中，也难以纳入现有的监管框架。这导致监管机构在监管这些新业态时面临诸多困难，需要不断探索和创新监管方式。例如，对于非主权数字货币，日本修改法律，承认数字货币为合法支付手段；中国则相对谨慎，明确禁止虚拟货币交易、数字代币发行等。

（2）数字化转型带来的监管适配性问题。金融机构全面数字化转型，使数字技术成为支撑经济金融发展新的技术底盘，以风险为导向的传统监管指标适配性下降。首先，从营销获客到风控运营，金融服务的各个环节都逐步转向线上化、数字化的新型模式，传统监管框架基于线下模式设计的风控手段适配性下降。其次，金融机构数字化转型发展迅速，目前为防范机构风险和系统性风险而设定的工具指标适配性也会下降。最后，数字金融关键技术持续突破，产业化应用加速发展，金融业的技术底盘正在加速重塑，单纯以风险为导向的监管框架不足以应对新技术在金融领域产业化应用过程中的一些问题。

（3）金融与科技边界模糊带来的监管协同挑战。金融与科技之间的边界越来越模糊，金融机构与科技企业之间的合作更加广泛深入，需要更加公平开放的监管理念和更加有效的跨机构监管协同。其具体面临3个层面的挑战：一是跨机构协调监管问题，避免监管空白的同时还要避免过度监管；二是在金融机构与非金融机构合作中，如何发挥市场机制的作用，有效约束非金融机构；三是能否建立更公平开放的理念，让多元化的机构参与进来，增加金融服务供给。

（4）全球支付网络加速发展带来的国际协同需求。数字支付带动新型全球支付网络加速发展，数字货币催化全球支付基础设施的竞争性重构，数字金融监管亟须更加广泛的国际协同与合作。虽然巴塞尔银行监管委员会、金融稳定委员会等组织积极推进监管协调安排，但是总体来看，数字金融的跨境监管与合作计划明显落后于跨境展业步伐。

（5）数据开放共享带来的监管新问题。数据开放共享与跨境数据流动成为新常态，数据安全、隐私保护、跨境治理等问题是金融监管需要关注的重点。跨境数据流动正成为推动新型全球化的重要特征，应该建立一个什么样的跨境数据治理机制、区域间的数据标准如何统一、跨境身份如何认定等都是监管层面需要思考和解决的问题。

（6）传统监管工具的局限性凸显。行业创新日新月异，传统监管工具的局限性更加凸显，需加快数字化监管能力建设，发展新型监管工具。传统监管工具主要依赖金融机构自身报送的数据，在时效性、穿透性和标准统一性方面存在一定局限，而金融与科技的融合又使得金融监管机构更难准确识别金融风险，监管更具挑战性。

中国的金融生态系统已经因多年来不断兴起的互联网活动而发生了变化，强大的金融科技应用提高了效率，降低了交易成本，并使金融体系更具普惠性，此类活动帮助金融科技企业积累了用户数据，并主导传统金融机构无法企及的金融中介过程。这种情况赋予其类似寡头垄断的市场力量，在本轮监管措施出台之前，寡头垄断情形基本上没有得到遏制。

3. 新型数字金融监管框架

应对新的数字金融监管难题，需要构建新型数字金融监管框架，即"双导向、三支柱、多元共治"的新体系。双导向，即风险导向和技术导向并重。三支柱，即审慎监管、业态监管和技术监管。审慎监管包括宏观审慎、微观审慎，要强调资本充足率、流动性、杠杆率等；业态监管，针对数字金融发展"小而不能散"的特点，强调业态的完善、监管的健全及各个行业的行为监管；技术监管，即对金融科技的技术监管，是新体系的核心内容。多元共治，即超越金融、全球合作。

在上述监管框架下，应着力完成以下4项任务：

（1）构建新理念。与传统金融机构框架相比，数字金融监管框架理念有3个重要的不同点：一是创新赋能，包括业态创新、指标创新、机制创新、方法创新；二是技术导向，包括技术标准、产业应用配套政策、科技赋能监管等方面；三是共治共享，包括全球支付清算网络、数据开放与数据治理、数字货币体系发展、监管协调与国际合作等方面。

（2）构建新机制。提出以中央为主的监管模式。科技的发展是跨时空、跨地域的，应该采用以中央集中为主的监管模式。为此，应当统一数字金融监管机构，同时也要注重基础设施"大而不能倒"和"小而分散"的监管模式。

（3）构建新型监管工具。针对数字金融面临的技术风险，如网络安全，应同时完善立法监管政策工具和行业自律监管工具；针对长尾性特征，应建立差异化、个性化的监管政策工具。例如，根据产品资金规模，采用差额准备金率或者流动性比率，或根据用户收入水平和资产总量，对不同用户群体进行差异化准入限制和交易金额限制等；针对数字金融产品系统性风险，应分行业建立相关危机救助机制和救助资金池，应对次生风险引发的共振反应；针对人工智能应用引发的共振性风险，应对各类智能投顾或者智能交易系统根据统一标准制定"熔断"机制，以减少市场波动，防止当各方急于控制损失时出现多米诺骨牌效应。

（4）构建新标准和新指标。在监管标准方面，应构建技术导向的数字金融监管体制。一是鼓励技术创新，建立监管沟通机制；二是保护金融数据安全，建立风险隔离；三是加强科技监管，开放数据接口；四是建立行业标准，提高准入门槛；五是加大力度建设数字金融基础设施。在创新监管指标方面，在《巴塞尔协议Ⅲ》主要监管指标体系基础上，构建个体金融机构监管指标、行业监管指标和技术监管指标等基本框架。①

---

① 肖钢. 构建数字金融监管框架，打造升级版巴塞尔协议Ⅲ[EB/OL].（2020-11-01）[2025-04-13].https://finance.sina.com.cn/wm/2020-11-01doc-ii2nezxr933494.shtml.

8.3 监管科技与监管沙盒

监管科技与监管沙盒是针对数字金融的创新特点得以提倡的创新监管方式，近年来已经在世界一些监管体内得到初步应用。

8.3.1 监管科技

1. 监管科技的概念及其作用

监管科技是由英国金融行为监管局（FCA）于2015年提出的概念，其含义是指应用创新技术帮助金融机构有效应对监管监控、报告、合规和风险管理，同时降低风控合规成本。监管科技又分两个子类：一是监管端的应用，即 Suptech；二是在金融机构合规端的应用，即 Comptech。下面的讨论集中于监管端的应用。

作为一种创新监管模式，监管科技具有数字化、敏捷性、实时性、共享性与智能化等特征。一个设计优良的监管科技解决方案具有下述特点：

（1）灵活，对时刻变化的监管要求快速反应，以实现持续合规。

（2）敏捷，迅速执行及部署的能力，能够以最小扰动快速融入现有系统。

（3）集中，使用云技术共享多个监管的数据结构，只需一个地方就能实现所有监管要求。

（4）平衡，掌握监管尺度，不低于也不高于合规要求。

（5）低成本，以最小成本实现合规（与内部开发相对）。

（6）可视化分析，提供企业大数据模型及可视化分析，成为唯一信息源迄今为止不可能。

（7）宏观和微观分析，针对合规参数提供宏观及微观操作级别的观点。

（8）统一性，对多项规定的众多要求制定统一的合规标准。

监管科技在被监管机构与监管机构之间建立一个可信、可持续与可执行的"监管协议和合规性评估、评价和评审机制"，对监管部门提高监管针对性与监管效率，解决金融机构的依法合规问题具有重要作用。

利用监管科技。一方面，金融监管机构能够更加精准、快捷和高效地完成合规性审核，减少人力支出，实现对金融市场变化的实时把控，进行监管政策和风险防范的动态匹配调整。另一方面，金融从业机构能够无缝对接监管政策，及时自测与核查经营行为，完成风险的主动识别与控制，有效降低合规成本，增强合规能力。

对于监管层来说，金融机构在业务活动中产生的数据巨大。在传统监管模式下，这些数据难以得到充分利用，无法有效和主动地用于风险管理。监管科技可以将金融机构拥有的结构与非结构性数据接入监管部门，改变监管失灵的情况，预测市场中应该关注的潜在风险领域。对金融从业机构来说，为了应对各种新出的监管措施，金融科技公司不得不提高其运营成本。监管科技可以帮助合规任务自动化完成，从而降低满足合规义务的相关风险。通过创建数字化的分析工具，监管科技节省了金融机构合规成本和时间，让金融机构能有一个高效的工具来遵守监管新规。

① 未央网. RegTech：金融科技创新的新星 [EB/OL]. https://www.weiyangx.com/194298.html.

监管科技的另一个优势在于，可以解决多重监管问题。一般来说，许多监管规定都基于或使用了某些数据、处理或管理结构，为了应对来自不同监管部门大量的监管细则，企业经常需要做很多重复的合规工作。而监管科技可以通过共享多个监管机构的数据，针对多项规定制定单一的合规路径，避免重复劳动，提高合规效率。监管科技的产生和推广有赖于大数据、云计算、人工智能、加密技术、生物识别技术、数字身份技术和应用程序编程接口等创新技术的快速发展。利用这些技术，监管科技能够满足金融机构风险管理、对外业务、内部控制和识别新法规变化等方面的需求。目前，监管科技主要应用于数据处理、客户身份识别、金融机构压力测试、市场行为监管、法律法规追踪、合规性分析、知识培训、合规实施和监控、监管交易和概念验证、反洗钱（AML）数据监控等领域。

2. 监管科技的演变发展

截至目前，监管科技的演变经历了以下4个阶段：

（1）人工参与处理阶段，即数据录入、报告生成、风险分析等均为人力完成，在此过程中依靠软件、简单模型（如Excel）等工具对数据进行简单处理和分类，这是数据化、自动化的初级阶段。由于在此过程中需要人工对数据的真实性进行核验，且通过邮件等方式点对点报送数据存在局限，因此存在操作风险和安全风险。

（2）流程标准化阶段，即通过开发运用软件，金融机构按照既定规则及流程要求金融机构将数据提交至统一的网站平台，网站可对数据进行自动核验。由于工作流程按照既定规则运行，因此意味着数据、报告、模型走向了标准化。

（3）流程自动化阶段，即使用数据科学推动后台业务自动化，通过借助应用程序编程接口及机器人流程自动化，获得精细度更高、更加多元化及频次更高的监管数据，同时监管机构可以借助云存储和"数据湖"进一步提高数据存储及计算功能，实现更加复杂的统计建模计算，进而做出更精准的预测。

（4）自主分析检测阶段，即利用人工智能和机器学习等技术进行学习或归纳并形成模型算法。这将自动化再向前推进了一步，即可以通过机器推动完成部分数据管理和分析工作，包括通过自然语言处理（Natural Language Processing，NLP）系统直接从网页抓取信息，或通过机器学习自动对分散的数据进行配对及整合。在数据标准整合的前提下，监管当局可以实时地从金融机构和金融科技公司等直接抓取最底层、含有多维度信息的数据，生成分析指标，保证了相关指标的真实性和及时性。①

3. 监管科技的局限

"监管科技概念"一经面世，就引起了各国的广泛关注并被迅速采纳，推动监管科技不断演变。近年来，我国监管机构对监管科技的推动步伐也在逐步加快。监管科技相关的指引和规划不断完善，在日常工作中也广泛借助大数据、云计算等技术，提高分析和监测效果。但监管科技也有它的应用条件，使用监管科技应考虑以下三点：

（1）监管科技不能消除风险，监管部门仍需关注可能发生风险的新领域。借助大数据、API及人工智能等先进技术，监管科技已成功削减部分传统风险，然而这也可能伴随着网络安全与技术风险的提升。因此，监管机构在推广新技术的同时，务必加强对数据处理模块及监管流程的审核力度，力求将新风险降至最低。近期，欧美均计划强化金融行业的网络安全防护，我国应予以密切关

---

① 益言．监管科技发展的国际经验及启示[EB/OL].https://www.sohu.com/a/465976251_522914.

注，并从中汲取有益经验。

（2）推动监管数据标准化和信息共享是发展监管科技的首要任务。监管科技具有数据驱动的特征，其实施过程涉及海量的金融数据、系统及业务规则。故而，提升监管数据的质量与加强信息共享，便成为应用与推广监管科技的先决条件。

（3）妥善开展与第三方科技公司的合作，实现效益最大化。监管当局可首先对监管事项的重要性、敏感数据的涉及程度等因素进行综合考量。对于技术开发难度较低、重要性较高且较为敏感的业务，可主要依靠内部资源进行研发；而对于开发难度较大，但重要性及敏感度均相对较低的业务，可通过深化监管当局与成熟科技企业之间的合作，提升监管机构的监管效能。

课堂互动

请举例阐述监管科技在实际监管中的应用，并讨论这些案例如何体现监管科技的优势。

8.3.2 监管沙盒

监管沙盒（Regulatory Sandbox）又称监管沙箱，是由英国金融行为监管局率先提出的创新监管理念。监管沙盒作为一个受监督的安全测试区，通过设立风险管控的限制性条件和制定消费者/投资者权益保护措施，适当放宽监管规定，允许测试企业在真实的市场环境中，以真实的消费者为对象测试创新性产品、服务和商业模式，而不用在相关活动碰到问题时立即受到监管规则约束，从而减少创新的规则障碍。如前文所述，金融科技是一个高度动态发展的领域，具有颠覆性和不可预测性。由于认识到在不具备确定性条件下进行创新的困难，因此一些国家的监管部门推出了"监管沙盒"创新监管方案。该方案的实质就是在监管过程中嵌入容错机制，允许监管对象在可控环境下出现失误或错误行为，监管部门依据这些情况进行反馈调适，帮助金融科技企业自主纠错，以提高创新金融服务产品的市场成功率。监管沙盒类似中国的试点改革，它提供了一个缩小版的真实市场和宽松版的监管环境，由金融监管机构设立，在保障消费者权益的前提下，让部分取得许可的金融机构或初创科技型企业，在一定时间和有限范围内测试新金融产品、新金融模式或业务流程。

相比传统的金融监管方式，监管沙盒用更灵活的方法破除金融产品和服务创新的限制，能够有效地降低监管不确定性，帮助金融科技安全地进入市场，同时提升消费者对新产品的信心。创新企业能够在"安全区域"测试新产品或服务，因此监管沙盒对金融服务机构具有很高的价值，具体体现在以下方面：一是减少将创新推向市场的时间与成本；二是降低客户采纳风险与提高资本投资回报，以此让创新者获得更多融资；三是实现创新者与监管机构的合作，以确保技术和商业模型的新发展符合监管规定。

通常，监管机构会在早期阶段筛选准沙盒参与企业，对其业务规模、创新水平、商业模型可行性或对地方经济的贡献等因素提出要求。

目前，除英国外，新加坡、中国香港、澳大利亚、日本、韩国等国家和地区的监管部门也陆续推出了监管沙盒制度，在引导和促进金融科技产业发展的同时防范金融风险。此后，马来西亚、阿布扎比等国家也陆续加入监管沙盒的实践中。然而，监管沙盒并非单一模式，不同市场会依据各自监管目标、监管体系和风险容忍度有所不同。鉴于不同国家的监管机构之间也会互相学习参考，对于着眼全球市场的创新者来说，不但需要理解当地的监管特点，还要了解其他国家监管金融科技的

方式。

同样，监管沙盒已经被用于中国的数字金融监管实践。2019年1月，国务院批复同意北京市在依法合规的前提下探索"监管沙盒"机制。2019年12月，中国人民银行批复在北京市率先开展金融科技创新监管试点，并选定涵盖数字金融等场景在内的6个创新应用作为首批试点项目。这一试点也被称为中国版金融科技"监管沙盒"，旨在打造新型监管工具，引导持牌金融机构和科技公司守正创新、规范发展。通过监管沙盒的测试，中国已经成功推出了一批具有创新性和实用性的金融科技产品，如建设银行的个人"碳账本"金融服务、福建省金融服务云平台等。当前，监管沙盒试点范围已扩大到上海、深圳、重庆等9个地区。

开辟监管沙盒这一片试验田，在其中对金融创新产品进行测试，既实现了政府的弹性监管，促进了政府与监管对象之间的合作，同时也保护了金融创新产品的消费者，防范了金融风险。监管沙盒作为一种新型的监管框架，可以说是监管者智慧的体现。日益新颖、层出不穷的金融创新产品也对我国传统金融监管构成了很大的挑战，监管沙盒的出现促使人们进一步思考金融监管理念的转变、监管策略的转型。

《中国金融科技安全发展报告2020》显示，中国金融科技已进入安全发展的新时代，有关监管政策和措施正在创新中不断完善，其中监管沙盒或成为未来科技创新监管的重要路径。该报告认为，监管沙盒是我国防控金融风险、调整监管模式的重要举措，其遵照现有的法律法规和监管规则，积极探索运用科技手段，将优秀的经验和做法辐射到其他地区、领域和行业，将发挥以点带面的示范引领作用，加强监管部门对于创新的监控能力，很有可能成为未来科技创新监管的重要路径。

鉴于数字技术的介入，监管机制需要更加强化技术环节，提升信息化协同，并能随着数字金融业态的变化调整延伸，以适应新的监管环境。不仅要加强对金融机构技术外包风险监管的动态升级更新，还要对数字科技本身的技术风险进行密切跟踪，重点关注未来与数字金融有关的技术风险及模型和算法风险，加强金融基础设施建设以推进监管科技的落地。借鉴监管沙盒方法，严控颠覆性技术创新风险。随着监管沙盒机制的逐渐成熟，监管部门下一步将及时总结试点经验并加快推广。未来，监管沙盒很有可能成为中国普适性的监管机制。

2023年全国大学生暑期"三下乡"社会实践"法治中国青春行"专项活动

为深入贯彻党的二十大精神，贯彻落实习近平法治思想和习近平总书记关于青年工作的重要思想，动员广大高校学生投身基层法治实践，弘扬社会主义法治精神，共青团中央维护青少年权益部发起2023年暑期"法治中国青春行"全国大学生暑期社会实践专项活动。2023年7月以来，348支入选团队奔赴全国各地，深入基层一线，在与人民群众的交流交融中传播法律知识、了解国情民生、践行使命担当，在推进法治中国建设中勇当排头兵和生力军，努力使尊法学法守法用法在全社会蔚然成风。

一、在"乡土中国"传播法治观念

2023年8月初，天津师范大学"冀青妈"普法青年团一行8人走进天津市宝坻区霍各庄镇北堼村。在为期6天的乡村普法中，他们以"民法典普及宣传工作"为轴心，进行"法治

观念"与"乡土中国"发展情况的社会调研，探索乡村法律普及的新途径。刚到村里，李嘉奇和同学们思考最多的是：什么样的普法方式能让村民接受？什么样的普法内容能让村民记得住？饺子是中华民族的传统美食，代表着吉祥与团圆。为了与村民更加亲近，"冀青妈"普法青年团做出一个大胆决定：从一场饺子宴入手。

普法青年团在村委会活动室摆起了长桌子，提前准备好了面粉、韭菜、鸡蛋、调料，乡亲们拿来了自家的面板、擀面杖、大铁盆，与普法青年团的学生一起择韭菜、和面粉、揉面团、擀面皮、包饺子……普法青年团和村民拉家常，在增进交流中了解村规民情，在其乐融融的氛围中把法律知识、法治观念传送到百姓身边。

除了承载着"冀青妈"普法青年团和村民之间深厚情谊的"饺子普法"，学生们的新媒体创作也让人眼前一亮。采用天津话配音的"普法微动画"，一两分钟就能为村民普及一条法律知识。团队专门在霍各庄镇北辇村录制了"乡土上的普法课"系列作品，根据村民所需，结合年轻人的风格，在村间街角处讲述法律知识。

二、为青少年送上一堂堂沉浸式立体生动的普法课

"石塔区人民法院刑事审判庭正式开庭"，随着一声清脆的法槌声，山西吕梁石楼县人民法院大法庭内，由中国政法大学"薪法相传"实践队成员及现场同学组成的庭审开庭。这是2023年暑期"法治中国青春行"中众多模拟法庭中的一个场景，为了让青少年切身体验法庭的威严与庄重，现场征集了6名学生走上法庭，扮演诉讼角色。模拟庭审中的质证、辩护，环环相扣，堪比一堂生动形象、严谨缜密的逻辑思维训练课和法学知识普及课。

在江西省靖安县高湖镇山口村，团队成员精心排练的一场"杀猪盘"套路贷的防诈骗情景剧上演，为在场观众揭穿了一场套路贷的骗局。这个暑期，南昌职业大学"职教普法匠人"团队深入乡村、校园开展为期两个月的法治实践。他们自编自导拍摄了微视频《消失的"她"》，以青少年为对象制作了"'职'等你来，'普'相伴"答题小程序和反诈宣传拼图小游戏，用青少年易于接受的方式讲解电信网络诈骗的套路、特征和危害。

"纸上得来终觉浅，绝知此事要躬行。"青年学子们牢记习近平总书记的嘱托，广泛开展新时代基层法治建设调研活动，将书本所学转化为提升社会治理法治化水平的真知灼见，把论文写在祖国大地上。党的二十大擘画了强国建设、民族复兴伟业的宏伟蓝图，为广大青年实现梦想描绘了光明前景，为其施展才干搭建了广阔舞台。在全面依法治国、推进法治中国建设的新征程上，新时代青年目光坚定、步履铿锵、信心满怀，用青春的智慧和汗水绘就法治中国美丽画卷。

资料来源：绘就"法治中国"青春画卷［N］.中国青年报，2023-09-08.（有改动）

本章小结

本章深入探讨了数字金融监管的含义、目标和原则，以及在实际中的应用。数字金融监管旨在维护金融市场的稳定与安全，保护消费者权益，同时促进金融科技的健康发展。通过对重点内容的梳理和政策框架的构建，明确了监管的方向和重点。此外，监管科技和监管沙盒作为新兴工具，为数字金融监管提供了有力的支持。

课后思考题

1. 什么是数字金融监管？数字金融监管为什么要坚持包容性、稳定性、合规发展和消费者保护平衡的理念？
2. 数字金融的监管对象有哪些？为什么要特别注重对系统性金融机构与大型金融科技平台的监管？
3. 什么是数字金融基础设施监管，其内容是什么？

微课资源

微课视频

第 9 章 金融数据处理

学习目标

★ 理解金融数据的概念、特征及其主要类型。
★ 掌握金融数据处理的关键技术,包括数据采集、存储加工、传输、删除和销毁。

素养目标

★ 培养对金融数据的敏感度和分析能力。
★ 提升运用数据处理技术解决金融问题的能力。

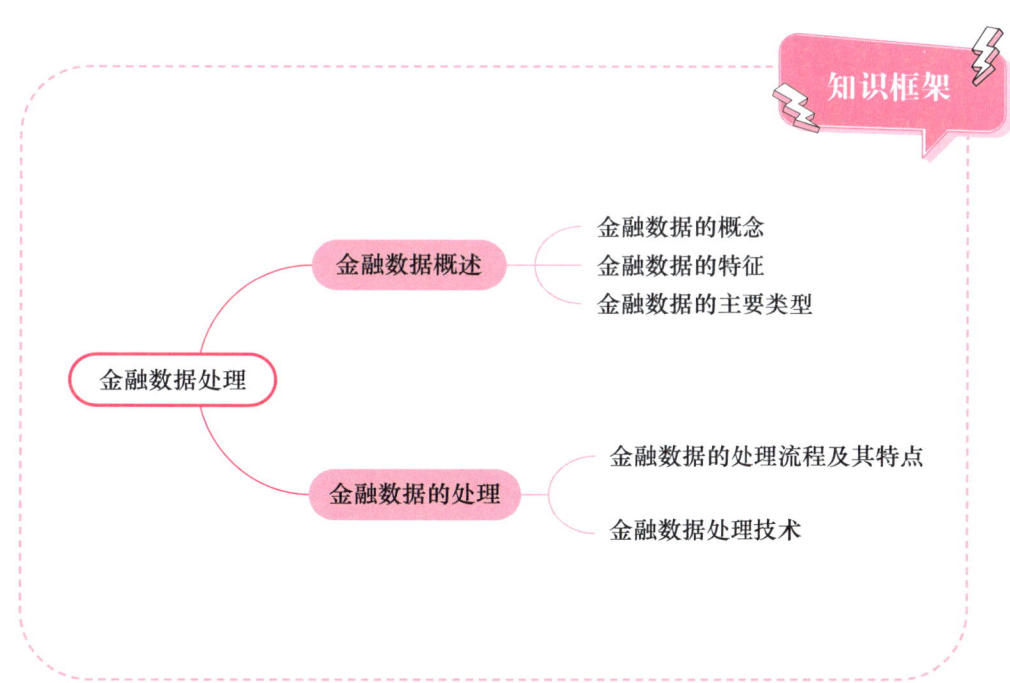

国内首家自主研发中信银行信用卡新核心系统成高质量发展"新引擎"

在刚刚过去的"双11",中信银行信用卡当日网络交易总额同比实现两位数增长,再创历史新高。"双11"当天凌晨,中信银行信用卡网络线上交易额仅2分钟即突破1亿元,1小时突破10亿元,系统交易速度提升3倍,成为该行近期全新上线StarCard新核心系统投产后的首次"捷报"。截至目前,这是国内首个具有自主知识产权的新一代云架构信用卡核心业务系统。

据悉,该系统经过两年多的技术研发,于2019年10月26日成功上线投产,采用国产品牌的X86服务器搭建基础设施层,在线数据库使用GoldenDB数据库系统。近线数据库采用分布式集群(HBASE+ES+HIVE)的解决方案,搭建PB级数据存储能力,提供秒级时延的海量数据实时查询,提供数据在不同场景下横向关联的穿透能力,全面面向中信银行信用卡中心客户服务、营销支撑、产品服务、信贷风险、运营支撑等条线,提供不同时效、复杂场景的数据服务能力。

与此同时,中信银行信用卡中心在升级核心系统的过程中,将大数据平台从底层技术、数据模型、产品应用等层面全面升级。底层采用基于Hadoop生态的开源技术栈,技术上完全自主掌控,替代了国外商业软件,用一套架构解决了数据仓库、数据集市、数据应用的数据割裂问题,在一个平台上实现所有业务数据的采集、存储与计算,实现自主可控的OneData行业新目标。

资料来源:国内首家自主研发中信银行信用卡新核心系统成高质量发展"新引擎"[EB/OL].中信银行网站,2019-11-13.(有改动)

9.1 金融数据概述

9.1.1 金融数据的概念

金融数据是指金融业机构开展金融业务、提供金融服务,以及日常经营管理所需或产生的各类数据。① 数据是指对对象(如事实、事件、事物、过程或思想)的数字化记录或描述,是无序的、未经加工处理的原始素材。数据既可以是连续的值,如声音、图像,也可以是离散的,如符号、文字。数据不同于数据资源,数据资源是能够参与社会生产经营活动、可以为使用者或所有者带来经济效益的数据。区别数据与数据资源的依据主要在于数据是否具有使用价值。② 随着大数据、云计算、人工智能等新信息技术与金融的深度融合,数据对降低成本、提高效率的乘数效应凸显,金融数据逐步实现从信息要素到资产要素的转变,成为金融企业(机构)的核心资源。

在数据范畴内,金融数据涵盖了金融行业在经营与管理活动中生成、收集、处理、应用或维护的各类网络数据及非网络数据(即不通过网络途径收集、存储、传输、处理及生成的各种电子及非

---

① 中国人民银行.金融数据安全数据生命期安全规范(JR/T 0223—2021)[EB/OL].https://cfstc.pbc.gov.cn/bzgk/detail/?id=0&bzId=1913.

② 中国信息通信研究院政策与经济研究所.数据价值化与数据要素市场发展报告:2021年[R/OL].https://13115299.s21i.faiusr.com/61/1/ABUIABA9GAAg8qidlAYolpS4lQY.pdf..

电子形式的数据）。这些数据具体包含但不限于：①行业机构在业务运营或其他途径中获得的个人客户信息，如个人身份详情、财产状况、账户资料、信用记录、交易历史及其他能体现个人特定情况的信息；②关于机构客户的详尽信息，如机构基本信息、财产详情、账户资料、信用评价、交易信息及关联衍生数据等；③市场交易动态，如证券市场、期货市场、基金市场及其他衍生品市场的交易信息；④业务管理相关的各类信息，如监管通知、统计公告等；⑤经营管理方面的数据，包括客户管理、渠道管理、运营状况、人力资源管理、财务管理、技术管理等信息；⑥通过采购或数据共享途径获取的外部资源，如研究报告、指数数据等；⑦任何数据完整性、保密性或可用性受损，都可能对国家安全、社会民生及公共利益造成严重威胁的其他类型数据。

随着信息技术的飞速发展以及以互联网为核心的计算机网络的广泛渗透，人类社会已迈入大数据时代。移动互联网终端的普及与万物互联时代的到来，正促使新数据以惊人的指数速度不断涌现。金融业作为数据密集型领域，其数据密集程度极高。以银行业为例，根据美国波士顿咨询公司（BCG）的研究，金融业每产出100万美元的价值，平均会产生820GB的数据量，其业务数据量在各行业中位居首位，远超电信、保险及能源等行业。随着经济向数字化转型的加速推进，在全球金融监管趋严、同业竞争日益激烈、数据规模急剧膨胀的背景下，金融机构的数据运用能力已成为衡量其经营成效的关键因素。

随着金融机构在数据技术领域能力的持续增强与金融数据积累的日益丰富，当前已将数据资产化的实现提上了日程。要实现金融数据的真正价值，就必须将数据转化为可供实际应用的资产，这要求金融机构必须运用数据处理技术，将"数据资料"升级为"数据资产"，使之成为企业运营中的宝贵资源。在大数据盛行的时代，资产的数据化及数据的资产化已成为金融领域发展的必然走向，这不仅是金融数据处理工作的必然产物，也是开展数字金融活动不可或缺的前提。因此，金融机构需在风险管理、业务运营及内部控制等多个方面深化数据的应用，做到以数据为驱动，增强管理的精细化水平，从而充分挖掘并提升数据的价值。

9.1.2 金融数据的特征

除了具有数据的一般特性外，金融数据还具有特殊性，呈现出价值性、真实性、周期性等显著特征。普通意义上的数据是指信息的表现形式和载体，是用于通信、解释或加工处理的符号。除了用于通信、解释与处理这些普通数据的一般属性外，金融数据还具有自身的特殊性。

（1）价值性。大数据本身具备价值性，这一特性同样深植于金融数据之中。尽管日常生活中的大数据包含一定的价值，但这些价值往往较为有限且分布零散。相比之下，金融数据普遍具有高价值的特点，不论其规模大小（无论是大数据还是个体资料）、来源类型（网络数据或非网络数据），或是数据所处的位置（内部数据或外部数据），都直接或间接关联着金融活动参与者的利益，因此都具有显著的价值性。特别是那些代表货币信用工具的数据形式，更是价值的直接体现，其本身即承载着一定的价值量。

（2）真实性。具有价值性的必要前提是真实，只有真实、可靠的数据才具有价值。金融企业为社会提供各种金融服务，既是一种服务关系，也是一种合同关系，尤其是金融企业提供的资金服务反映的是信用、保管、代理等关系，这就要求金融企业在服务中尽量避免失误，在经营中反馈的数据必须真实、可靠。

（3）保密性。无论对于个人还是企业，金融数据都是核心敏感数据，信息不能被未经授权的个人、实体或者过程利用或知悉。

（4）可用性。可用性是指根据授权实体的要求可访问和使用的特性。与普通数据相比，金融数据逻辑性强，要求具有更高的实时性、安全性和稳定性。金融行业核心实时交易系统数据要求强一致性，正常状态下数据错误率为零。

（5）完整性。完整性是指保护资产的准确和完整的特性。由于金融机构在国民经济中处于特殊地位，它与全社会各个经济细胞和微观主体都有着密切的联系，因此必须面向全社会广泛获取数据，这就使得金融数据的涵盖范围非常广泛，具有全面性。

（6）综合性。金融行业作为国民经济的综合部门，直接面向国民经济各行各业，为全社会各群体提供金融服务。这些服务尤其是资金服务，可以汇集起反映国民经济运行的综合数据，因此金融数据具有很强的综合性。

（7）连续性。金融数据中，无论是关于金融业务活动的数据，还是关于国民经济活动的数据，都是整个经济活动的动态反映。随着经济活动的持续展开，金融数据不断产生，并且连续、系统地反映着经济活动的发展变化。

（8）合规性。合规性是指数据的来源、采集、处理、使用等各个环节及其内容合乎法律政策规范与业界的共同规则。对于数据的使用与流通要符合严格的保护要求。

（9）周期性。金融数据具有生命周期，是指金融业机构在开展业务和进行经营管理的过程中，对金融数据进行采集、传输、使用、删除、销毁的整个过程。

金融数据除了具有一般数据的特性外，还具有流动性高、处理实时性要求高、可展示性需求强等特征。

9.1.3 金融数据的主要类型

金融系统汇集和处理的数据，可按照不同的标准分为以下4类：

（1）按照金融业务活动的子类划分，可细分为银行业务数据、证券业务数据、保险业务数据，以及信托、咨询等相关领域的数据。银行业务数据涵盖信贷会计、储蓄业务、结算服务、利率变动等多个方面；证券业务数据包括市场行情、委托交易、成交记录、资金市场供需状况及上市公司经营概况等；保险业务数据涉及投保信息、理赔处理及投资活动等。这些数据从不同角度揭示了金融活动的特性、规律及其运行状态。

（2）按信息的内容划分，可分为金融系统内部数据和外部数据。内部数据源自金融机构的各项业务活动，既反映了金融机构自身的运营状况，也从宏观和微观层面映射出国民经济的运行态势；外部数据是金融机构为有效开展金融活动而从社会各界广泛收集和存储的信息，这些数据与金融活动紧密相关，对金融机构做出经济决策、提升经济效益具有关键作用。

（3）按照获取信息的来源划分，可分为金融机构内部数据、市场数据和全社会数据。内部数据产生于金融机构的各项业务活动中；市场数据源自市场竞争和交易过程；全社会数据是金融机构从政府、企事业单位及个人处获取的信息，涵盖收入状况、经营情况、信用记录等方面。由此可见，金融行业的数据来源广泛且数量庞大。

（4）按照数据结构划分，可分为结构化数据，如客户的存贷款金额、理财产品的购买编号等，以及半结构化或非结构化数据，如用户的身份证明、资产证明复印件、行为记录、社交网络数据等。相较于非结构化数据，结构化数据在分析工具的应用上更为成熟。然而，随着数字化进程的加速，金融行业中半结构化及非结构化数据的占比将迅速提升。

> **课堂互动**
>
> 举例说明日常生活中哪些金融数据具有高价值性，并解释其背后的原因。

9.2 金融数据的处理

数据处理是指将收集到的数据，采用一定的手段、按照一定的程序和要求处理成数据资源并加以利用的过程。金融数据的处理有着特殊的要求，它的输入审核更严格、存储容量更大、网络传输更广泛、数据维护更频繁、处理过程高度自动化。

9.2.1 金融数据的处理流程及其特点

9.2.1.1 金融数据的处理流程

数据处理有广义和狭义之分。广义的数据处理包括数据生命周期从采集到销毁全过程的各个环节；狭义的数据处理是指数据生命周期中的一个专门环节——数据加工环节。以下如无特别说明，均指广义数据处理概念。数据处理流程主要包括数据的收集、存储、处理和传输等环节。

1. 数据收集

数据收集是指金融企业将业务过程中产生的数据进行汇集和组织后输入计算机，它是数据处理的开端。数据收集既包含组织内系统中生成的数据，也包括组织外采集的数据。金融机构收集、应用数据涉及个人信息的，应遵循国家个人信息保护法律法规要求，符合与个人信息安全相关的国家标准。金融机构应当加强数据源头管理，确保将业务信息全面、准确、及时录入信息系统。信息系统应当能自动提示异常变动及错误情况。[①]

2. 数据存储

数据以某种格式记录在存储介质上的过程称为数据存储。数据存储对象包括数据加工过程中产生的临时文件或需要查找的信息。数据存储是数据处理的保证，输入计算机的数据首先要被送入存储器内存储，然后才能进行加工处理。

3. 数据处理

数据处理是将收集的数据转化为使用者预期的结果。数据处理又可分为对数据的检索、分类、排序、运算等，目的是形成简洁、规范、清晰的可用数据。

4. 数据传输

数据传输指的是在组织内部，数据通过网络从一个实体向另一个实体移动的过程。这一过程主

[①] 中国银行保险监督管理委员会. 银行业金融机构数据治理指引 [EB/OL]. (2018-05-21) [2025-04-13]. https://www.gov.cn/zhengce/zhengceku/2018-12/31/comtent-5450808.htm?271757&itemld=861&generaltype=1.

要分为近程传输和远程传输。近程传输通常指的是无须依赖通信线路（无论是公用还是专用）的数据传输方式，它主要发生在计算机系统内部各组件间的数据交换中。而远程传输必须通过通信线路及相关的通信硬件实现，它涵盖了同一计算机网络内主机与远程终端、各远程终端之间，以及两个或多个计算机网络之间的数据传输。

5. 数据删除

数据删除是指用 DELETE 语句删除数据库表中的数据。当删除的数据量不多时，可简单地一次性删除，但是在遇到数据量很大的情况下，需要进行数据分割。

6. 数据销毁

数据销毁是指通过对数据及数据存储介质进行相应操作，使数据彻底丢弃且无法通过任何手段恢复的过程。清除技术可以是擦除数据的特定软件、连接存储并擦除数据的特定设备，或者是从物理上破坏媒介的过程，使数据无法从存储设备上恢复。

企业数据所经历的生命周期由实际业务场景决定，并非所有数据都经历完整的 6 个阶段功能。金融数据的处理需要围绕业务需要、规范管理与分析决策三个核心需求，从数据的收集到销毁整个生命周期闭环中，逐个环节依次处理。

9.2.1.2 金融数据的处理特点

1. 输入审核更严格

相较其他类型的数据处理，金融数据处理的起始环节——数据输入具有更为严格的审核要求。由于金融数据直接关系到金融机构的运营状况、客户的财产安全及市场的稳定，因此在数据输入时，必须确保数据的准确性、完整性和一致性。无论是人工输入还是自动采集的数据，都需要经过严格的校验和审核流程，以防止数据错误或遗漏对后续的数据处理和分析造成不良影响。

2. 存储容量更大

金融数据具有广泛性和综合性的特点，涵盖了金融机构在业务活动中产生的各种数据，如交易记录、客户信息、市场数据等。这些数据不仅数量庞大，而且种类繁多，因此，金融数据处理需要更大的存储容量支持。同时，随着金融业务的不断发展和创新，金融数据的规模不断扩大，且其更复杂，对存储容量的需求也在不断增加。

3. 网络传输更广泛

金融数据的处理不仅局限于金融机构内部，还需要与外部的金融机构、监管机构、客户等进行数据交换和共享。因此，金融数据的网络传输需求非常广泛。金融机构需要建立稳定、高效的数据传输网络，以确保数据得以及时、准确地传输。同时，还需要加强数据传输的安全防护，防止数据泄露或被恶意攻击。

4. 数据维护更频繁

金融数据的处理是个持续不断的过程，需要定期进行数据维护以确保数据的准确性和完整性。数据维护包括数据备份、数据恢复、数据清理等多个方面。由于金融数据的实时性和动态性，数据维护的频率通常较高。金融机构需要建立完善的数据维护机制，确保数据在任何时候都能保持准确和可用。

5. 处理过程高度自动化

随着金融科技的不断发展，金融数据的处理过程越来越依赖自动化技术和工具。自动化处理可以大大提高数据处理的效率和准确性，降低人为错误的风险。金融机构通常采用先进的数据处理系统和算法，对金融数据进行自动化处理和分析，以支持业务决策和风险管理。

9.2.2 金融数据处理技术

金融数据处理通常需要数据采集技术、数据存储技术、数据处理技术、数据传输技术等多项技术。

9.2.2.1 数据采集技术

金融机构的数据采集既包括传统数据采集，也包括新型大数据采集。传统数据采集来源单一，依赖手动输入数据，且记录、存储、管理和分析的数据量也相对较小，数据处理追求的是高度一致性和容错性，从而难以保证其可用性和扩展性，无法满足数据急剧增长的要求。大数据采集是指从传感器和智能设备、企业在线系统、企业离线系统、社交网络和互联网平台等获取数据的过程。由于传统数据采集相对简单，企业现在数据采集面临的主要问题是大数据采集，因此以下着重讨论大数据采集技术。

与传统数据获取方式相比，大数据采集技术主要有以下特点。

1. 数据来源多样化

其主要来源如下：

（1）企业系统，包含客户关系管理系统、企业资源计划系统、库存系统、销售系统等。

（2）机器系统，包含智能仪表、工业设备传感器、智能设备、视频监控系统等。

（3）互联网系统，包含电商系统、服务行业业务系统、政府监管系统等。

（4）社交系统，包含微信、QQ、微博、博客、新闻网站等。

2. 数据结构复杂

传统数据分为业务数据和行业数据，不包括内容数据、线上行为数据和线下行为数据等新数据源。纳入新数据源后，在新数据体系中，数据共分为以下 5 种：

（1）业务数据，包括消费者数据、客户关系数据、库存数据、账目数据等。

（2）行业数据，包括车流量数据、能耗数据、PM2.5（细颗粒物）数据等。

（3）内容数据，包括应用日志、电子文档、机器数据、语音数据、社交媒体数据等。

（4）线上行为数据，包括页面数据、交互数据、表单数据、会话数据、反馈数据等。

（5）线下行为数据，包括用户位置和轨迹、物体位置和轨迹等。

3. 数据获取方式不同

获取大数据大多通过 URL（网页地址）传输和 API（应用程序接口），通过互联网搜索引擎技术实现有针对性、行业性、精准性的数据抓取、用户留存、用户上传、数据交易和数据共享。

4. 价值差异

传统数据的价值体现在信息传递与表征方面，是对现象的描述与反馈，让人们通过数据了解数据。而网络大数据是对现象发生过程的全记录，通过数据不仅能够了解对象，还能分析对象，掌握对象运作的规律，挖掘对象内部的结构与特点，甚至能了解对象自身都不知道的信息。

概而言之，大数据采集的特点是数据来源多样、数据类型复杂、数据量大、并发数高、数据产生速度快。与此同时，大数据采集既要保证数据采集的可靠性和高效性，还要避免重复数据。根据数据源的不同，大数据采集方法也不相同。针对4种不同的数据源，大数据采集方法有以下4种：

（1）数据库采集。使用传统关系型数据库 MySQL 和 Oracle 等收集数据。现在，Redis、MongoDB 和 HBase 等非关系型数据库（NoSQL）也常被用于数据的采集。企业通过在采集端部署大量数据库，并在这些数据库之间进行负载均衡和分片，完成大数据采集工作。

（2）系统日志采集。系统日志采集主要是收集公司业务平台日常产生的大量日志数据，供离线和在线的大数据分析系统使用。日志收集系统具有高可用性、高可靠性、可扩展性等基本特征。系统日志采集工具均采用分布式架构，能够满足每秒数百兆的日志数据采集和传输需求。

（3）网络数据采集。网络数据采集是指通过网络爬虫或网站公开 API 等方式从网站上获取数据信息的过程。爬虫抓取方法可以将非结构化数据从网页中抽取出来，存储为统一的本地数据文件，并以结构化的方式存储。它支持图片、音频、视频等文件或附件的采集，附件与正文可以自动关联。

（4）感知设备数据采集。感知设备数据采集是指通过传感器、摄像头和其他智能终端自动采集信号、图片或录像来获取数据。大数据智能感知系统需要实现对结构化、半结构化、非结构化的海量数据的智能化识别、定位、跟踪、接入、传输、信号转换、监控、初步处理和管理等，其关键技术包括针对大数据源的智能识别、感知、适配、传输、接入等。

9.2.2.2 数据存储技术

数据存储是数据处理的核心环节。金融行业的应用特性决定了其对存储的要求，存储设备和解决方案的选择也必须遵循这些要求。面对大数据时代呈指数级增长的数据存储需求，金融机构应根据业务规模及业务发展预期采用最适合自身需要的存储形态、存储设备（产品）、存储架构和解决方案。

1. 存储形态

数据存储形态可分为软件定义存储、云存储、网络附加（接入）存储、对象存储、文件存储、块存储等不同类型。

（1）软件定义存储（Software Defined Storage，SDS）使用抽象管理软件将数据与硬件分离，然后格式化和组织数据以供网络使用。SDS 特别适合采用非结构化数据的容器和微服务工作负载，因为它能以硬连线存储解决方案无法实现的方式进行扩展。在可扩展性和成本预测方面，软件定义存储解决方案远优于传统存储设备。传统的旧式存储都为单体式存储，它会与硬件（往往都符合行业标准）和专有软件进行捆绑销售。但是，SDS 独立于任何特定硬件。

SDS 一般具备以下特性：

①自动化。管理简化，降低成本。

②标准接口。用于管理和维护存储设备和服务的 API。

③虚拟化数据路径。可通过应用写入数据的块、文件和对象接口。

④可扩展性。能在不影响性能的情况下横向扩展存储基础架构。

⑤透明。能够全面监控并有效管理存储空间的使用情况，并清楚知晓有哪些可用资源及相应的成本。

（2）云存储就是存放在某处的数据，只要获得相应权限，用户就可以通过互联网访问这些数据。用户无须连接内部网络，也不是从电脑直连硬件访问这些数据。广为人知的云存储提供商包括微软、谷歌和国际商业机器公司（IBM）。

（3）网络附加存储（Network Attached Storage，NAS）则是在服务器上安装轻量级操作系统[①]，以此将其转换为NAS箱、NAS装置或NAS头，从而便于内部网络访问数据。NAS箱是内部网的重要组成部分，负责处理各个存储请求。

（4）对象存储是将数据分解为若干离散单元，然后将它们与元数据进行配对，以提供有关其所含内容的上下文。这些对象中存储的数据未经压缩和加密，因此可进行大规模访问，以快速移动工作负载（如容器）。

（5）文件存储是将数据整理成分层文件，这样用户可以打开文件并自上而下进行浏览。由于文件以相同的方式存储在后端和前端，用户可通过唯一标识符（如名称位置或URL等）请求文件。这是人类可读的主要存储格式。

（6）块存储是将存储卷拆分成多个叫作"块"的独立实例。每个块都独立存在，用户可以完全自主配置。由于块不像文件那样有唯一标识符的要求，因此块是一种更快速的存储系统，这也让它们成为富媒体数据库的理想格式。

扩展阅读

抽象管理软件、格式化、容器等

抽象管理软件，是一种对存储、通信、用户界面和业务逻辑4个层次的分层抽象表示软件。

格式化（Format）是指对磁盘或磁盘中的分区（Partition）进行初始化的操作，这种操作通常会导致现有的磁盘或分区中所有的文件被清除。

容器是轻量级应用代码包，一种操作系统虚拟化形式。容器还包含依赖项，如编程语言运行时的特定版本和运行软件服务所需的库。

微服务是一种将应用作为小型服务集合进行开发的架构方法，其中每个服务都可实施业务功能，在自己的流程中运行并通过HITP API进行通信。

硬接线，即传统接线方式，具有可见的接线、接线端子、测试点。操作系统（Operating System，OS）是计算机基础性系统软件，管理计算机硬件与软件资源。操作系统也提供一个让用户与系统交互的操作界面。个人计算机最常用的3种操作系统是微软视窗、苹果Mac OSX和Linux。元数据（Metadata）是指定义数据类型的数据。用于描述数据标志信息，包含源、大小、格式或其他数据特征。例如，关于人口数据的元数据为种族、肤色、性别和年龄等。

富媒体是英文Rich Media的翻译，其本身并非某种具体的互联网媒体形式，而是指具有动画、声音、视频或交互性的信息传播方法。

资料来源：作者根据相关资料整理编写。

2．存储设备

存储设备是用于储存数据的设备，通常是先将信息数字化，再利用电、磁或光学等方式加以存储。

常见的存储设备如下：

（1）利用电能方式存储信息的设备，包括各式存储器，如随机存取存储器（Random Access

---
① 轻量级操作系统是指系统创建和销毁不需要消耗太多资源的操作系统。

Memory，RAM）、只读存储器（Read Only Memory，ROM）等。

（2）利用磁能方式存储信息的设备，如硬盘、磁带、磁芯存储器、USB。

（3）利用光学方式存储信息的设备，如CD、DVD。

（4）利用磁光方式存储信息的设备，如磁光盘（Magnetic Optical，MO）。

（5）专用存储系统，如用于数据备份或容灾的专用信息系统，利用高速网络进行大数据量存储信息的设备。

此外，历史上的存储设备还有绳结、纸卡、纸带、打孔卡、打孔带等。

存储设备的发展方向是在降低单位存储容量价格的同时，追求更高的并发、更高的吞吐量及更低的响应时延。

3．存储系统架构

根据服务器类型，存储分为封闭系统存储（封闭系统主要指大型机）和开放系统存储（开放系统指基于 Windows、UNIX、Linux 等操作系统的服务器）。开放系统的存储又分为内置存储和外挂存储。外挂存储根据连接的方式分为直连式存储（Direct-Attached Storage，DAS）和网络化存储（Fabric-Attached Storage，FAS）。网络化存储根据传输协议又分为网络接入存储（NAS）和存储区域网络（Storage Area Network，SAN）。

根据分布方式，存储又可分为集中式存储与分布式存储。集中式存储是指由一台或多台主计算机组成中心节点，数据集中存储于这个中心节点中。分布式存储是将数据分散存储在多台独立的设备上。

分布式存储系统采用可扩展的系统结构，利用多台存储服务器分担存储负荷，利用位置服务器定位存储信息，它不但提高了系统的可靠性、可用性和存取效率，还易于扩展。随着互联网的快速发展，各种灵活多变的系统架构模型层出不穷，分布式存储方式越来越受到企业的欢迎。

4．企业存储方案的选择

面对纷繁复杂和不断更新的存储形态和存储产品，金融企业要立足自身应用、技术架构现状，结合未来基础设施发展方向进行综合考虑。

（1）存储的高安全性是第一位的。也就是说，数据不能丢失，这是存储设备选择的前提。

（2）针对不同应用类型进行存储选择。选择存储系统的最终目标不仅是帮助企业构建一套完整的基础架构，更重要的是通过先进的功能和技术实现基础架构在性能和功能上的改善和提升，为数据利用奠定坚实基础。

（3）存储方式的选择。集中式存储是金融业常见的存储方式，无论是 SAN 存储还是 NAS 存储，在金融行业都已使用多年。很多机构构建了庞大的 SAN 存储网络或 NAS 网络，并且运行稳定。近些年，随着云计算技术的发展，互联网企业开始大规模使用分布式存储，给银行传统的集中存储带来了冲击。随着云计算技术的成熟和推广应用，金融企业原有的集中式存储将更多地转向分布式存储。分布式存储和集中式存储在一段时间内并存，金融企业可选择在私有云环境下使用分布式存储，但分布式存储要和云平台充分集成。如果没有海量数据需求，则应尽量采用集中式存储，降低运维复杂度。

（4）存储网络的选择。随着云计算技术在企业自有数据中心的广泛使用，IP 存储网络的使用将越来越广泛，尤其是云原生应用、微服务应用推广后，对弹性和自动化的要求越来越高，IP 存储网络的灵活性将发挥更加明显的优势。

总之，存储作为支撑金融企业运营的数据底座，需要满足多方面的需求，其中 3 个特性最为关键：简单、坚韧和敏捷。

9.2.2.3 数据处理（加工）技术

数据处理是指从初始数据中抽取出有价值的数据，可由人工或自动化装置进行处理。随着计算机的普及，数据主要通过计算机程序处理。

计算机数据处理主要包括以下 8 个方面：

（1）数据采集，从各种来源（如传感器、文件、数据库、网络等）收集数据。

（2）数据转换，把信息转换成机器能够接收的形式。

（3）数据分组，指定编码，按有关信息进行有效的分组。

（4）数据组织，整理数据或用某些方法安排数据，以便进行处理。

（5）数据计算，进行各种算术和逻辑运算，以便得到进一步的信息。

（6）数据存储，将处理后的数据保存到持久化存储介质（如硬盘、数据库、云存储等）中。

（7）数据检索，按用户的要求找出有用的信息。

（8）数据排序，把数据按一定要求排列次序。

数据处理主要有以下 4 种分类方式：

（1）根据处理设备的结构方式，可分为联机处理和脱机处理。

（2）根据数据处理时间分配方式，可分为批处理、分时处理和实时处理。

（3）根据数据处理空间分布方式，可分为集中式处理和分布处理。

（4）根据计算机中央处理器工作方式，可分为单道作业处理、多道作业处理和交互式处理。

数据处理的过程大致分为准备、处理和输出 3 个阶段。在数据准备阶段，将数据脱机输入计算机，这个阶段也称为数据录入阶段。数据录入以后，由计算机对数据进行处理，为此预先由用户编制程序并把程序输入计算机中，计算机按程序的指示和要求对数据进行处理。所谓处理，就是指上述 8 个方面工作中的一个或若干个的组合。最后输出的是各种文字和数字的表格与报表。

在数据处理的不同阶段，由不同专业工具对数据进行处理。

（1）在数据转换部分，由专业的 ETL 工具帮助完成数据的提取、转换和加载。

（2）在数据存储和计算部分，有 Oracle、DB2、MySQL 等知名厂商提供的数据库和数据仓库等工具。

（3）在数据可视化部分，需要对数据的计算结果进行分析和展现，有 BIEE、Microstrategy、Yonghong 的 Z-Suite 等工具。

数据处理的软件有 Excel、Matlab、Origin 等，当前流行的图形可视化和数据分析软件有 Matlab、Mathmatica 和 Maple 等。这些软件功能强大，可以满足实际工作需要，但使用这些软件需要一定的计算机编程知识和矩阵知识，并熟悉其中大量的函数和命令。而使用 Origin 就像使用 Excel 和 Word 那样简单，只需点击鼠标，选择菜单命令就可以完成大部分工作，获得满意的结果。

9.2.2.4 数据传输技术

数据传输的主要作用是实现端点之间的信息传输与交换。对于少量的应用数据可以通过用户手工输入或利用系统工具自动上传，而对于大批量业务数据，则需要调用应用程序自动传输。

数据传输，特别是网络传输，需要保证数据的完整性、保密性，以及能够对数据的发送者进行身份验证。这些都需要通过数据加密实现，数据加密的做法是首先通过变换和置换等方法将被保护信息置换成密文，然后进行信息的存储或传输，即使加密信息在存储或者传输过程中为非授权人员获得，也可以保证这些信息不为其认知，从而达到保护信息的目的。该方法的保密性直接取决于所采用的密码算法和密钥长度。

数据加密方式有 3 种：①对称加密。加密和解密使用同一个密钥，特点是保证了数据的保密性，局限性是无法解决密钥交换问题。常用的算法有 DES、3DES 和 AES。②公钥加密。生成一个密钥对（私钥和公钥），加密时用私钥加密，解密时用公钥解密。特点是解决了密钥交换问题。局限性是对大的数据加密速度慢。③单向加密。提取数据的特征码。特点是定长输出，不可逆，可检验数据的完整性。局限性是无法保证数据的保密性。常用算法有 MD5、SHA1、CRC32。这 3 种加密方法各有优劣。

在实际应用中，数据从发送方到达接收方，通常的做法如下：

（1）对要发送的数据做单向加密，获取数据的特征码。

（2）对特征码用发送方的私钥进行加密，生成序列 S1。

（3）对序列 S1 和数据进行对称加密，生成序列 S2。

（4）最后将 S2 和对称加密的密码使用接收方的公钥进行加密。

经由上述步骤，数据在传输过程中的完整性、保密性，以及对发送方身份的验证都能得到保障。当数据到达接收方时，接收方先用自己的私钥对接收到的数据进行解密，得到密码和加密的数据；使用密码对加密数据解密，得到加密的特征码和数据；用发送方的公钥解密特征码，如果能解密，则说明该数据是由发送方所发，反之则反是，这便实现了身份验证；最后计算数据的特征码，与解密出来的特征码进行对比，如果一样，则表明该数据没有被修改，反之则反是。

网络数据传输可以选择以下 3 种方式：

（1）使用云服务商提供的虚拟专用网络（Virtual Private Network，VPN）、云专线服务，实现不同区域之间业务的互联互通和数据传输安全。

（2）利用公网架设专用网络，VPN 使用 IPSEC、IKE、预共享密钥方式对数据进行加密，基于公网获得安全可靠的通信隧道，实现外部用户内网访问、跨地域内网互通等。

（3）专线服务。云服务商的直连服务提供高速、安全、稳定的网络接入服务。

在数据传输工作中，企业应根据业务功能本身的特点及其支持的传输方法，考虑数据传输的速度及灵活性要求，结合操作人员、开发人员对于业务与技术的熟悉程度，相应选择最合适的方式实现传输。

9.2.2.5 数据删除技术

1. 数据分割

如前文所述，数据删除有简单与复杂之分，少量数据删除使用 DELETE 语句即可，大量数据删除，需要进行数据分割。

数据分割是指把逻辑上统一整体的数据分割成较小的、可以独立管理的物理单元后进行存储，便于重构、重组和恢复，以提高创建索引和顺序扫描的效率。数据分割的功能之一是也可被用于数据删除。

数据分割的标准可以根据实际情况确定，通常可选择按日期、地域、业务领域或组织单位等进行分割，也可以按多个分割标准的组合进行分割，但一般情况下分割标准应包括日期项。

数据分割有水平分割和垂直分割两种。水平分割就是把全局关系的元组分割成一些子集，这些子集称为数据分片或段。垂直分割就是把全局关系按属性组（纵向）分割成一些数据分片或段。通常，数据分片可以选择放在一个站点上，也可以复制后放置于不同站点。

2. 重复数据删除

当进行集中数据备份和归档时，重复的数据块会导致存储费用快速上升，同时也会占用数据传输带宽，这时就需要删除重复数据——数据去重。

数据去重技术通常用于基于磁盘的备份系统，通过在某个时间周期内删除不同文件中不同位置的重复可变大小数据块，减少存储系统中使用的存储容量。

数据去重技术主要分为基于软件的重复数据删除和基于硬件的重复数据删除两种方式。基于软件的重复数据删除旨在消除源端的冗余，以此减轻带宽的压力。但是，基于软件的重复数据删除维护起来十分困难，如果想用一个全新的产品替换原有的备份引擎，就会导致之前的数据完全不可用。基于硬件的重复数据删除主要由存储系统自己完成数据的删减，如在虚拟磁带库系统、备份平台或者网络附加存储等一般目的的存储系统中融入重复数据删除机制，由这些系统自身完成重复数据删除功能。这种去重技术的优点是高性能、可扩展性和相对无中断部署，并且重复数据删除操作对上层的应用是透明的。其缺点就是部署成本比较高，更加适合大型企业使用。

9.2.2.6 数据销毁

计算机或设备在弃置、转售或捐赠前，必须将其所有数据彻底删除并无法复原，以免造成信息泄露，尤其是国家涉密数据。常见的数据销毁方式包括以下 4 种。

1. 覆写法

由于磁带是可以重复使用的，当前面的数据被后面的一笔数据覆写过去时，就算可以通过软件进行数据还原，随着被覆写次数的增多，非结构性数据被复原，需要解读的时间也越久，企业可以评估数据被复原的风险是否能够承担。

2. 消磁法

磁盘或是磁带等储存媒体都是磁性技术，若能破坏其磁性结构则既有的数据便不复存在。消磁可以让储存于媒体上的资料完全消失。一般企业可以购买小型消磁机做单卷消磁，大量消磁委托给专业公司较为迅速安全。

3. 捣碎法/剪碎法

破坏实体的储存媒介，让数据无法被系统读出，也是确保数据机密性与安全性的方法之一。系统转移时的数据销毁，除了进行磁盘、磁带的低阶格式化外，还可采用实体捣碎的方式，如将储存数据的光盘使用机器捣碎、绞碎。

4. 焚毁法

焚毁储存介质可以让数据化为灰烬，不复存在，达到数据保密的目的。

邮储银行举办"心相伴·共成长——金融知识进校园"活动

近年来,随着金融与科技融合的不断加深,金融产品的可获得性进一步提高,但受知识结构等原因的限制,越来越多金融风险防范意识及能力相对薄弱的青少年和老年人,在面对"校园贷""套路贷""网购刷单""电信诈骗"等情况时,往往容易陷入骗局,造成生命财产安全和成长发展受到损害的情况。为帮助青少年群体提升金融素养,增强金融安全和风险防范意识,2024年3月12日,邮储银行北京西城区支行联合北京市慈善义工联合会青少年安全防卫志愿服务专业委员会、华夏女子中学共同举办了"心相伴·共成长——金融知识进校园"活动。

邮储银行法律事务部(消费者权益保护部)总经理陈慧强,邮储银行北京分行副行长李红,邮储银行北京分行法律与合规部总经理马建平,邮储银行北京西城区支行行长赵红芹,邮储银行北京西城区真武庙支行行长王磊,华夏女子中学校委书记马云、副校长张雁,青少年安全防卫中心李恒出席本次活动。

为帮助同学们更加系统地了解金融知识,提升财商水平,邮储银行北京西城区支行与华夏女子中学设立"校园辅导员"特岗,针对青少年特点开展"定制化"财商课堂,实现了金融知识普及与学校教培计划的良性互动,初步形成"银校协同共育"的可持续性合作模式。华夏女子中学副校长张雁为邮储银行北京分行颁发了"校外辅导员"证书。

活动现场,青少年安全防卫中心李恒以"电信网络诈骗"为主题,从电信网络诈骗的常用套路、防范技巧等方面为同学们进行了理论讲解,结合生活中常见的场景和故事,"以案促学""以案说法",着重揭秘了校园高发的新型网络诈骗套路。通过生动形象的典型案例,为同学们更直观地揭露电信网络诈骗,帮助他们提升识诈防诈能力。

邮储银行北京西城区支行张艳辉从"银行卡的正确使用""移动支付""个人信息保护""征信管理"等多个方面,借助有奖问答、互动游戏等趣味方式,向大家普及了丰富的金融基础知识,帮助同学们增强风险防范意识,远离非法金融活动,提升个人金融素养。

据了解,近年来,邮储银行北京分行坚持进社区、进校园、进乡村、进企业、进商圈,聚焦金融知识普及教育"最后一公里",制订并推进金融知识普及工作计划,每年组织30余项集中、专项教育宣传活动,帮助金融消费者提高风险防范意识。2024年"3·15"国际消费者权益日期间,该行开展消费者权益保护直播活动,现场讲解金融消费者8项基本权利,通过情景剧演绎生活中常见的非法集资及电信网络诈骗案例,解析情景剧中涉及的保护或侵害金融消费者权利的行为,帮助直播间的观众提高自身的金融素养和风险防范意识。

"好的财商教育可以让青少年树立正确的消费观、财富观、价值观。积极开展针对青少年的金融教育活动,有助于国民金融素养的整体提升,对营造健康稳定的金融环境具有重要的意义。未来,我们将继续加强银校合作,聚焦青少年的特点和需求,持续性开展金融知识普及与宣讲工作,为推进金融知识纳入国民教育体系提供助力。"邮储银行北京西城区支行相关负责人表示。

资料来源:为青少年讲好2024年"金融安全第一课"邮储银行北京西城区支行举办"心相伴·共成长——金融知识进校园"活动[EB/OL].中国网财经,2024-03-14.

本章小结

本章主要介绍了数字金融中数据处理的基础知识。首先，深入了解了金融数据的概念、特征及其主要类型，明确了金融数据在金融领域的重要性。其次，详细阐述了金融数据的处理流程及其特点，以及处理这些数据的关键技术，并认识到金融数据处理不仅是技术层面的挑战，更是确保金融安全、提升金融服务效率的重要环节。通过本章的学习，读者能对金融数据处理有一个全面而系统的认识，为后续深入学习打下坚实基础。

课后思考题

1. 什么是金融数据？金融数据有哪些特点？
2. 金融数据可以分为哪些主要类型，分别是什么？
3. 什么是金融数据处理？简述其过程。
4. 金融数据处理有哪些主要技术？

微课资源

微课视频

参 考 文 献

[1] 郭福春，吴金旺. 金融科技概论［M］. 北京：高等教育出版社，2021.
[2] 柏亮. 数字金融：科技赋能与创新监管［M］. 北京：中译出版社，2021.
[3] 罗玫. 数字金融：未来已来［M］. 北京：人民日报出版社，2020.
[4] 王德军，代亚楠. 数字时代平台经济领域金融业务的监管思考［J］. 大数据，2022,8（4）：46-55.
[5] 陈道富. 数字金融监管的基本思路、原则和重点思考［J］. 北方金融，2021（6）：3-7.
[6] 韩兴国. 数字经济时代下金融科技监管体系研究，来自欧盟的监管启示［J］. 技术经济与管理研究，2021（9）：75-79.
[7] 江泽岸，林泽欣. 数字金融综合监管框架及政策建议［J］. 产业创新研究，2023（4）：8-10.
[8] 肖翔. 构建数字金融综合监管体系［J］. 中国金融，2022（4）：65-67.
[9] 吴金旺，顾洲一. 数字普惠金融：中国的创新与实践［M］. 北京：中国金融出版社，2021.
[10] 管同伟. 数字金融概论［M］北京：中国金融出版社，2023.
[11] 许嘉扬，郭福春. 绿色发展视角下中国科技金融政策的创新支持效果研究［J］. 浙江社会科学，2023（4）：21-31+157.
[12] 许嘉扬，郭福春. 基于区块链技术的供应链金融创新研究［J］. 浙江金融，2020（8）：50+61-69.
[13] 吴金旺，申睿，马利华. 中国发行法定数字货币的价值及路径探析［J］. 浙江学刊，2021（2）：111-119.
[14] 吴金旺，郭福春，顾洲一. 数字普惠金融能否显著减缓贫困：来自浙江嘉兴调研的行为数据［J］. 浙江学刊，2019（4）：140-151.
[15] 黄益平，黄卓，中国的数字金融发展：现在与未来［J］. 经济学（季刊），2018,17（4）：1489-1502.
[16] 王义中. 数字金融：改变与重构［M］杭州：浙江大学出版社，2024.